선포기도로 가계가 축복받고 싶은 분의 책

가계가 축복받는 선포기도

강요셉지음

"너희가 내 이름으로 무엇을 구하든지 내가 행하리
니 이는 아버지로 하여금 아들로 말미암아 영광을
받으시게 하려 함이라"(요14:13)

성령

가계가
축복받는
선포기도

성령

들어가는 말

하나님은 예수를 믿고 성령으로 세례 받아 성령님이 주인된 성도들이 믿음으로 선포하며 기도하는 것을 응답하십니다. 성령하나님은 성도들을 성전삼고 주인으로 계십니다. "너희가 하나님의 성전인 것과 하나님의 성령이 너희 안에 거하시는 것을 알지 못하느뇨"(고전3:16).

본서는 가계의 영육의 문제로 고통당하는 성도들에게 선포기도로 고통을 축복으로 바꾸는 기도가 있음을 알고 사용하여 축복속에서 살아가게 하고자하는데 목적을 두고 집필을 했습니다.

영육의 문제로 어찌할 바를 모르고 헤매는 성도들에게 성령으로 기도의 자리에 나아가 주님을 만나며, 주님을 경험하고, 주님과 사귀며, 선포기도로 주님의 살아계심을 나타내기를 원하는 성도들에게 영적인 비밀을 알려주고자 합니다.

선포기도는 자신의 전인적인 문제나 인생 제반사 욕구를 이루기 위해 주님을 이용하거나 예수님을 자신의 소욕을 만족하게 하는 기도가 절대로 아닙니다. 그렇다고 성령 하나님의 능력을 무한히 받아 그 능력으로 자신의 소원과 꿈을 성취하고 이루는 것도 아닙니다.

오직 선포기도는 하나님께서 자신의 주인으로 계시하면서 친히 모든 일을 이루시는 것을 믿고 인정하고, 고백하며 하나님께서 우리의 삶의 주인 되시고 일을 성취하시는 주님이심을 믿고 찬양하고 감사하며 기도할 때 응답하시고 자신의 일을 이루시는 살아계신 주님을 언제나 체험하게 하는 기도입니다.

자신의 주인으로 계시는 성령하나님의 영광을 나타내기 위하여 성령께서 감동하시는 일에 대하여 하나님께서 이루실 것을 믿고 성령의 감동대로 선포하고 명령하며 기도하는 것입니다.

성도들은 이 선포기도를 통하여 살아계신 하나님께서 자신의 주인으로 계신다는 것을 믿게 됩니다. 믿음으로 선포할 때 기적이 일어남으로 살아계신 하나님이시라고 체험적으로 믿고 인정하게 됩니다. 그래서 체험있는 신앙으로 믿음이 자라게 됩니다.

이 책을 읽는 목회자와 성도들과 독자들이 이 선포기도에 대한 진리의 말씀과 영적인 원리들을 자기 것으로 삼기 위하여 마음의 심비에 새기며, 상황별 기도문을 응용하여 선포하면서 기도가 호흡이 되고, 사랑의 고백이 되고, 살아계신 주님을 체험하며 살아계신 주님을 나타내는 축복의 도구가 되기를 바랍니다.

이 책을 읽는 모든 분들이 가계가 축복을 받기를 소원합니다. 책을 읽는 모든 분들이 그리스도 예수의 인격과 카리스마를 닮아가며 믿음이 장성한 분량에까지 자라게 되기를 바랍니다.

주후 2019년 7월 18일
충만한 교회 성전에서
저자 강요셉목사

세부적인목차

1부 가계가 축복 받기 원하시는 하나님

1장 선포기도로 가계가 축복받는 사례

(행 3:6-8)"베드로가 이르되 은과 금은 내게 없거니와 내게 있는 이것을 네게 주노니 나사렛 예수 그리스도의 이름으로 일어나 걸으라 하고 (7) 오른손을 잡아 일으키니 발과 발목이 곧 힘을 얻고 (8) 뛰어 서서 걸으며 그들과 함께 성전으로 들어가면서 걷기도 하고 뛰기도 하며 하나님을 찬송하니"

선포기도란 무엇일까요? 예수님을 믿고 예배당에 나와서 예배를 드리면서 성령으로 세례를 받고 성령의 지배하에 있는 성도가 믿음으로 선포하는 기도입니다. 성령께서 깨닫게 하시는 말씀을 의지해서 담대하게 믿고 감사함으로 기도하는 것이 선포기도입니다.

크리스천은 선포기도를 통하여 불가능이 가능케 됨을 믿어야 합니다. 무시로 성령님이 감동하시는 대로 꼭 선포기도 하시기를 바랍니다. 반드시 가계가 축복을 받게 될 것입니다. 선포기도한대로 이루어진다는 믿음이 중요합니다.

우리 크리스천의 비전인 '예수 그리스도의 증인이될지어다(행 1:8).'가 선포기도이기 때문입니다. 선포기도는 아무리 강조해도 지나치지 않습니다. 성도는 기도자입니다. 기도 속에는 모든 은혜가 들어있습니다. 기도는 호흡이요 생활입니다. 기도할 때 성령으로 충만할 수가 있습니다. 기도할 때 성령님이 주시는 계시를 들을 수가 있습니다. 선포하고 명령하며 기도할 때 불가능이 가능으로 바뀌는 기적을 체험합니다. 기도할 때 가계가 축복을 받게 됩니다. 명령하며 선포하는 기도는 참으로 중요합니다.

기도에는 세 가지 종류가 있습니다. 첫 번째는 간구기도입니다. 간구기도는 주시옵소서하며 무엇을 해달라고 간절히 구하는 것입니다. 이 기도는 나약한 성도들이 하는 기도입니다. 이 기도는 장성한 크리스천이 하는 기도가 아닙니다. 세상 무속적이며 샤머니즘의 기도라고 생각해야 합니다.

두 번째 기도는 하나님의 의중을 묻는 기도입니다. 이것을 어떻게 해야 합니까? 하면서 하나님의 뜻을 구하는 기도입니다.

세 번째는 선포기도입니다. 우리가 성령님이 깨닫게 하시는 대로 내가 선포하는 대로, 하나님께서 이루어주신다는 믿음으로 선포하는 것입니다. 선포는 우리가 하나님의 자녀 된 권세를 가지고, 원하는 것이 이미 이루진 것을 믿고 그대로 선언하거나 명령하는 것입니다. 성도는 아버지 하나님의 사랑을 받는 자요, 하나님의 상속자입니다. 성도는 하나님의 자녀 된 권세를 가지고, 어떤 일이 이루어지도록 선포하고 명령할 수 있습니다.

선포기도는 기도를 하는 자나, 받는 자가, 선포하는 대로 이루어진다는 믿음을 가져야 합니다. 선포기도는 살아계신 하나님의 역사를 증명하는 기도입니다. 기도가 이루어졌다는 믿음을 가지고 그대로 살아가야 합니다. 앉은뱅이가 선포기도를 받으면, 일어서는 자로 살아가야 합니다. 손마른 자는 손이 펴진 자로 살아가고, 죽어서 무덤에 있던 자는 무덤에서 걸어 나온 자로 살아가야 합니다. 가계가 환란과 고통 중에 있는 분들은 가계가 축복을 받아야 합니다.

하나님의 독생자 예수님께서 하신 기도는 대부분 선포기도입니다. 예수님께서 병자를 고치실 때도 아버지 하나님께, "아버지여. 이 병자를 고쳐주세요." 이런 간구를 하지 않으셨습니다. 대신에 "내가 명하노니, 중풍병에서 깨끗함을 받으라 (받을지어다). 나사로야 무덤에서 나오라(나올지어다). 소녀야(야이로의 딸), 일어나라(일어날지어다)"며, 명령하고 선포하셨습니다. 모든 성도에게는 선포기도의 능력이 있습니다. 우리는 하나님의 자녀의 권세를 가졌습니다. 성도는 선포하고 명령할 수 있는 권세를 가졌다는 것을 알아야 합니다. 알고 믿어야 합니다. 그리고 선포 권을 담대하게 사용해야 합니다.

우리 이 시간에 하나님의 자녀의 권세를 가지고, 자신을 향해, 선포해봅시다. '대대로 축복받는 가계가 될지어다' '치료될찌어다.' '회복될찌어다.' '복있을찌어다.' '생육할찌어다.' '번창할찌어다.' '충만할찌어다.' '정복할찌어다.' '다스릴찌어다.' '평강할찌어다.' '순종할찌어다.' '예수 그리스도의 증인이 될지어다.' '살아계신 하나님을 증명시키는 자들이될지어다.' '우리

가계가 대대로 하나님의 축복을 받을 지어다.'

우리 모두, 하나님의 자녀 된 권세로, 성령의 지배 가운데 믿음을 가지고, 선포해서, 가계가 축복 받는 선포기도자로 살아가시기를 바랍니다. 다음은 믿음으로 대적하며 선포 기도하여 물질과 환경의 축복을 받은 간증입니다.

첫째, 가난의 대물림을 선포기도로 끊은 사례. 여기 한 여성도의 간증을 들어보시기를 바랍니다. 대물림되는 가난과 거지의 영이 끊어졌어요. 라는 제목의 간증입니다. 어느 여 성도님이 결혼을 했는데 남편과 자신의 가계에 흐르는 가난의 대물림으로 너무너무 가난하고 헐벗고 굶주리면서 고통을 당하고 살았습니다. 이웃의 전도를 받고 예수님을 믿었습니다. 성령이 충만한 교회에 등록하여 성령을 체험하고, 내적치유도 받고, 가계에 흐르는 마귀역사를 끊는 집회도 참석하여 은혜를 받았습니다. 성령으로 충만하여 가정에 역사하는 가난의 대물림의 원인을 찾아 회개를 했습니다. 가계에 역사하는 귀신도 쫓았습니다.

가난의 대물림의 줄을 끊는 대적하며 선포기도를 수없이 하였습니다. 성령의 보증의 역사로 하나님의 축복으로 서서히 물질적인 문제가 풀렸습니다. 물질 형편이 풀려서 조그마한 주택도 마련하고 이제는 가정의 삶이 평안하게 되었습니다. 계속적으로 대물림되는 가난의 마귀역사를 예수 이름으로 끊고 대적하며 선포 기도하여 귀신을 몰아낸 결과입니다. 이 자매님이 교회에서 하는 가난의 고통을 끊는 집회에 참석하여 우리 시대의 가난의 대물림도 끊어질 수 있다는 믿음을 가지게 되었습니다. 순수하게 강사 목사님이 하라는 영적인 원리대로 가정예배드릴 때나 교회에서 기도할 때나 할 것 없이 성령이 충만한 가운데 매일 입버릇처럼 대적하며 선포기도를 했습니다.

"예수 이름으로 명하노니 우리 가정에 대물림되는 가난의 고통은 끊어질지어다." "가난하게 역사하는 귀신은 예수 이름으로 명하노니 떠나갈지어다." "예수 이름으로 명하노니 우리 가정에 대물림되는 가난의 고통은 끊어질지어다." "가난하게 역사하는 귀신은 예수 이름으로 명하노니 떠나갈지어다." "예수 이름으로 명하노니 우리 가정에 대물림되는 가난의 고통은 끊어질지어다." "가난하게 역사하는 귀신은 예수 이름으로 명하노니 떠나갈지어다." "우리 가계가 아브라함의 복을 받는 가계가 될지어다."하고 마음으로 외치고 다녔다고 합니다.

그러던 어느날 남편이 한 꿈을 꾸었습니다. 꿈에 밖에서 자꾸 문을 두드리면서, "주인 있소? 주인 있소?" 밖에서 주인을 부르는 소리가 나더랍니다. 그래서 문을 열고 나가보니까 자신의 할아버지 거지, 자신의 할머니 거지, 자신의 아버지 거지, 어머니 거지, 거기다가 세상에 있는 거지라는 거지는 다 모인 것같이 많은 거지 들이 모였더랍니다. 깡통을 차고 아주 험한 거지 옷을 입은 거지 할아버지가 와서 하는 말이 "우리가 몇 십 년 동안 이 집에서 거지노릇을 하면서 같이 살았는데, 왜 손자며느리가 들어와서, 그놈의 예수를 믿더니 자기만 믿을 것이지 손자까지 예수를 믿게 해가지고, 항상 가정에서 예배드리고 거지 귀신 떠나라고 예수이름으로 명령하고, 예수 그리스도와 함께 밥 먹고, 기도하고 예배하고 자고, 깨어나면 예수 이름으로 명하노니 거지 귀신아 물러가라고 그러느냐? 우리를 쫓아낼 너의 권한이 무엇이냐? 이유를 말해 달라."

그래서 그 거지 할아버지에게 대답을 어떻게 할까 생각하다가 성령께서 알려주시는 예수님의 말씀을 기억하고 "증명이 있다. 우리 가정의 주인은 예수님이시다. 내가 예수 이름으로 명령한다. 알겠냐! 나사렛 예수 이름으로 명하노니 거지 귀신들은 물러갈 찌어다." 그러니까 다다다다 발걸음 소리를 내면서 전부 거지 떼가 걸음아 날 살려라 하면서 도망을 치더라고 했습니다. 그 꿈을 꾸고 나니 너무나 마음이 평안하고 가난과 거지의 영의 줄이 끊어졌다는 성령의 감동이 오더랍니다.

이 꿈은 가난과 거지영이 예수 이름으로 물러가는 꿈입니다. 성령께서 기도를 응답하여 가문에 흐르는 가난의 귀신들이 떠나갔다는 것을 꿈으로 보증해 주신 것입니다. 아주 좋은 꿈입니다. 그러나 선포기도를 중단하면 안 됩니다. 지속적으로 성령의 임재 하에 대적하며 선포기도를 마음으로 해야 합니다. 당신도 이와 같이 꿈속에서도 선포기도를 하시기를 바랍니다.

둘째, 하나님의 은혜로 선포한 대로 형통의 복을 받은 사례.

필자는 예수 믿고 목사 되어 하나님의 복을 실제적으로 받은 목사입니다. 필자가 군대에서 명퇴를 하고 나올 때의 솔직한 심정은 우리 식구들 모두 굶어서 죽는 줄만 알았습니다. 아무것도 보이지 않았습니다. 그러나 하나님에게 기도하고 하나님에게만 소망을 두고 하나님이 지시한 일을 하면서 순종하고 성령의 인도를 따라오니 지금은 영육으로 부자가 되었습니다. 시시 때때로 있어야 할 것을 아시고 채워주시는 하나님이라는 것을 몸으로 눈으로 체험하게 하십니다. 하나님은 말씀하시고 이루시는 하나님이라는 것을 체험하게 하십니다. 하나님에게 소망을 가지시기를 바랍니다.

하나님은 이렇게 말씀 하셨습니다. "내가 오늘 명하는 모든 명령을 너희는 지켜 행하라 그리하면 너희가 살고 번성하고 여호와께서 너희의 조상들에게 맹세하신 땅에 들어가서 그것을 차지하리라 네 하나님 여호와께서 이 사십 년 동안에 네게 광야 길을 걷게 하신 것을 기억하라 이는 너를 낮추시며 너를 시험하사 네 마음이 어떠한지 그 명령을 지키는지 지키지 않는지 알려 하심이라 너를 낮추시며 너를 주리게 하시며 또 너도 알지 못하며 네 조상들도 알지 못하던 만나를 네게 먹이신 것은 사람이 떡으로만 사는 것이 아니요 여호와의 입에서 나오는 모든 말씀으로 사는 줄을 네가 알게 하려 하심이니라."(신8:1-3). 하나님의 말씀은 일점일획도 거짓이 없습니다. 하나님의 음성을 듣고 계명을 지키는 자에게 복을 허락하시는 하나님이십니다. 제가 이것을 실제적으로 체험한 목사입니다.

제가 어렸을 때를 생각하면 밥을 굶는 날이 먹는 날보다 많았던 것 같습니다. 아버지가 병이 들어 일을 제대로 못하시니까 우리 집이 지지리도 가난했습니다. 어느날은 제가 초등학교 3학년 때인 것 같습니다. 밥을 3일을 먹지 못하고 학교를 가다가 그만 개울에 넘어져서 일어나지 못하는 것을 외할아버지가 발견하여 끄집어내서 살았습니다. 또 한 번은 이런 일이 있었습니다. 저 어렸을 때 고향에는 눈이 그렇게 많이 내렸습니다. 눈이 많이 내리니까, 일은 못하고 양식은 없고 하니까 김치만 먹으며 살아 갈 때입니다. 지금 아이들에게 그런 이야기를 하면 라면을 끓여 먹으면 되지 않느냐고 하는 아이들이 있습니다만, 그 때 형편으로는 그렇지를 못했습니다.

한번은 아버지가 전주에 다녀오시더니 쌀을 한 자루를 가지고 오셨습니다. 어머니가 이 쌀을 아껴서 먹는다고 저의 갓 태어난 동생의 베개에 넣어 한 참을 베고 자고 있던 보리쌀을 끄집어내어 쌀하고 섞어서 밥을 지었습니다. 그 보리쌀이 상했던 것입니다. 그 밥을 아주 맛있게 먹고 식구 모두가 배탈이 나서 아주 고생을 했던 생각이 떠오릅니다.

그리고 또 이것이 생각이 납니다. 제가 초등학교 4학년 때인 것으로 기억이 납니다. 너무 여러 날을 굶어서 힘이 없어서 학교를 가지 못했습니다. 그때는 학교에서 점심에 강냉이 죽을 끓여서 가난한 학생들에게 점심에 먹게 하던 시절입니다. 학교에 가면 점심시간에 강냉이 죽이라도 얻어먹을 수가 있는데 힘이 없어 가지를 못한 것입니다. 그런데 힘이 없어 낮잠을 자던 중에 꿈을 꾸었는데 학교에서 강냉이 죽을 받아서 아주 맛있게 먹는 꿈을 꾼 것입니다. 그런 후 깨어나 보니 꿈이었습니다. 그때 그 서운함은 지금도 생각에서 사라지지 않습니다. 이렇게 제가 어려서부터 지금부터 몇 년 전까지 장말 말로 표현하지 못하는 고통의 인생을 살았습니다.

어려서는 이렇게 고생을 했고, 어린 나이에 월남에 가서 돈을 벌어 오겠다고 군대에 입대했는데 월남은 파병이 끝나 가지 못하고 장교로 군대 생활을 했습니다. 군대에 있을 때도 물질이 이상하게 새나가서 항상 쪼들리는 생활을 했습니다. 정말 사람 노릇을 못하고 살았습니다. 전역하고 얼마나 힘이 들었는지 모릅니다.

저는 신학대학원을 다니고 아이들은 중고등학교에 다니고 물질문제로 거지같은 생활을 했습니다. 목사 안수를 받고 교회를 개척해서도 그렇게 열심히 전도해도 교회가 부흥되지 않고, 다 큰 딸아이들을 데리고 소돔과 고모라와 같은 향락이 판을 치는 곳, 예배당 뒤에 방을 만들어서 4년이나 살았다는 것 아닙니까? 이렇게 혈통을 타고 대물림되는 가난의 마귀 저주로 고통을 당했습니다. 하나님의 은혜로 제가 신학을 하고 목사가 되어 교회를 개척했습니다. 하도 교회가 부흥되지 않아 부르짖어 기도하다가 앞으로는 영성이다. 21세기는 영성이다. 영성! 영

성! 영성! 이라는 하나님을 음성을 듣고 영의 눈을 뜨기 시작하여 영적인 사역에 관심을 가지다가 보니, "불같은 성령의 기름 부으심"는 책에서 간증한 바와 같이 성령의 강한 불도 여러번 체험하고, 내적치유도 일 년을 받고, 혈통의 대물림을 끊는 세미나도 4번이나 참석하여 받았습니다. 그래서 그때부터 혈통에 대물림되는 마귀의 저주가 있다는 것을 알게 되고 필자가 인정하고 사모하고 함께 본격적으로 영적전쟁에 돌입하여 계속 선포기도하며 마귀와 일전을 벌였습니다.

그러면서 제가 혈통의 가난의 대물림을 끊는 세미나도 수없이 진행하여 왔습니다. 특히 마귀 저주를 끊는 세미나에 참석하고 우리 친가의 죄악을 회개하고 마귀저주를 끊고 역사하는 악귀를 대적하여 쫓아내고, 외가에 역사하는 무당의 영들에 의한 우상숭배의 죄악을 회개하고 마귀의 저주의 줄을 끊고, 가난으로 저주하던 악귀를 축사했습니다. 그럴 때 마다 수많은 악귀들이 쫓겨 나갔습니다.

저는 하나님이 은혜를 주셔서, 직감적으로 악한 영이 들어오고 나가는 것을 압니다. 악한 영이 들어올 때는 순간 아찔하면서 머리가 어지럽고 띵해집니다. 그래서 숨을 깊게 들이쉬고 내쉬면서 성령의 임재를 요청하고 성령의 임재가 충만해지면, 예수 이름으로 명하노니 떠나가라, 하고 명령을 계속하면 악한 영이 떠나갑니다. 악한 영이 나갈 때 저는 거의 재채기를 하거나, 하품을 하고 나가는 것을 체험적으로 알 수가 있습니다.

체험이라는 것은 재채기 나 하품을 하고 나면 머리가 순간 시원해지는 것입니다. 한번은 이런 일이 있었습니다. 그때는 성령의 체험도 했을 때이고, 성령치유 사역을 한창 하던 시기입니다. 낮에 사모하고 교회에서 기도하고 있는데 갑자기 성령께서 "너의 목회를 방해하고 가난하게 하는 악귀를 몰아내라," 는 감동을 주시는 것입니다. 그래서 제가 "예수 이름으로 명하노니 나의 목회를 방해하고 가난하게 하는 더러운 귀신은 예수 이름으로 명하노니 떠나갈지어다." 예수 이름으로 명하노니 나의 목회를 방해하고 가난하게 하는 더러운 귀신은 예수 이름으로 명하노니 떠나갈지어다." 예수 이름으로 명하노니 나의 목회를 방해하고 가난하게 하는 더러운 귀신은 예수 이름으로 명하노니 떠나갈지어다."하고 세 번 이상을 명령을 하면서 올라오라고 명령을 했더니 막 하품이 나오기를 한 20번 이상 나오면서 더러운 악한 영들이 떠나가는 것이었습니다. 하품하기를 한참 했더니, 이제 아랫배가 뒤틀리고 아프면서 악한 영들이 떠나갔습니다.

다시 선포하며 기도했습니다. "예수 이름으로 명하노니 충만한 교회는 성장할지어다. 재정이 자립될지어다. 아브라함의 축복이 임할지어다." "예수 이름으로 명하노니 충만한 교회는 성장할지어다. 재정이 자립될지어다. 아브라함의 축복이 임할지어다." "예수 이름으로 명하노니 충만한 교회는 성장할지어다. 재정이 자립될지어다. 아브라함의 축복이 임할지어다." 축복으로 채우는 선포 기도를 했다는 것입니다.

교회당 안에서 그렇게 강력한 성령의 불의 역사가 일어나고 제가 목회자들과 성도들을 붙잡고 기도하며 악한 영들을 축사하고 성령의 역사가 일어나도 나를 괴롭히고 목회를 방해하고 가난하게 하던 악한 영들이 떠나가지를 않은 것입니다.

그러므로 예수만 믿으면 악한 영은 자동으로 떠나간다는 말은 근거 없이 체험 없이 하는 말입니다. 제가 임상적으로 경험한 바로는 악한 영은 본인이 인정하고 예수 이름으로 대적할 때 떠나가는 것입니다. 인정하지 않고 대적하지 않으면 절대로 떠나가지 않습니다. 그래서 책을 써서 출간하는 것입니다. 우리가 알아야 할 것은 가난하게 하는 것은 하나님의 뜻이 아니라, 가난의 배후에는 가난의 악귀가 있다는 것입니다. 그래서 성령의 임재 가운데 가난의 악한 영을 쫓아내야 하는 것입니다.

좌우지간 저는 목회를 방해하고 가난하게 하는 악귀을 쫓아내는 영적전쟁을 치루면서 성령치유집회를 하고, 성령 충만한 기도로 성전을 장악하는 활동을 강하게 한 이후부터 서서히 교회의 재정이 풀리고 교회가 부흥하여 교회 뒤에서 칸을 막고 4년이나 세상 사람들이 안따깝게 여기던 고통의 생활을 접고 아파트도 얻어서 밖으로 나가고, 교회도 서울로 이전하여 지금 목회를 잘하고 있는 것입니다.

그리고 물질도 서서히 풀려서 어려움이 없어지고 필자가 하나님의 진리의 말씀의 비밀이 깨달아지는 만큼씩 영안이 열리고 성령께서 깨닫게 해주시는 죄악들을 회개하여 심령을 정화하여 영적으로 깊어져서 하나님을 기쁘시게 하는 만큼씩 교회도 부흥하고 환경이 눈에 보이게 좋아지고 있는 것입니다. 교회는 성령님이 주인이 되시어 성령의 역사가 일어나야 합니다.

하나님은 축복의 하나님이십니다. 하나님은 기적의 하나님이십니다. 살아서 역사하시는 하나님이십니다. 그리고 체험하게 하시는 하나님 이십니다. 그런데 그냥 기적을 체험하게 하시는 하나님은 아닙니다. 마음이 치유되어 심령이 하나님의 마음에 합하면 합한 만큼 서서히 여러 가지 환경을 풀어주시는 하나님 이십니다. 하나님의 말씀에 요행이라는 것은 없습니다. 마음과 정성을 드리고 심은 만큼 보답해주시는 하나님 이십니다. 부디 하나님의 마음에 합한 성도가 되어 하나님의 복을 받으시기를 바랍니다.

셋째, 가난의 저주를 선포기도로 해결 받은 사례. 부부가 믿음생활 잘하는 데 거지의 영이 대물림되어 고통당하는 집사 부부의 이야기입니다. 이분들이 믿음도 좋고 신앙생활도 모범적으로 잘합니다. 그런데 이 집사 부부에게 문제가 있습니다. 두 분이 맞벌이를 하는데도 불구하고 늘 물질로 고생을 하고 있는 것입니다. 그래서 담임 목사님이 하나님에게 기도하니 그 집안에 거지영이나 가난의 영이 흐르는지 분별해 보라고 하라는 감동을 주시더랍니다.

그래서 목사님이 기도를 하고 있는데 두 부부가 상담을 요청하고 온 것입니다. 목사님 목사님이 아시다 시피 우리 부부는 돈도 열심히 벌고, 믿음생활도 열심히 하고 십일조 생활도 잘하는데 왜 그러는지 물질로 늘 고생을 합니다. 왜 그럴까요, 그렇지 않아도 제가 집사님 부부를 위하여 기도를 하는데 집안에 거지 영이나 가난의 영이 흐르는지 찾아보세요. 그리고 성령의 지배 가운데 회개하시고, 예수 이름으로 가난이나 거지의 영의 줄을 끊고 귀신을 쫓아내세요. 이렇게 가르쳐 주었답니다. 그래서 두 분이 열심히 새벽기도를 하면서 성령의 지배 하에 마귀의 저주의 줄을 끊고, 저주하던 귀신을 쫓아내는 대적기도를 했습니다. 어느날 여 집사님의 꿈에 돌아가신 시아버지가 거지꼴을 하고 자신을 따라오는 것입니다. 우리가 여기서 알아야 할 것은 시아버지가 거지귀신이 되어 꿈에 나타난 것이 아닙니다.

자신의 시댁을 거지같이 살게 하던 타락한 천사 마귀가 시아버지를 가장하고 나타난 것입니다. 절대로 미혹당하지 마시기를 바랍니다. 죽은 사람이 세상에 나오지 못합니다. 예수를 믿고 죽었으면 천국에 가있고, 예수를 믿지 않고 죽었으면 지옥에 가있는 것입니다. 한번 잘 생각해 보시기를 바랍니다. 군대에 간 아들이 아버지가 돌아가셨다고 마음대로 집에 옵니까? 아닙니다. 관보가 부대에 도착해야 보내줍니다.

세상에서도 이 정도인데 어떻게 천국이나 지옥에 간 사람이 세상에 나오니까? 이것은 분명한 타락한 천사 마귀가 시아버지의 형상을 입고 나타나 미혹하는 것입니다. 절대로 속지 말고 강하게 대적하며 선포기도 하시기를 바랍니다.

그래서 이 여 집사님이 꿈속에서 예수 이름으로 명하노니 거지는 떠나가라! 예수 이름으로 명하노니 거지는 떠나가라! 예수 이름으로 명하노니 거지는 떠나가라! 아무리해도 계속 예수 이름으로 명령을 해도 따라오는 것입니다. 그래서 하나님 어떻게 해야 합니까? 하고 물어보니까, 성령께서 하시는 말씀이 물과 불을 통과하라! 물과 불을 통과하라! 물과 불을 통과하라! 물과 불을 통과해야 저 거지 귀신이 떠나간다. 그래서 앞을 보니까 큰 강이 흐르는데 불이 훨훨 타면서 흐르더랍니다.

무서워서 도저히 통과할 수가 없더랍니다. 시아버지는 계속 따라오고 그래서 에라 모르겠다하고 불이 훨훨 타오르는 불타는 강을 통과 했습니다. 그러고 나서 뒤를 돌아보니 거지 시아버지가 따라오지 않더랍니다. 그래서 불같은 성령을 체험하고 대적해야 가난의 영들이 떠나가는 것입니다. 귀하도 이런 경우에 처해 있다면 불같은 성령을 체험하여 말씀과 성령으로 분별하여 찾아서 해결하면서 선포기도 하시기를 바랍니다.

좌우지간 이 부부는 이렇게 지속적으로 대적하며 선포기도를 하고난 그 다음부터 물질이 서서히 풀려서 지금은 거지같이 살던 삶을 청산하였습니다. 가난의 고통도 청산하고 간증하며 더 열심히 교회 봉사하고 헌신하고 있습니다. 귀하도 머지않아 이런 간증을 하게 될 것입니다. 믿으시면 복이 됩니다. 그리고 믿은 대로 역사가 일어납니다.

넷째, 선포 기도하니 사업장의 매출이 증가한 사례. 우리교회가 지방에 있을 때 조그마한 중소기업을 하는 성도가 있었습니다. 이 성도가 영적인 것을 알고 순수하여 조그마한 개척 교회에 다닌 것입니다. 이 성도에게 선포기도 하는 방법을 알려주었습니다. 방법은 특별한 것이 아니고 영적인 것입니다. 아침마다 공장의 문을 열기 전과 문을 닫을 때 문고리를 잡고 기도하는 것입니다. 성령이여 임하소서. 성령이여~ 우리 공장을 점령하여 주옵소서. 성령님! 우리 공장을 장악하여 주옵소서. 영광의 하나님 은혜를 주셔서 공장을 주시고 사업을 하게 인도 하시니 감사합니다. 우리 공장이 하나님의 나라 확장에 크게 쓰임을 받도록 인도하여 주옵소서. 우리 공장을 통하여 하나님의 영광이 나타나게 하옵소서. 천군 천사를 동원하여 둘러서 진을 치고 보호하게 하시고, 우리 공장의 거래처가 날마다 늘어나게 하옵소서. 우리 공장을 통하여 하나님이 영광을 받으시옵소서. 내가 나사렛 예수 이름으로 명하노니 우리 공장에 역사하는 흑암의 권세는 물러갈지어다. 우리 공장에 역사하는 흑암은 떠나갈지어다. 천사들아 공장 앞에 둘러 진을 칠지어다. 손님들을 많이 모시고 올지어다. 거래처가 날마다 늘어나도록 도울지어다. 수입이 달마다 늘어나도록 도울지어다. 이렇게 날마다 대적하며 선포기도를 하라고 했습니다.

그리고 아침에 공장을 가동하기 전에 전 직원을 모아놓고 간단하게 예배를 드리고 일을 시작하도록 알려주었습니다. 이분이 순종을 했습니다. 믿고 선포한 대로 정말로 거래처가 늘어났습니다. 거래처가 늘어나니 매출이 늘어났습니다. 항상 지난달보다 이번 달이 수입이 늘어나는 것입니다. 믿고 선포한대로 역사가 일어난 것입니다. 어느 달은 배로 수입이 늘어나기도 했습니다. 하나님에게 십일조를 빠짐없이 드렸습니다. IMF 시절이라 다른 모든 공장이 어려워도 어려움을 몰랐습니다. 하나님이 믿음을 보시고 역사하신 것입니다.

이렇게 믿음으로 하는 선포기도는 기적을 체험하게 하십니다. 성령의 임재 하에 담대하게 선포하시기를 바랍니다. 그러면 눈에 보이는 가시적인 현상이 일어날 것입니다. 여기에는 아주 중요한 영적인 원리가 있습니다. 공장을 성령의 권능으로 장악하게 했다는 것입니다. 아침, 저녁으로 공장 문을 잡고 대적하며 선포하며 기도를 했습니다. 날마다 업무 시작 전에 예배를 드렸습니다.

이 모든 것이 성령께서 공장 지역과 장소를 장악하도록 하는 적극적인 영적인 활동 이었다는 것입니다. 사업장이든지, 공장이든지, 교회이든지, 성령이 장악을 해야 성장하는 것입니다. 우리 모두 성령으로 충만한 상태에서 영적으로 사고합시다. 이렇게 하면 누구든지 하나님의 기적적인 역사를 체험하게 될 것입니다.

2장 가계가 축복받는 선포기도 해야 할까?

(요 14:13-14)"너희가 내 이름으로 무엇을 구하든지 내가 행하리니 이는 아버지로 하여금 아들로 말미암아 영광을 받으시게 하려 함이라 (14) 내 이름으로 무엇이든지 내게 구하면 내가 행하리라"

선포기도는 성도가 기도하는 내용을 하나님께서 이미 응답해주셨다는 것을 믿고 선포하는 것입니다. 예수님을 믿고 성령으로 거듭난 성도는 하나님의 자녀의 권세를 가지고 있습니다. 하나님께서 가지신 권세를 가진자가 성도입니다. 성도는 예수님께 완전히 의탁된 자요 예수님께 취한 자들입니다.

예수님께서는 제자들을 부르실 때 명령과 선포를 사용하셨습니다. 예수님께서 갈릴리바다를 걷고 계셨습니다. 베드로와 그 형제 안드레 그리고 야고보와 그 형제 요한을 보셨습니다. 이들은 어부였습니다. 예수님께서 이들에게 명령하셨습니다. "나를 따라 오너라." 그리고 선포하셨습니다. "내가 너희를 사람을 낚는 어부가 되게 하리라." 이 네 사람은 예수님께서 선포하신대로 사람을 낚는 어부가 되었습니다. 예수님께서는 죽은 자를 살리실 때에도 명령과 선포를 통하셨습니다. 나인성의 과부의 죽은 아들을 향하여는 "청년아, 일어나라"고 선포하셨고, 죽어서 무덤에 누워있는 나사로를 향하여는 "나사로야 나오너라"고 선포하셨습니다.

예수님은 주인으로 영접하고 성령으로 세례 받아 성령의 지배를 받는 성도는 하나님의 자녀의 권세로 선포 기도할 수 있는 권리를 가지고 있습니다. 예수님께서 말씀하셨습니다. "내가 진실로 진실로 너희에게 이르노니 나를 믿는 자는 내가 하는 일을 그도 할 것이요 또한 그보다 큰일도 하리니 이는 내가 아버지께로 감이라."(요14:12).

날마다 성도 자신을 위하여, 가정을 위하여, 나라를 위하여, 선포기도 하시기 바랍니다. "나에게 하나님 나라가 임할지어다. 우리 가정에 하나님 나라가 임할지어다. 우리 가계가 하나님의 나라가 될지어다. 우리 가계가 하나님의 축복을 받을지어다. 우리 대한민국에 하나님나라가 임할지어다." 하나님의 자녀의 권세와 믿음을 가지고 선포하면 그대로 될 줄 믿습니다.

왕의 명령을 어명이라고 합니다. 어명은 반드시 실행되는 실제적인 힘이 있습니다. 신하들이 어명을 두려워하는 이유는 그 말에 권세가 있기 때문입니다. 권세는 힘을 동반하는데 이것을 권능이라고 합니다. 그래서 전도서 8장 4절에 "왕의 말은 권능이 있나니 누가 이르기를 왕께서 무엇을 하시나이까 할 수 있으랴"라고 말씀하십니다.

사도행전에 1장 8절에 보면 "오직 성령이 임하시면 너희가 권능을 받고" 말씀하고 있습니다. 우리가 예수님을 주인으로 영접하면 성령님은 왕으로 우리 안에 오십니다. 왕이 오실 때 능력 있는 천사들이 함께 오는 것입니다. 이제 성령님을 주인으로 모신 성도는 하나님의 자녀가 되었을 뿐만 아니라 자녀 된 권세를 사용할 수 있는 권능도 얻게 되었습니다.

왕이 선포하면 그대로 이루어집니다. 그것처럼 예수를 믿어 성령으로 거듭난 성도들도 성령님이 감동하시는 대로 선포하면 이루어집니다. 구약에 보면 하나님의 종이 선포했을 때 이적이 일어나는 경우들이 있었습니다. 여호수아가 아모리 사람과 전쟁하다가 해가 저물자 태양을 향해 "태양아 너는 기브온 위에 머무르라 달아 너도 아얄론 골짜기에 그리할찌어다"(수 10:12) 하고 선포하자 태양이 그대로 멈추었습니다. 여호수아는 하나님의 권위로 명령했기 때문에 태양이 순종한 것입니다.

예수님은 이 땅에 오셔서 선포 기도를 많이 하신 분이십니다. 풍랑이 일어 배가 뒤집혀 지려고 할 때 제자들이 고물에서 주무시는 주님을 깨우자 주님은 폭풍을 향해 "잠잠하라! 고요하라!" 명하시자 즉시 조용해 졌습니다. "예수께서 깨어 바람을 꾸짖으시며 바다더러 이르시되 잠잠하라 고요하라 하시니 바람이 그치고 아주 잔잔하여지더라"(막 4:39). 이것을 보고 제자들이 '저가 뉘기에 바람이 멎는가?' 하고 놀랐습니다.

예수님이 전하신 복음도 선포였습니다. "회개하라 천국이 가까이 왔다!" 이 선포는 사람들에게 알리는 것입니다. 세상의 심판이 가까이 왔고 이 경고의 말씀을 듣고 회개하는 사람은 구원을 받겠지만 회개하지 않는 사람은 심판을 받는 것입니다. 선포는 항상 객관적이며 냉정합니다. 하나님이 하신 선포를 받아들이는 사람은 살지만 거역하면 죽는 것입니다.

선포되어진 말씀 앞에서 순종하고 불순종하고는 내 자유의지입니다. 그러나 내가 무엇을 선택하느냐에 따라 삶과 죽음이 달라집니다. 세상 법은 이미 한국에 공포되었습니다. 이 세상 법에 따라 사람들이 판결을 받듯이, 하나님의 구원의 말씀은 이미 이 땅에 선포되어졌으며, 많은 증인들을 통해 계속해서 선포되고 있습니다. 이 선포를 듣는 자는 복이 있습니다.

예수님께서도 제자들을 보내실 때 마을 마다 돌아다니며 복음을 전하면서 복음을 거부하는 자들에게는 발에 먼지를 떨어버리고 다른 마을로 가라고 하셨습니다. 생명의 말씀을 받아들일 사람은 받아들이고 안 받아들일 사람은 받아들이지 말라는 것입니다. 예수님도 마가복음 16장 16절에서 "믿고 세례를 받는 사람은 구원을 얻을 것이요 믿지 않는 사람은 정죄를 받으리라"고 말씀하셨습니다. 믿고 안 믿고는 자신이 선택하라는 것입니다. 예수님은 믿고 주인으로 받아들이면 구원입니다.

우리에게 선포된 복음이 능력이 있는 것처럼, 우리가 하는 선포 기도도 능력이 있습니다. 선포 기도는 크리스천이 하나님의 권위를 힘입어서 천지 만물과 사단에 대해 명령하는 것입니다. 예수님을 믿기 전에는 마귀의 종이었기 때문에 감히 마귀에게 명령할 수 없었습니다. 그러나 이제 예수님을 주인으로 영접하고 성령으로 세례 받아 성령의 지배를 받는 하나님의 자녀가 되었기 때문에 그 분의 권위를 힘입어서 담대하게 선포할 수 있습니다. 마귀는 우리가 두려워서 떠는 것이 아니라 우리가 믿고 신뢰하며 우리의 주인이신 예수님 때문에 떠는 것입니다.

예수님께서 귀신에게 명하시자 귀신이 떠나갔습니다. 제자들도 예수님의 이름으로 귀신을 쫓아냈습니다. 성도는 입으로 하는 말에 선포의 능력이 있습니다. 성령의 지배하에 선포하고 나가면 하나님께서 책임져 주십니다. 입술로 먼저 선포하시고 행동하시기 바랍니다. 그러면 하나님께서 일하십니다.

선포 기도는 내가 왕의 입장에서 마귀의 나라에 도전장을 던지는 것과 같습니다. 말씀을 선포하고 악한 영이 물러날 것을 선포할 때 마귀의 나라는 점점 작아지고 하나님의 나라가 커집니다. '무엇을 주시옵소서'라고 기도만 하지 말고 때로는 강력하게 선포하는 기도를 하시기 바랍니다. 그러면 마귀가 두려워서 떠나갑니다. 문제가 있을 때 그 배후에 악한 영이 있음을 기억하시고 선포하시기 바랍니다. 그러면 점차 마귀의 나라는 무너지고 하나님의 나라가 세워질 것입니다.

여리고 성이 무너졌던 결정적인 원인은 큰 함성 소리였습니다. 그 소리에 견고한 여리고 성이 무너져 버렸던 것입니다. 그것은 단순한 외침이 아니라 하나님께서 하신 말씀에 따라 선포한 것뿐입니다. 그러자 하나님께서 일하셨습니다.

선포는 하나님의 자녀 된 자로서 특권입니다. 우리 뒤에는 든든한 백이 있는데 그분이 바로 예수님이십니다. 우리 앞길이 막히고 힘들어도 예수님의 이름으로 선포하며 나갈 때 길이 열리고 모든 문제들이 해결될 것입니다. 믿음의 선포는 하나님이 책임져 주십니다. 하나님을 의지해서 담대히 세상에서 승리하시기 바랍니다.

우리의 싸움은 혈과 육이 아니고 악한 영과의 영적인 싸움입니다. 싸움에서 승리할 수 있는 무기가 많이 있습니다. 신분의 확신, 말씀에 순복하고 마귀를 대적, 예수님의 보혈, 성령의 권능, 예수님의 이름으로 명령하고 선포하는 것 등 무기가 많습니다. 지금은 예수님의 이름으로 선포할 때 그 위력에 대해서 말씀드립니다.

예수님의 이름으로 선포 기도하는데 이렇게 해야 합니다. 첫째, 주님이 원하시는 것을 선포합니다. 성경말씀을 읽으면서 묵상하면서 성령님이 감동하시는 말씀을 선포할 때 위력이 있습니다. 기도할 때 성령께서 감동하시는 말씀을 선포할 때 위력이 있습니다. 성령의 감동은 하나님의 뜻이기 때문입니다.

둘째, 하나님의 영광을 위하여 자신이 원하는 것을 선포합니다. 자신이 원하는 것이지만 실제로는 하나님의 영광을 나타내는 것들을 믿음으로 선포할 때 그렇게 됩니다.

셋째, 앞으로 이루어질 일을 미리서 선포합니다. 이미 될 일을 현재로 말하는 것도 있습니다. 앞으로 "우리 가계는 전인적인 축복을 받을 찌어다." 하는 것도 있고 "나는 전인적인 축복을 받았다." "나는 권능 있는 성도가 되었다" 이렇게 선포하는 것입니다.

우리는 누구든지 예수님 안에서 무한한 잠재력과 가능성을 가지고 있는데 성경의 약속들은 읽는 것으로만 만족 할 것이 아니라 믿고, 입으로 구하고, 명령하고, 시인하며 선포하고, 시행할 때 현실에서 나타나게 됩니다. 주님은 내 입의 모든 말, 명령이든 기도든지 온갖 구하는 것이나 생각에 넘치도록 풍성하게 이루어주시는 하나님이십니다. 말은 우리의 생각과 잠재의식에 영향을 주는데 말은 명령계통으로 말로 인해 행동을 주관하게 되고 운명을 결정하게 됩니다.

우리가 말하면 뇌신경을 자극하는데 '아프다' '죽을 것 같다' 하면 뇌로 전달되어 죽을 준비를 한다고 합니다. 말이 그렇게 중요합니다. 죽고 사는 것이 혀의 권세에 있습니다. 수 년 동안 설교를 들어도 믿지 않고 선포하지 않으면 아무 소용이 없게 됩니다. 그러므로 설교를 듣는 것으로 만족하지 말고 입으로 끊임없이 선포하며 되새겨야 생명이 나오게 됩니다.

믿음의 선포가 이렇게 위력이 있습니다! 어떤 사람은 '내 남동생은 믿게 될 것이다.'라며 가족구원을 위해 계속 선포기도를 하였더니 동생이 예수님을 믿고 돌아오게 되었다고 합니다. 이런 선포기도를 통해서 길지 않는 시간에 가족구원의 놀라운 일이 일어났습니다.

이렇게 입으로 시인하고 고백함으로 성경의 소망하는 말씀들을 나의 것으로 만들 수 있는 것입니다. 이 모든 말씀은 진리

이기에 계속 선포할 때 얼마나 내 삶이 밝아지겠습니까?

들었던 말씀을 묵혀두지 말고 소가 되새김하듯 선포하세요! 성령으로 충만하고 싶으면 "나는 성령으로 충만합니다." 라고 선포하세요! "나는 긍정적이고 기쁨이 넘칩니다. 나는 우리 집 안에 축복의 통로입니다. 나는 우리 가계에 축복의 근원입니다. 나는 매일 열심히 성경을 읽습니다. 나는 매일 무시로 성령으로 기도합니다. 나는 걸어 다니는 성전입니다." 이렇게 성경에 있는 말로 원하는 것을 선포할 때 우리 기도가 훨씬 강력한 무기가 되며 실제로 이루어지는 역사가 나타납니다.

강단에서 목사님이 선포되는 메시지 가운데 하나님께서 나를 사랑하시고 소중히 여기신다는 메시지를 들었으면 그 메시지를 선포하면서 내 것으로 만들어 가면 기도시간이 즐겁게 됩니다.

"나는 하나님이 창조하신 세상에서의 유일하고 특별한 존재이며 나는 하나님이 보시기에 존귀한자며 보배로운 사람입니다." 이것을 자신에게도 선포하며 가족에게 축복하세요! 이렇게 말씀으로 승리하는 것입니다.

자녀가 말을 안들을 때도 간구도 하지만 아이의 상황과 반대로 선포하세요. "내 자녀는 순종을 아주 잘합니다. 공부도 잘합니다. 스스로 기도도 잘합니다. 스스로 말씀을 잘 읽고 묵상을 잘 합니다. 내 자녀는 주님을 사랑합니다. 성령으로 충만하기 위하여 말씀을 묵상하고 성령으로 기도합니다. 걸어 다니는 성전으로 살고 있습니다. 지금 낙원 천국을 누리며 살고 있습니다." 이렇게 계속 선포하면 말한 대로 됩니다.

선포할 때 성령으로 충만한 가운데 감정을 실어서 열정을 다해 힘 있고 담대하게 선포할 때 위력이 강합니다. 나사로야 나오라! 주님도 위엄있게 선포하셨는데 믿음이 없어서가 아니고 그럴 때 위력이 있습니다.

근심 걱정 짜증나면 "내 영혼아 네가 어찌하여 낙망하며 어찌하여 내 속에서 불안하여 하는 고 너는 하나님을 바라라 그 얼굴의 도우심을 인하여 내가 오히려 찬송하리로다.""예수님의 이름으로 명령한다. 근심걱정 짜증은 물러갈지어다. 대신 기쁨과 평안의 은혜가 임할지어다." 이 말씀을 계속 힘 있게 열정적으로 반복해서 하면 짜증이 없어집니다. 우울증과 짜증은 다 어둠입니다. 선포를 해서 토해버리라는 것입니다.

이렇게 선포를 하면 전인격이 성령으로 충만케 되어 나를 통해 가정과 직장에 하나님의 사랑과 능력이 흘러가게 될 것이며, 선포기도로 이 은혜가 지속되며 매일 더해지면서 이전과 비교할 수 없는 승리, 영광, 주님의 사랑과 권능을 나타낼 수 있는 기대와 소망과 감격 속에서 더욱 더 성장할 것입니다.

믿고 구한 것을 받은 줄로 알라고 하셨듯이 응답을 미리서 선포하고 또한 원하는 것을 선포할 때 위력이 있습니다. 자녀를 위해서도 자녀가 이런 자녀가 되기를 원하는 모습을 믿음으로 선포할 때 놀라운 역사가 있습니다. 자신이 하나님의 영광을 능력을 경험하고 싶으면 무엇이든지 순종하면 됩니다. 순종할 때 역사하십니다.

그렇다면 선포기도는 과연 어떤 기도일까? 우리가 선포기도를 하려면 선포기도가 과연 어떤 기도인가를 바르게 숙지하고 선포기도를 해야 할 것입니다.

1) 선포 기도는 원대한 목표를 향한 기도입니다. 선포 기도는 대담한 기도입니다. 다시 말해, 우리 능력으로는 감당할 수 없는 문제나 목표에 관한 기도입니다. 하나님이 개입하시지 않으면 불가능한 문제나 목표여야 합니다.

하지만 동시에 각자의 믿음 수준에 맞는 문제나 목표여야 합니다. 성경은 믿음의 수준이 다 다르며 각 사람이 각자의 믿음을 발휘해야 한다고 말합니다. 따라서 자기 힘으로 이루지 못할 만큼 큰 동시에 자신의 믿음보다는 크지 않은 문제나 목표로 선포 기도를 드려야 합니다.

2) 선포 기도는 구체적인 기도입니다. 선포 기도는 구체적으로 해야 합니다. 구체적일 수 록 더 좋은 기도입니다. "평생 하나님께 영광을 돌리며 살고 싶습니다." 이는 너무 두루뭉술한 기도입니다. "우리 부서 사람들에게 예수 그리스도를 전하고 싶습니다.""나는 성도들의 마음을 치유하는 사역자가 되고 싶습니다.""나는 성도들의 질병을 치유하며 전도하고 싶습니다." 이처럼 구체적 이여야 합니다. 선포 기도가 막연하면 그 기도를 이루기 위해 정확히 어떤 행동이 필요한지 판단하기가 어

렵습니다.

선포기도를 글로 쓰면서 다짐하고, 그 글을 보며 기도하고 실천 할 수 있도록 잘 보이는 곳에 두시기를 바랍니다. 하나님이 응답하시면 그 내용도 기록하기를 바립니다. 응답하신 과정을 읽을 때마다 더욱 대담하게기도하려는 열정이 솟아날 것입니다. 하나님께서 자신을 통해 일하심을 믿게 될 것입니다.

3) 선포 기도는 지속적인 기도입니다. 한 가지 선포 기도를 꼭 평생 드려야 하는 건 아닙니다. 필자는 기도 한지 3주 만에 이루어진 선포 기도도 많았습니다. 저는 한 가지 선포 기도가 이루어지면 하나님께 감사하고 나서 새로운 선포 기도를 드렸습니다. 그런가 하면 몇 년째 계속 드려온 선포 기도도 있습니다. 이 문제에 대해서는 하나님의 타이밍을 믿고 계속해서 열심히 기도하고 있습니다. 이루저질 것을 믿고 선포하며 기도하고 있습니다. 이루어 질 때까지 지속적으로 기도해야 합니다.

4) 선포 기도는 사소하지만 중요한 기도입니다. 개인적인 선포 기도가 가장 중요한 선포 기도인 경우가 많습니다. 차마 남들에게 얘기하기가 창피한 죄나 문제가 있습니까? 지극히 개인적인 문제는 선포 기도가 제격입니다. "예수님의 이름으로 명령한다. 나를 짓누르는 죄책감은 사라질지어다." "예수님의 이름으로 명령한다. 나를 짓누르는 부정적인 생각들은 사라질지어다."

5) 선포 기도는 공동체 기도입니다. 믿음은 전염성이 강합니다. 따라서 선포 기도의 짐을 함께 덜어 줄 사람들이 곁에 있으

면 큰 힘이 됩니다. 아무것도 보이지 않을 때 비전을 잃지 않도록 도와줄 사람들, 믿음이 흔들릴 때 하나님의 신실하심을 일깨워 줄 사람들, 함께 기도함으로 기도의 능력을 기하급수적으로 높여 줄 사람들, 그런 사람들의 공동체가 필요합니다.

이런 공동체는 자신이 알아서 찾아야 합니다. 인생의 단계에 따라 필요한 공동체가 다르게 됩니다. 대부분 크리스천들은 교회 안에서 믿음의 공동체를 누립니다. 주일 아침에만 모이지 말고 소그룹에도 참여하면 좋습니다. 어디서든 공동체를 찾아야 합니다. 혼자서 믿음의 경주를 마칠 수 있는 사람은 없습니다.

선포기도를 믿음으로 행하여 기적을 체험하며, 마음으로 행하면서 살아가기 위해서 이렇게 해보시기를 바랍니다. 선포기도는 하나님께서 하신다는 믿음이 없이는 할 수가 없습니다. 그렇기 때문에 성령의 지배와 장악이 필수입니다. 성령으로 충만해야 한다는 말입니다. 성령의 지배하에 선포기도 할 때 선포한 대로 이루어지는 것입니다.

1) 하나님의 말씀에 "예!"라고 대답하시라. 마음으로 받아들이고 믿고 행하라는 말입니다. 하나님의 말씀에 순종하지 않고는 선포기도를 할 수가 없습니다. 수동적인 자세와 두려움은 믿는 자에게 어울리지 않는 것입니다. 하나님은 강하고 선하시니 걱정하지 말고 행동해야 합니다. 그분의 영광을 위해 더 큰 목적으로 부르시는 하나님의 음성에 "예"라고 대답하시기를 바랍니다. 자신의 능력으로 도저히 할 수 없는 일이라도 "예"라고

대답해야 합니다. "예"라고 대답하라는 것은 순종하라는 것입니다. 이 하나님의 음성이 곧 "비전"이며, 이 비전은 오직 하나님만이 이루실 수 있습니다.

"내가 네게 명령한 것이 아니냐 강하고 담대하라. 두려워하지 말며 놀라지 말라 네가 어디로 가든지 네 하나님 여호와가 너와 함께 하느니라 하시니라"(수 1:9)

2) 하나님의 능력에 의지하여 담대히 요청하시라. 하나님 앞으로 자신 있게 나아가서 만천하에 드러난 그분의 인격과 성경 속의 약속, 그분의 지난 역사에 의지하여 담대히 요청하라는 것입니다. 그분과 문의하며 대화하라는 것입니다. 단, 그분의 응답은 자신의 자격과 아무런 상관이 없습니다. 자신의 자격대로 받는다면 아무것도 받을 것이 없습니다. 그러므로 은혜에 의지하여 겸손히 기도하라는 것입니다. 은혜에 의지하라는 것은 하나님께서 자신을 통하여 할 것을 믿고 기도하라는 것입니다.

"그를 향하여 우리의 가진바 담대한 것이 이것이니 그의 뜻대로 무엇을 구하면 들으심이라. 우리가 무엇이든지 구하는 바를 들으시는 줄을 안즉 우리가 그에게 구한 그것을 얻은 줄을 또한 아느니라"(요일 5:14-15)

3) 인간의 힘으로는 불가능한 일을 구체적으로 구하시라. 하나님 안에서 불가능이 없으니 우물거리거나 머뭇거리지 말고 여호수아처럼 원하는 것을 정확히 아뢰라는 것입니다. "태양아 너는 기브온 위에 머무르라 달아 너도 아얄론 골짜기에서 그리

할지어다" 우리가 예순님의 이름으로 대담하게 구하면 하나님이 반드시 이루어 주십니다.

인간의 생각으로는 불가능해 보여도 하나님의 관점에서 불가능이란 없다는 것을 믿어야만 합니다. 하나님만이 이루실 수 있는 일, 그래서 오직 그분께만 영광이 돌아갈 수 있는 일, 그런 일을 구하시기를 바랍니다. "대저 하나님의 모든 말씀은 능하지 못하심이 없느니라"(눅1:37). "믿는 자에게 능치 하지 못할 일이 없느니라"(막 9:23)

4) 응답을 기다리며 최선을 다해 행동하시라. 응답을 향해 나아가라는 말은 곧 '힘을 주면서 기도하라'는 말입니다. 이루어질 것을 믿으면서 기도하라는 것입니다. 여호수아는 승리를 위해 기도만 하고 있지 않았습니다. 그는 하나님이 기도에 응답하실 때 적을 섬멸할 수 있는 위치에 있기 위해 밤새 행군했습니다. 그는 하나님이 벼랑 꼭대기에서 승리를 주실 줄로 믿기 만 한 것이 아니라 직접 벼랑을 타고 올라갔습니다. 적을 만나면 싸웠습니다. 기도한 대로 행동했다는 것입니다. 대담한 믿음은 기도 응답을 위해 자신의 몫을 하는 것입니다. 구한대로 행동하라는 것입니다. 기도가 응답될 때까지 온 힘을 다해 노력해야 합니다. "행함이 없는 믿음은 그자체가 죽은 것이나라"(약 2:17).

5) 이루신 하나님께 모든 영광을 돌리시라. 하나님이 불가능한 역사를 행하시면 모든 영광을 그분께 드려야 합니다. 그 놀라우신 역사에 걸맞은 찬양과 감사를 드려야 합니다. 하나님이

우리 교회를 통해 우리신 역사는 그분 외에 그 누구도 할 수 없는 역사였습니다. 선포 기도는 우리가 드리지만 그 기도를 이루시는 분은 오직 하나님입니다.

결론적으로 선포기도는 예수를 믿고 성령으로 거듭난 성도가 예수이름으로 불가능한 것들을 향하여 믿음으로 선포하여 하나님의 살아계심을 증명하는 기도입니다. 선포 기도는 반드시 성령의 지배가운데 하나님께서 원하시는 불가능한 것들에 대하여 담대하게 선포하는 것입니다. 자신의 영달을 위하는 일에 대하여 선포하는 것이 아닙니다.

하나님의 영광을 위하여 선포하는 것입니다. 자신의 능력으로 불가능한 일이라도 하나님의 영광을 나타내는 일이라면 담대하게 선포하십시오. 그러면 성령께서 믿음을 보시고 이루십니다. 알아야 할 것은 하나님은 예수님을 믿는 모든 가계가 잘되기를 원하십니다. 성도들의 가계가 잘되는 일이라면 담대하게 선포기도를 하시기는 바랍니다. 선포하여 불가능이 가능하게 되는 기적을 체험하시고 하나님의 살아계심을 증명하며 전도하십시오. 하나님은 기뻐하실 것입니다.

하나님은 하나님의 살아계심을 증명하는 선포기도에 응답하십니다. 왜냐하면 하나님은 영이시라, 일반적인 눈에는 보이지 않지만 살아계신 분이시기 때문에 믿음으로 선포 기도하여 살아계신 하나님을 세상 사람들에게 눈으로 보게 하고 체험하게 하는 성도를 축복하시고 사용하십니다.

3장 선포기도로 날마다 기적을 체험하려면

(약 4:7)"그런즉 너희는 하나님께 복종할지어다. 마귀를 대적하라. 그리하면 너희를 피하리라"

하나님은 모든 성도가 영육의 축복을 받으면서 세상에 하나님의 나라를 만들기를 원하십니다. 고로 하나님은 예수를 믿는 성도가 영육의 고통을 당하는 것을 원하시지 않습니다. 하나님은 믿는 자들을 통하여 자신의 일을 이루어 기시기 때문입니다. 하나님은 질고를 당하는 우리를 예수 이름으로 치유하여 주시기를 원하십니다. 저는 항상 이렇게 말합니다. 기독교는 느끼는 종교, 체험하는 종교라고 말입니다. 하나님의 말씀대로 몸으로 느껴야 한다는 말입니다. 하나님은 감성이 풍부한 사람을 좋아하십니다. 하나님의 속성은 평안입니다. 내 안에 성령이 충만하면 평안해야 한다는 것입니다. 그래서 우리 교회에 와서 치유받는 분들에게 질문을 합니다. 치유를 받으니까, 몸으로 느끼는 것이 있느냐고 말입니다.

그러면 이구동성으로 평안합니다. 라고 대답을 합니다. 저는 다시 말합니다. 오셔서 변화가 없다면 이곳이 잘못된 곳이니 오시지 말라고 말입니다. 한 분도 그냥 돌아가는 분이 없다는 것입니다. 이것이 말씀대로 살아있는 하나님의 역사를 몸으로 느끼게 하는 생명이라는 것입니다. 그런데 실상은 예수를 믿는 성도가 영육의 문제로 너무나 많은 분들이 고통을 당하고 있습니다.

교회에 들어오면 목사님은 예수 이름에는 권세가 있습니다. 능력이 있습니다. 치유가 있습니다. 소망이 있습니다. 형통이 있습니다. 아브라함의 복이 있습니다. 말로는 귀가 따갑도록 들었습니다. 그러나 삶을 들여다보면 모두 가계에 대소사 문제로 어려움을 당합니다. 환란과 풍파로 고생을 합니다. 영육의 질병을 주인으로 모시고 사는 성도들이 많습니다. 이것이 모두 무엇 때문일까요? 살아서 역사하는 생명의 복음을 체험하지 못하고, 말로 머리로 아는 율법을 듣고 행하고 살기 때문입니다. 저는 항상 생명의 복음을 강조합니다.

하나님의 말씀은 생명입니다. 받아들인 사람을 살리는 생명의 말씀입니다. 그런데 왜 생명의 말씀이 되지 못하고 말이 되고 있습니까? 전하는 자와 듣는 자가 모두 성령의 역사가 없기 때문입니다. 말씀이 생명이 되려면 살아있는 성령이 역사를 해야 합니다. 성령의 지배 하에 말씀을 전하고 들어야 합니다. 그런데 성령은 말이 아닙니다. 반드시 성령의 세례를 받아야 살아있는 성령이 자신을 주장하는 것입니다. 성령의 세례를 예수 믿고 교회에 들어왔다고 모두 받는 것이 아닙니다. 반드시 살아 역사하는 성령의 역사가 있는 장소에 가서 체험해야 합니다. 지금 성령님은 사람을 통하여 역사하시기 때문입니다. 성령으로 세례를 체험해야 비로소 성령이 자신의 영육을 뚫고 밖으로 나오게 됩니다. 이제야 말씀에 생명이 역사하는 것입니다.

성도가 물질의 축복을 받으려면 물질만 풍성해진다고 되는 것이 아닙니다. 성령으로 충만하여 기도하므로 영적으로 건강해야 합니다. 육체의 건강으로 오장 육부 사지백체가 강건해야 합니다. 가정이 성령의 역사로 천국이 되어야 합니다. 자녀들이 하나님의 은혜 안에 들어와 강건하게 자라야 합니다. 부부가 말씀과 성령으로 하나가 되어야 합니다. 환란과 풍파가 없고 잠잠해야 합니다. 이 모든 것이 이루어질 때 물질의 축복을 받을 수가 있습니다. 돈을 많이 벌어도 질병으로 물질이 새나가면 안됩니다. 보증을 잘못서서 사기를 당해서도 안 됩니다. 이유 없이 사고를 당해서도 안 됩니다. 부동산을 매매할 때 손해가 나지 않아야 합니다. 이 모든 것을 대적하며 선포기도하며 예방해야 물질의 축복을 받을 수가 있습니다. 이 책은 대적하며 선포기도로 사전에 예방하여 가계가 축복을 받도록 안내할 것입니다. 지금 기독교 서점에는 대적기도, 선포기도에 대한 책도 많이 나와 있습니다.

목사님들이 선포기도를 강조합니다. 성경에도 대적하며 선포기도를 강조합니다. 야고보서 4장 7절에 "그런즉 너희는 하나님께 복종할지어다. 마귀를 대적하라 그리하면 너희를 피하리라" 했습니다. 그런데 악한 영들을 향하여 수없이 대적하며 선포기도를 해도 악한 영의 역사가 없어지지 않습니다. 왜 그럴까요? 이도 역시 입만 살아있는 말이기 때문입니다. 아무리 소리가 크고 힘이 있어도 사람의 말로는 악한 영이 떠가가지 않습니다.

힘이 장사인 남자가 아무리 소리를 크게 질러도 악한 영은 떠나가지 않습니다. 오히려 성령으로 세례를 받고 성령의 지배 하에 선포하는 작은 여성이나 소녀들의 목소리에 귀신은 떠나갑니다. 악한 영은 사람보다 강한 존재이기 때문입니다. 반드시 성령의 지배 하에 영으로 대적해야 악한 영이 떠나가는 것입니다.

그런데 지금 일부 교회를 다니는 그리스도인들이 이런 권세를 알지 못하고 나타나지 않는 이유가 무엇일까요? 이는 성령을 체험하고 변화되려는 이해가 부족하기 때문입니다. 많은 분들이 저에게 상담을 합니다. 목사님! 성령은 한번만 체험하면 되지요? 이론적으로 보면 맞습니다. 그러나 체험적으로 보면 틀립니다. 제가 체험해보니 성령의 세례를 받으면 그때부터 시작하여 계속적으로 기도하며 성령충만을 받아야 한다는 것입니다. 성령으로 충만하여 성령의 권능으로 자신이 완전하게 장악이 되어야 비로소 성령의 인도를 받는 권능 있는 성도가 되는 것입니다.

사람은 타락한 육이 있기 때문입니다. 타락한 육이 완전하게 성령님에게 굴복을 해야 비로소 양신 역사를 정리하고 성령의 역사가 자신을 주장하는 것입니다. 양신 역사라는 것은 자신에게서 악한 영의 역사와 성령의 역사가 번갈아 나타나는 것을 말합니다. 더 큰 문제는 자신이 악한 영의 역사를 하면서 성령의 역사라고 믿는 다는 것입니다. 왜요. 분별력이 없기 때문입니다. 그러므로 성급하게 성령세례 한 번 받았다고 다된 줄로 생각하면 마귀의 밥이 되기 안성맞춤이라는 것을 알아야 합니다.

그래서 하나님은 요셉도 13년, 다윗도 13년, 야곱은 20년을 연단하고 허벅지 관절이 어긋나게 하고, 모세는 40년을 광야에서 연단 받게 하신 것입니다. 이것은 모두 하나님이 인간을 너무나 잘 아시기 때문입니다. 인간은 교만하여 자신이 모든 것을 하려고 하는 습관이 있습니다. 모세가 왜 광야로 내몰려서 연단을 받았습니까? 자기 힘으로 자기 동족들을 구원하려다가 도리어 모함을 받아 바로를 피하여 광야로 도망을 했지 않습니까? 자기 힘으로 구원하려다가 오히려 쫓기는 신세가 된 것입니다.

우리가 여기서 바르게 알아야 할 것은 하나님 없이 사람은 아무것도 혼자 할 수 없는 나약한 존재라는 것입니다. 왜 그렇습니까? 아담이 하나님의 말씀을 거역하고 선악과를 먹음으로 사람의 권위가 마귀 아래로 내려왔기 때문입니다. 사람이 아무리 힘이 강해도 마귀의 능력아래에 있습니다. 마귀의 종이기 때문입니다. 세상은 마귀에게 처해 있습니다. 모든 불의의 배후에는 마귀가 있습니다. 마귀가 역사하고 있는데 아무리 소리를 크게 해도 마귀는 떠나가지 않습니다. 반드시 예수를 믿고 성령의 권능을 덧입어야 마귀를 물리칠 수가 있는 것입니다.

그래서 하나님이 사람을 불러서 연단하고 훈련하는 것입니다. 자기 힘으로 아무것도 할 수 없다는 것을 깨닫게 하기 위해서 입니다. 자기 자신의 나약함을 확실하게 깨닫고 자기 독단으로 하지 않고 성령의 감동을 받아 성령으로 하게 하기 위해서입니다. 성령님을 주인으로 모시면서 살아가게 하기 위함입니다. 그래서 대적기도는 성령의 지배 하에 성령의 레마를 받아 선포할 때 악한 영이 떠나가는 것입니다. 그런데 사람은 교만합니다. 조금이라도 육체가 남아있으면 자기를 자랑하려고 하는 습관이 있는 것이 사람입니다. 그래서 완전하게 변할 때까지 연단과 훈련을 하시는 것입니다. 교만이라는 것은 성도의 주인이신 하나님에게 물어보지 않고 자신의 생각을 가지고 마음대로 하는 것을 말합니다.

그러면 겸손은 무엇일까요? 자신은 독단으로 아무것도 할 수 없고, 아는 것도 없으므로 매사를 하나님에게 물어보고 순종하는 것입니다. 우리가 예수를 믿기 전에는 마귀가 주인이었습니다. 예수를 믿음으로 주인이 바뀌었습니다. 우리가 예수님을 영접할 때 이렇게 기도했습니다. "사랑의 하나님! 저는 죄인입니다. 나를 위해 십자가에서 죽으시고 부활하셔서 죄와 사단의 권세를 깨뜨리시고 내 인생의 모든 문제를 완전히 해결하신 예수님을 지금 이 시간 나의 구주로, 나의 주인으로, 내 마음 속에 영접합니다. 내 마음속에 성령으로 들어오셔서 영원히 나를 다스려 주시고 하나님의 자녀가 된 축복을 누리며 살게 하옵소서. 나를 구원해 주신 것을 감사드리며 예수님의 이름으로 기도합니다. 아멘!"

갈라디아서 2장 20절에 보면 "내가 그리스도와 함께 십자가에 못 박혔나니 그런즉 이제는 내가 사는 것이 아니요 오직 내 안에 그리스도께서 사시는 것이라 이제 내가 육체 가운데 사는 것은 나를 사랑하사 나를 위하여 자기 자신을 버리신 하나님의 아들을 믿는 믿음 안에서 사는 것이라" 했습니다. 예수를 믿는 순간 십자가에서 자신은 죽고 예수로 태어난 것입니다. 이제 내가 주인이 아니요. 내 안에 계신 예수님이 주인 이십니다. 그러므로 모든 것을 주인인 주님에게 물어보고 행해야 합니다.

어느 날 종교개혁자 마르틴 루터에게 학생들이 찾아와서 물었습니다. "선생님 어떻게 하면 그렇게 많은 사탄의 시험과 유혹을 쉽게 이길 수가 있었습니까?" 루터는 이렇게 대답했습니다. "음, 사단이 내 마음의 문을 자주 두드리면서 문을 열라고 소리칠 때가 있다네. 그럴 때마다 내 마음에 계시는 예수님이 나가셔서 문을 열어 주시지. 그리고 마귀가 예수님에게 '이 집에 루터가 살고 있지요?' 하고 물으면 예수님은 "그래. 과거에는 루터가 살았지만은 이제는 내가 주인으로 살고 있지." 그렇게 대답하면 마귀는 놀라서 한길로 왔다가 일곱 길로 도망치고 만다." 는 것입니다. 내가 시험을 이기는 방법은 바로 이 길이라고 말한 것입니다.

우리 주인이 예수님인 것을 알고, 주인 예수님께 의지하고, 마귀가 우리의 마음 문을 두드리고, 우리에게 돌아오려고 할 때, 주인 예수님을 모시고 예수님 뒤에서 예수님과 함께 나가면, 마귀는 예수 그리스도 앞에서 일곱 길로 도망치고 마는 것입니다. 누구든지 예수님을 마음에 영접하고, 그분을 믿기만 하면 우리 마음에 예수님이 함께 계셔서 우리 마음의 주인이 되시는 것입니다.

주인이 되시는 예수님에게 무엇이든지 물어보고 행해야 귀신이 떠나가는 것입니다. 예수님은 성령을 더불어서 우리와 함께 계시는데, 하나님의 성령이 이제는 우리 마음에 내주하시고 우리를 붙들어 주시는 것입니다.

고린도후서 1장 22절에 "그가 또한 우리에게 인치시고 보증으로 우리 마음에 성령을 주셨느니라." 하나님의 성령은 우리를 돕기 위해서 와 계신 것입니다. 하나님의 성령은 어머니와 같은 영이신 것입니다. 어머니가 자녀를 돌볼 때 얼마나 따사로운 손길로 자상스러운 마음으로 자녀를 돌봅니까?

바로 하나님의 성령은 예수님과 똑같은 보혜사로써 우리 어머니와 같은 심정으로 우리를 붙들어 주어 돌보아 주시는 것입니다. 성령은 우리를 돕기 위해서 우리와 함께 계시고, 우리 안에 와서 계신 것입니다. 우리 눈에 안보여도 바람같이 우리와 함께 계시고 우리 속에 와서 계신 것입니다. 성령은 인격을 가지고 계십니다. 따뜻하고 사랑하는 인격을 가지고 우리를 붙들어 주시고 돌보아 주시는 영이신 것입니다. 성령은 하나님과 예수님과 교통을 끊임없이 인도해 주시는 것입니다.

우리의 관심사를 하나님 아버지에게 두게 합니다. 예수님을 사랑하게 만듭니다. 아버지의 사랑과 예수님의 은혜로 살 수 있도록 성령은 자꾸 우리에게 영감을 주십니다. 계시를 주십니다. 가르침을 주시면서 인도하여 주시는 것입니다. 요한일서 4장 13절에 "그의 성령을 우리에게 주시므로 우리가 그 안에 거하고 그가 우리 안에 거하시는 줄을 아느니라." 성령께서 그 안에 하나님 아버지를 모시고 오시고 예수님을 모시고 오시므로 성령님을 인정하고 환영하고 모셔 들이고 의지하면 성령 안에서 아버지가 나타나시고 우리 주 예수 그리스도가 나타나시는 것입니다. 이제 우리는 예수님의 인도를 받아야 합니다. 주인이신 예수님에게 매사를 물어보고 행해야 합니다.

모세가 이스라엘 백성을 애굽에서 이끌고 광야로 나와 행진할 때 독단으로 하는 것을 보았습니까? 매사를 하나님에게 물어보고 했다는 것을 잘 아실 것입니다. 이렇게 함으로 영이신 하나님과 교통하여 모세가 영적인 상태가 되었다는 것입니다. 우리가 여기서 바르게 알아야 할 것은 하나님은 영이십니다. 영이신 하나님과 통하려면 인간이 영이 되어야 합니다. 그래서 대적기도 할 때 성령의 지배 하에 하라고 하는 것입니다. 성령의 지배 하에 영적인 상태에서 대적하고 명령할 때 귀신이 물러가는 것입니다.

모세는 항상 성령의 지배 하에 있었습니다. 왜냐하면 하나님과 대면하여 대화를 했기 때문입니다.

출애굽기 33장 11절에 보면 "사람이 자기의 친구와 이야기함 같이 여호와께서는 모세와 대면하여 말씀하시며 모세는 진으로 돌아오나 눈의 아들 젊은 수종자 여호수아는 회막을 떠나지 아니하니라" 합니다. 모세는 영이신 하나님과 친구처럼 이야기를 했습니다. 사람이 자기의 친구와 이야기함 같이 여호와께서는 모세와 대면하여 말씀하셨다고 하고 있습니다. 모세가 광야 40년 동안 장인 이드로의 데릴사위가 되어서 하나님만 찾다가 보니 자기가 할 수 있는 것은 하나도 없다는 것을 발견한 것입니다.

그래서 회개하면서 하나님을 찾다가 보니 하나님과 대면하는 영의 사람으로 변한 것입니다. 하나님은 우리가 모세와 같이 하나님과 대면하여 이야기하는 영의 사람들이 되기를 원하십니다. 우리가 여기서 바르게 알아야 할 것은 하나님이 원하시는 수준이 되기 전에는 하나님이 우리게 예비하신 축복을 풀어주시지 않는 다는 것입니다. 그러기 때문에 말로 떠나라! 떠나라! 해도 우리의 문제에 역사하는 마귀는 떠나가지 않는 것입니다.

그러면 어떻게 할까요? 성령의 지배 하에 문제가 해결될 때까지 대적하는 것입니다. 악을 쓰라는 것이 절대로 아닙니다. 성령의 지배 하에 하나님에게 끊임없이 물어보면서 영에서 나오는 권위 있는 영의 소리로 대적하는 것입니다.

계속 하나님에게 물어보면서 대적기도를 하니 자신이 영적인 상태에 들어가는 것입니다. 그러므로 대적기도를 몇 번 하고 안 된다고 포기 할 것이 아닙니다. 될 때까지 하는 것입니다. 하나님을 찾고 찾으면 만난다고 하였습니다.

(렘 29:12-13)"너희가 내게 부르짖으며 내게 와서 기도하면 내가 너희들의 기도를 들을 것이요. 너희가 온 마음으로 나를 구하면 나를 찾을 것이요 나를 만나리라"

하나님과 같은 영의 상태가 되면 기도를 듣고 만나주신다는 것입니다. 그러므로 가계가 축복을 받는 선포기도는 성령의 지배 하에 영으로 하는 것입니다. 내가 성령으로 변하여 영적인 상태가 되면 아무리 문제가 커도 문제가 되지 않습니다. 우리의 주인인 하나님이 세상 신보다 크시기 때문입니다. 그러므로 질병을 치유하는 대적기도가 중요한 것이 아니고 말씀과 성령으로 변하는 것이 중요합니다.

자신만 말씀과 성령으로 변화되면 백전백승하는 선포기도가 되는 것입니다. 전승하는 선포기도는 자신이 성령으로 변하여 영의 상태가 되는 것입니다. 우리를 괴롭히는 질병은 그림자에 불과 합니다. 그림자는 내가 변해야 바꾸어집니다. 그림자인 질병을 대적 기도하여 치유 받으려면 먼저 자신이 말씀과 성령으로 변해야 가능한 것입니다. 아무리 기도를 잘해도 자신이 변하지 않으면 질병은 치유되지 않을 것입니다.

자신이 말씀과 성령으로 변하면 암이 아니라, 더한 질병도 문제가 되지 않습니다. 우리 말씀과 성령으로 변화되려고 노력하십시다. 그리하여 우리의 인생길에 시시각각으로 찾아오는 질병과 영육의 문제를 대적하며 선포 기도하여 치유 받는 기적을 날마다 체험하시기를 바랍니다. 기적은 내가 할 수 있는 것이 해결되는 것이 아닙니다. 내가 할 수 없는 태산 같은 문제가 성령의 권능으로 해결되는 것을 기적이라고 합니다. 기적을 체험하려면 내가 한다고 생각하면 안 됩니다. 자신보다 강한 자신의 주인인 예수님이 하십니다. 질병과 문제를 향하여 성령의 레마를 받아 담대하게 명령하십시오. 그러면 하나님이 자신의 믿음을 보시고 기적을 체험하게 하십니다. 기독교는 종교가 아닙니다. 그리스도의 생명을 받아 변화되는 것입니다. 살아 역사하는 성령의 감동으로 대적하며 선포 기도하여 날마다 기적을 체험하시기를 바랍니다.

4장 선포 기도한 대로 역사해주시는 하나님

(잠 18:21)"죽고 사는 것이 혀의 힘에 달렸나니 혀를 쓰기 좋아하는 자는 혀의 열매를 먹으리라"

성도는 자신이 선포하고 말한 대로 이루어진다고 믿어야 합니다. 예수님의 일꾼이 되려면 하나님이 주신 말씀의 권세를 사용할 줄 알아야 합니다. 말의 권세를 사용해야 성령의 역사로 환경을 바꿀 수가 있는 것입니다. 예수를 믿고 성령으로 거듭난 성도는 하나님이 주신 권세가 있습니다. 강하고 담대하게 하나님이 주신 권세를 사용해야 합니다. 그래야 하나님이 사용하십니다.

우리는 성령으로 거듭난 초자연적인 권능이 있는 성도입니다. 따라서 우리가 선포하는 말에는 초자연적인 역사가 일어납니다. 4차원 이상의 영의 세계에서는 말(소리)로 모든 것이 이루어집니다. 하나님도 말씀으로 천지를 창조하셨습니다. 하나님의 말씀하심이 그대로 이루어졌습니다. 빛이 있으라 하시매 빛이 생겼습니다. 예수를 믿은 우리는 하나님의 자녀입니다. 하나님의 자녀는 하나님의 대리권 행사를 할 수 있습니다. 그러므로 우리는 성령의 지배하에 강하고 담대하게 명령해야 합니다. 그래야 하나님의 자녀로서의 사명을 감당할 수가 있습니다. 우리도 믿음을 가지고 강하고 담대하게 선포해야 세상에서 다가오는 골리앗을 물리칠 수가 있습니다. 하나님이 주신 권세를 담대하게 사용해야 합니다.

**첫째, 내가 담대하게 선포한 대로 예수님이 하신다는 믿음이
있어야 한다.** 말에는 힘이 있습니다. 말은 사람을 살리기도 하
고 죽이기도 합니다. 잠언18장 21절에 "죽고 사는 것이 혀의 권
세에 달렸다"고 했습니다. 잠언13:3에 "입을 지키는 자는 그 생
명을 보전하나 입술을 크게 벌리는 자에게는 멸망이 오느니라"
라고 했고, 예레미야9:8에는 "그들의 혀는 죽이는 살이라 거짓
을 말하며 입으로는 그 이웃에게 평화를 말하나 중심에는 해를
도모하는 도다"고 했습니다. 또 말은 사람을 치료하기도 하고
병들게 하기도 합니다.

이와 같은 말씀들은 말의 중요성을 깨닫게 하는 말씀입니다.
말을 어떻게 하느냐가 굉장히 중요하다는 것입니다. 자신이 성
령으로 충만한 가운데 명령하면 이루어진다는 것을 믿어야 합
니다. 하나님은 내가 말한 대로 이루신다는 믿음을 가지고 불가
능한 것을 향하여 기도하고 명령하는 사람이 되기를 바랍니다.
반드시 성령의 지배하에 "예수님의 이름으로 명하노니 더러운
귀신은 물러갈지어다." "간에 있는 질병은 치유될지어다." "우
리 가정의 물질의 고통은 물러갈지어다." "우리 집의 환란과 풍
파는 물러갈지어다." 명령하기를 바랍니다. "물질아 오라." 명
령하기를 바랍니다. "건강아 올지어다." "아브라함의 축복이
임할지어다."하고 명령하기를 바랍니다. 그리고 부정적인 것,
불필요한 요소들은 버리기를 바랍니다. 예수께서는 마가복음

11장 23절에서 "이 산더러 들리어 바다에 던져지라 하며 그 말하는 것이 이루어질 줄 믿고 마음에 의심하지 아니하면 그대로 되리라." 했습니다.

예수께서 "산을 번쩍 들어서 산을 옮겨지도록 명령하라." 하셨습니다. 여기서 산이라고 하는 것은 질병의 산, 문제와 고통의 산을 말합니다. 비정상적인 산들을 말합니다. 우리의 마음속에 두려움과 공포가 있으면 "두려움과 공포와 절망의 산아 예수 이름으로 명하노니 옮겨질지어다." 하고 명령하기를 바랍니다.

두려운 마음이 생기고 공포심과 근심이 생기게 하는 것은 마귀가 주는 것입니다. 두려움과 공포와 근심 염려가 오거든 칼로 두부를 베듯이 예수 이름의 권세로 명령하시기를 바랍니다. 가만히 있어서는 안 됩니다. 우리에게 주신 권세를 잊어버리면 안 됩니다. 마귀는 자꾸 두려움과 근심을 줘서 거기에 집착하게 만듭니다. 마귀는 우리를 실패하게 하는 법칙이 있습니다. 첫째로 생각을 주장합니다. 두려운 생각, 공포 같은 것을 집어넣습니다. "아, 불안하고 우울하다."하는 생각을 넣습니다. 그래서 결국 그 생각에 집착하다가 내가 왜 우울하지, 왜 마음이 불안하지 하다가 결국 잠을 설칩니다. 이 생각을 성령의 지배하에 몰아내지 않고 시간이 흐르면 "불면증이나 우울증에 걸립니다." 생각을 한 대로 되는 것입니다. 생각은 영의 입구입니다. 말은 영의 출구입니다. 조심해야 합니다.

잠언12:18에 "혹은 칼로 찌름같이 함부로 말하거니와 지혜로운 자의 혀는 양약 같으니라"고 했고, 시편140:3에는 "같이 그 혀를 날카롭게 하니 그 입술 아래는 독사의 독이 있나이다"고 했습니다. 또 말은 사람을 치료하지만 어떤 말은 병들게 합니다. 말은 사람을 흥하게도 하고 망하게도 합니다. 잠언11:11에 "성읍은 정직한 자의 축원을 인하여 진흥하고 악한 자의 입을 인하여 무너지느니라."고 했고, 잠언11:9에 "사특한 자는 입으로 그 이웃을 망하게 하여도 의인은 그 지식으로 말미암아 구원을 얻느니라"라고 했습니다. 그리고 말은 행복하게도 하고 불행하게도 합니다. 잠언12:25에"근심이 사람의 마음에 있으면 그것으로 번뇌케 하나 선한 말은 그것을 즐겁게 하느니라"라고 했고, 잠언16:28에 "패려한 자는 다툼을 일으키고 말쟁이는 친한 벗을 이간하느니라"라고 했습니다.

말은 다른 사람을 살리기도 하고 죽이기도 하며, 치료하기도 하고 병들게 하기도 하며, 흥하게도 하고 망하게도 하며, 행복하게도 하고 불행하게도 합니다. 그와 같이 다른 사람에게 절대적인 영향을 미치기도 하지만 더욱 중요한 사실은 자신에게도 그와 같은 영향을 미친다는 것입니다. 잠언18:6-7에 "미련한 자의 입술은 다툼을 일으키고 그 입은 매를 자청하느니라. 미련한 자의 입은 그의 멸망이 되고 그 입술은 그의 영혼의 그물이 되느니라"고 했습니다.

말은 다른 사람에게 뿐 아니라 자기에게도 치명적인 영향을 미칩니다. 자기 영혼을 소성케 하기도 하고 침체하게 하기도 하며, 자기 마음을 기쁘게 하기도 하고 슬프게 하기도 하며, 자기

몸을 치료하기도 하고, 병들게도 하며, 자기 생애를 행복하게도 하고 불행하게도 합니다. 그것은 생각과 말의 관계 때문입니다. 사람은 생각한 대로 말하게 되고 말한 것은 속의 생각을 굳어지게 합니다. 곧 말한 대로 되어지는 것입니다. 그래서 현재의 상태는 과거에 한 말에 대한 결과이고, 현재의 하는 말은 미래를 결정짓습니다.

그러므로 어떤 말을 하면서 사느냐가 중요합니다. 야고보서 3:3-6에 "우리가 말을 순종케 하려고 그 입에 재갈 먹여 온 몸을 어거하며 또 배를 보라 그렇게 크고 광풍에 밀려가는 것들을 지극히 작은 키로 사공의 뜻대로 운전하나니 이와 같이 혀도 작은 지체로되 큰 것을 자랑하도다 보라 어떻게 작은 불이 어떻게 많은 나무를 태우는가 혀는 곧 불이요 불의의 세계라 혀는 우리 지체 중에서 온 몸을 더럽히고 생의 바퀴를 불사르나니 그 사르는 것이 지옥 불에서 나느니라"라고 했습니다. 말(馬)의 재갈, 배의 키, 자동차의 핸들, 비행기의 조종간은 작은 도구이지만 그 큰 덩치의 방향을 결정합니다. 사람의 혀 곧 입에서 하는 말은 인생의 향방을 결정합니다. 인생의 핸들은 말입니다. 어떤 말을 하느냐가 인생의 행복을 결정합니다. 긍정적인 말을 하면 긍정적인 인생이 되고 부정적인 말을 하면 부정적인 인생이 됩니다. 선한 말을 하면 선한 인생이 되고 악한 말을 하면 악한 인생이 됩니다. 치료하는 말을 하면 자신이 치료되고 병들게 하는 말을 하면 자신의 마음이 병듭니다. 미래에 좋은 날을 보기를 원한다면 긍정적이고 진취적이고 선한 말을 하기 바랍니다.

둘째, 믿음의 말을 하나님이 듣고 행하신다. 인간의 생각으로 합리를 가지고 판단하지 말고 의심을 버리라는 것입니다. 예수께서 우리 안에 주인으로 계시고 예수 이름이 계시니 예수 이름의 권세를 의지해서 명령을 하는 것입니다. 우리는 의심하지 말아야 합니다. 그리고 우리 마음속에 있는 의심이나 비웃음들을 다 내버려야 합니다. 우리 속에 있는 의심과 부정적인 요소와 생각은 자신에게 심각한 해를 입힙니다. 예수 믿으면서도 왜 성령의 역사가 일어나지 않습니까? 의심하기 때문입니다. 예수를 믿으면서도 왜 믿음이 생기지 않습니까? 그 마음속에 있는 부정적인 생각이 떠나지 않기 때문입니다. 우리 속에 아직까지 부정적인 요소가 있다면 다 내보내야 합니다. 그럴 때 하나님의 성령이 역사 하는 것입니다.

그러므로 우리 마음속의 쓰레기를 모두 치워야 합니다. 우리 마음속에 부정적인 것과 의심이 있으면 귀신을 몰아내도 다시 계속해서 들어오게 됩니다. 그러므로 합리를 추구하고 인간적이고 부정적인 생각과 요소 즉 상식적으로 "이것은 안 된다, 나는 안 된다." 하는 것들을 완전하게 우리의 생각 속에서 예수 이름으로 명령해 몰아내야 합니다.

예레미야 6장 19절에 "땅이여 들으라. 내가 이 백성에게 재앙을 내리리니 이것이 그들의 생각의 결과라 그들이 내 말을 듣지 아니하며 내 율법을 거절하였음이니라." 했습니다. 엉뚱한 생각, 인간적인 생각, 상식적인 생각, 자아와 부정적인 생각 때문에 재앙을 받는다는 것입니다. 이 성경 말씀이 하나님의 말씀인 것을 믿기 바랍니다. 재앙이 왜 왔다고 했습니까? 생각의 결과에 의해서입니다. "아이고! 나는 이 병으로 아무리 생각해도 죽을 것 같아~ 나는 평생 이 병을 가지고 있으려나 봐!" 하고 말을 하는 사람도 있고, "나는 원래부터 알러지 체질이기 때문에 봄에 꽃가루만 날리면 두드러기가 생기고 그래. 나는 또 겨울만 되면 독감을 대여섯 번씩은 앓아야 돼." 하는 사람도 있습니다. 그래서 겨울에 독감이 걸리지 않으면 괜히 이상하게 생각하고 그것을 가지고 근심스러워 하는 사람도 있습니다. "나는 독감을 대여섯 번은 앓아야 겨울을 난다."는 부정적인 생각을 가지고 있는 사람이 있으면 오늘 다 털어놓아야 합니다. 어떤 사람이 "나는 독감을 대여섯 번은 앓아야 이 겨울을 난다."는 부정적인 생각을 가지고 있다면 그대로 되도록 돼 있습니다. 이는 그것을 믿었기 때문입니다.

"우리 가족은 유전병이 있어. 우리 조상들은 심장병이 있고, 고혈압이 있고, 우리 가족들은 치매하는 것이 있었어! 우리 가족들은 간질 하는 것이 있었어! 아마 나도 그렇게 될 거야. 지금은 젊어서 괜찮지만 60이 넘으면 우리 조상들처럼 그렇게 아플 거야." 하는 생각을 가지고 있는 사람은 틀림없이 60살에 그런 병에 걸리게 됩니다. 그러므로 부정적인 생각을 성령으로 도말하시고 쫓아내기 바랍니다. 성령의 지배 가운데 예수 이름으로 명령하기를 바랍니다. "자꾸 부정적인 생각이 들게 하는 더러운 영은 예수 이름으로 명하노니 물러갈지어다."

"나는 육신의 아버지와 상관없이 하늘에 새아버지를 가졌다." "나는 예수님의 인생을 사는 사람이다." 라고 주장해야 합니다. 요한복음 1장 12절에 "영접하는 자 곧 그 이름을 믿는 자들에게는 하나님의 자녀가 되는 권세를 주셨으니" 했습니다. "보라 이전 것은 지나갔으니 새것이 되었도다." 했습니다. 육신의 아버지가 유전병이 있었을지라도, 우리는 "예수 이름으로 명하노니 나는 예수님의 인생을 사는 사람이다. 혈통의 유전과는 상관이 없다." "예수 이름으로 명하노니 유전의 줄아! 끊어질지어다." 하고 명령을 해야 합니다.

그리고 "나는 하나님 아버지의 자녀다. 나는 새 아버지가 생겼다." 하고 주장해야 합니다. 의붓아버지가 생긴 것이 아닙니다. 하나님 아버지가 생긴 것입니다. 그러므로 우리는 부정적인 생각을 버려야 합니다. 우리에게는 하늘에서 새 생명을 부여해 주시는 아버지 하나님이 생겼습니다. 부정적인 생각은 귀신이 주는 생각입니다. 하나님의 성령이 주시는 생각은 긍정적이고, 기쁨이 넘치고, 생산적이고, 적극적이고, 아름답습니다. 그러나 마귀와 귀신이 주는 생각은 부정적입니다.

동양 사람들은 해가 떴다가 지면 하루가 시작됐다가 하루가 끝난 것이라고 보고, 더 나아가서는 살았다가 죽는 것으로 봅니다. 그러나 유대인의 사상이나 성경은 그렇지 않습니다. 창세기 1장에는 "저녁이 되며 아침이 되니" 했습니다. 이것은 "죽음이 있으니 부활이 있고." 라는 뜻입니다.

우리 동양 사람들과 얼마나 다릅니까? 우리 동양 사람들은 "아침이 되고 저녁이 되니 하루가 지나가고" 하면서 부정적인 사고를 가지고 있습니다. 그런데 유대인의 사상은 "저녁이 되며 아침이 되니 이는 첫째 날이다. 죽음이 있은 다음에 부활이 있고 곧 저주가 있은 다음에 생명이 있다."는 것입니다.

우리 마음속에 부정적인 생각, 슬픈 생각들이 있으면 믿음이 성장하지 않고, 성령의 역사는 중단 됩니다. 그래서 마음에 병이 드는 것입니다. 육신의 병 때문에 고생하는 사람들은 그 육신의 병이 나기 전에 벌써 마음에 병이 들었던 것입니다. 의학적으로 부정적인 요소가 자꾸 들어와서 시간이 흐른 다음에 육신의 병으로 나타난다고 발견해낸 적도 있습니다.

그런데 성경에 벌써 이것을 기록하고 있습니다. 잠언 18장 14절에 "사람의 심령은 그의 병을 능히 이기려니와 심령이 상하면 그것을 누가 일으키겠느냐" 했습니다. 마음이 긍정적이고, 적극적인 믿음을 가지고 있는 사람은 그 병을 능히 이기지만 심령이 상하여 마음이 부정적이고 귀신에게 사로잡혀서 "나는 안 된다." 하고 소극적이고 부정적인 요소로 꽉 들어찬 사람은 그 병을 누가 일으키겠느냐는 것입니다. 하나님도 어찌 할 수 없다는 것입니다. 우리 몸의 건강이 어디서 옵니까? 의사들은 나이가 들면 뼈에서 영양소가 빠져나가서 골다공증에 걸리기 때문에 뼈를 건강하게 해야 한다고 말을 합니다. 그러나 성경은 그 이전에 마음의 즐거움은 양약이고 심령의 근심은 뼈를 마르게 한다고 했습니다.

성경은 앞질러 가고 있는 것입니다. 성경은 과학자들이 발견하기 이전에 벌써 원인을 말씀해 놓고 있는 것입니다. 잠언 17

장 22절에 "마음의 즐거움은 양약이라도 심령의 근심은 뼈를 마르게 하느니라" 했습니다. 그리고 잠언 18장 14절에 "사람의 심령은 그의 병을 능히 이기려니와 심령이 상하면 그것을 누가 일으키겠느냐" 했습니다.

그래서 찬송도 즐겁게 해야 합니다. 즐거움으로 찬양하지 않는 사람들은 그날 예배 때 하나님의 말씀도 마음에 부딪혀오지 않습니다. 그들은 "예배 얼른 끝내고 집에 가서 드러누웠으면 좋겠다." 하고 생각합니다. 그것은 마귀가 틈탄 것입니다. 예수 이름으로 나태하게 하는 귀신을 몰아내야 합니다. "나를 나약하게 하는 귀신은 예수 이름으로 명하노니 물러갈지어다."

셋째, 창조적인 말을 하라. 하나님은 창조의 하나님이십니다. 하나님은 창조력이 있는 사람을 일꾼으로 사용하십니다. 세상은 창조력이 있는 사람들을 통하여 점령되고 개발이 되었습니다. 과학과 물질문명도 창조력이 있는 사람들을 통하여 개발이 되었습니다. 예수를 믿고 하나님을 따라가는 길에 일어나는 모든 일은 자신이 하는 것이 아닙니다. 하나님이 하십니다. "나는 못해도 하나님이 나와 함께 하시니 능히 하신다"는 믿음이 있고 창조적인 말을 해야 합니다. 하나님의 역사로 출애굽한 이스라엘 백성들은 그들의 목적지인 가나안을 향하여 행군을 계속하였습니다. 그 과정 속에 그들은 온갖 고난과 역경을 겪어야 했습니다.

이를테면 그들의 앞에는 홍해바다가 가로막혀 있고 뒤에는 애굽 군대가 좇아오는 진퇴양난의 위기를 만났습니다. 하지만 하나님의 은혜로 바다를 육지처럼 건너는 놀라운 기적을 경험하였으며, 애굽 군대는 수장되었습니다. 또 광야에서 물이 없어 고통 받을 때, 하나님은 반석에서 물이 나게 하셨으며, 마라의 쓴 물을 달게 바꾸어 주셨습니다. 먹을 것이 아무 것도 없는 황량한 광야에서 하나님은 만나와 메추라기로 그들을 먹이셨습니다.

이와 같이 이스라엘 백성들의 광야생활은 척박하기 짝이 없는 삶이었지만, 그래도 하루하루가 은혜의 연속이었습니다. 그들이 그곳에서 살아남아 있다는 것이 날마다 기적이었습니다. 이렇게 하여 바란 광야에 와서 진을 치게 되었습니다. 이때 하나님께서는 모세에게 '각 지파 중에서 지휘관 된 자 한 사람씩을 택하여 가나안 땅을 정탐하게 하라'고 말씀하셨습니다.

그들은 40일 동안을 정탐하고 돌아와 보고를 하게 되었습니다. 공통되는 내용은 이렇습니다.

부정적인 보고 내용은 그들은 우리보다 강하다. 우리는 그들을 치지 못한다. 우리는 그들 앞에서 메뚜기 같다. 그들 칼에 죽는 것보다 광야에서 죽는게 낫다. 한 장관을 세우고 애굽으로 돌아가자. 긍정적인 보고 내용은 하나님이 그 땅을 우리에게 주실 것이다. 하나님을 거역하지 말라. 그 땅 백성을 두려워하지 말라. 그들은 우리의 먹이라. 그들의 보호자는 그들을 떠났고 여호와는 우리와 함께 한다

여호수아와 갈렙과 같은 믿음의 사람들은 "우리가 곧 올라가

서 그 땅을 취하자 능히 이기리라."고 보고했습니다. 본 것은 같은데 말은 완전히 다릅니다. 보는 눈이 다르기 때문입니다. 믿음의 사람들은 문제를 보지 않고 하나님을 보았습니다. 나쁜 점을 보지 않고 좋은 점을 보았습니다. 그랬기에 그들의 말은 달랐던 것입니다.

당신은 어떻게 말하는 분입니까? 일반적으로 비판적이고 부정적인 말을 하는 분들을 보면, 아주 분석적이고 합리적입니다. 그들의 비판 자체는 사실 근거가 없거나 틀린 말이 아닙니다. 나름대로 다 타당성이 있습니다. 문제는 부정적인 말을 하는 사람들은 결국 부정적인 사람이 되고 만다는 것입니다. 그래서 매사를 부정적으로 보고, 부정적으로 말하게 되는 것입니다.

당신은 현실의 상황을 부정적으로 말하는 사람입니까? 아니면 그 속에서도 긍정적인 요소를 발견하고 말하는 믿음의 사람입니까? 백성들은 부정적인 보고에 더 큰 영향을 받았습니다. 온 백성이 소리를 높여 부르짖으며 밤새도록 통곡하였습니다.

그리고 모두 모세와 아론을 원망하였습니다. "차라리 우리가 애굽 땅에서 죽었거나 이 광야에서 죽었으면 좋았을 것을 어찌하여 여호와가 우리를 그 땅으로 인도하여 칼에 쓰러지게 하려하는가? 우리 처자가 사로잡히리니 애굽으로 돌아가는 것이 낫지 아니하랴?" 일반적으로 자연인은 부정적인 경향성을 가지고 있습니다. 이것을 원죄라고 해도 좋을지 모르겠습니다.

선은 가능성이지만, 악한 쪽에 더 기울어져 있기 때문에 의도적으로 노력하지 않으면, 결코 선을 행할 수 없다는 것입니다.

우리는 얼마든지 긍정적인 믿음의 말을 할 수 있는 가능성을 가지고 있습니다. 그러나 부정적인 말을 하기가 더 쉽고, 영향을 받기가 더 쉬운 존재라는 것입니다. 우리는 자연적으로 믿음의 말을 하기가 어렵습니다.

의도적으로 믿음의 말을 하려고 해야 하는 것입니다. 어떤 한 사람이 부정적인 말을 하면, 금방 사람들은 그 말에 영향을 받습니다. 상황을 종합적으로 판단하고 분석하지 않고, 단편적인 것만 보고 판단합니다.

이스라엘 백성들의 삶은 그런 단면을 너무나 잘 보여주고 있습니다. 하나님은 그들을 목이 곧은 백성이라고 책망하셨습니다. 이렇게 부정적인 영향을 받는 것을 보고, 모세와 아론은 회중 앞에 엎드렸으며, 여호수아와 갈렙은 옷을 찢으며 말했습니다. "여호와께서 우리를 기뻐하시면 우리를 그 땅으로 인도하여 들이시고 그 땅을 우리에게 주시리라 이는 과연 젖과 꿀이 흐르는 땅이니라. 다만 여호와를 거역하지는 말라. 또 그 땅 백성을 두려워하지 말라. 그들은 우리의 먹이라. 그들의 보호자는 그들에게서 떠났고 여호와는 우리와 함께 하시느니라. 그들을 두려워하지 말라"

그러나 회중은 그들을 돌로 치려하였습니다. 한번 부정적인 영향을 받은 사람들은 믿음의 말을 해도 들으려 하지 않습니다. 이것이 문제인 것입니다. 객관적인 생각을 할 줄 모르는 것입니다. 그러면 무엇이 이런 차이를 만들어 내는 것입니까? 한쪽은 그 땅을 차지할 수 없다고 하고, 다른 한쪽은 차지할 수 있다고 합니다. 무엇 때문에 할 수 없다고 하고, 무엇 때문에 할 수 있다고 합니까?

Key word는 무엇입니까? 그것은 바로 "여호와께서 우리를 기뻐하시면"입니다. 결국 하나님께 대한 믿음입니다. 할 수 없다는 사람들은 자기들의 힘만 의지하고 할 수 없다는 것입니다. 하지만 믿음의 사람들은 현실만 본 것이 아니라 하나님을 보았습니다. 하나님 안에서는 불가능이 없는 것입니다. 이제까지도 하나님이 함께 하셨고, 앞으로도 하나님이 역사하실 것입니다. 이것을 믿는 믿음으로 말할 때, 믿음의 역사가 일어나게 되는 것입니다. 정말 문제는 그들의 말의 결과입니다. 하나님은 부정적인 보고를 한 사람들과 그들에게 영향을 받은 백성들이 하나님을 멸시한 것이며, 믿지 않은 것이라고 평가하셨습니다.(민 14:11절) 그리고 전염병으로 그들을 치시며(민14:12절). 그 사람들은 한 사람도 가나안 땅을 보지 못할 것이라고 하셨습니다(민14:23절). 그러나 믿음의 사람 갈렙은 주님을 온전히 좇았으므로 그 땅으로 인도하여 들이리라고 하셨습니다(민14:24절).

오늘 당신의 말은 믿음의 말입니까? 하나님은 우리가 말하는 것을 귀담아 들으십니다. 그리고 "너희 말이 내 귀에 들린 대로 내가 너희에게 행하리라."고 하십니다(민14:28절). 우리가 말하는 대로 시행하신다는 말씀입니다. "못 살겠어. 힘들어. 교회 가도 재미없어. 우리 집은 이게 문제고, 저게 문제야" 혹시 이런 문제점을 자꾸 들추고 있지는 않습니까? 그런 문제들이 우리 집에 있는 것은 아마 맞는 말일 것입니다.

그러나 문제점들보다는 믿음의 말을 하시기 바랍니다. 생명을 살리는 말, 격려의 말. "우리 집은 앞으로 이것도 잘 되고, 저 것도 잘되고 다 잘 될 거야!" 충청도 사투리로 "잘 될 끼어" 당신이 하나님의 축복을 받기를 원하신다면 축복의 말을 하시기 바랍니다. 현실이 그렇게 보이지 않는다고 할지라도 믿음으로 그렇게 말하시기 바랍니다.

결론적으로 세상의 수많은 피조물 가운데 입을 벌려 언어로 말할 수 있다고 하는 것은 사람들에게만 주신 하나님의 축복입니다. 사람들은 세상을 살아가면서 수많은 언어를 통해서 자기 속에 있는 생각이나 마음의 상태를 나타냅니다.

말하는 것을 들어보면 저 사람이 하나님을 사랑하고 있구나! 아니면 그렇지 않구나! 알 수 있습니다. 뿐만 아니라 말을 들어보면 말하는 사람의 수준이 어느 정도 인가? 이 사람이 행복한가? 불행한가? 이 사람이 고독한가? 속이 상해 있는가? 화가 났는가? 알 수 있습니다. 언어를 통해서 사람의 심령 상태를 알 수 있습니다. 신앙의 성숙은 믿음의 언어를 쓰면서 성숙되어 갈 뿐만 아니라 성령의 역사하심은 어떤 말을 하느냐? 따라 성령의 독무대가 되기도 하고 성령의 역사가 제한되기도 합니다.

실제로 인간의 삶속에서 혀처럼 통제하기 어려운 것이 없습니다. 하나님은 야고보 사도를 통해서 말씀하시기를 "사람마다 듣기는 속히 하고 말하기는 더디 하며 성내기도 더디 하라"(약 1:19절) 했습니다. "누구든지 스스로 경건하다 생각하며 자기 혀를 재갈 먹이지 아니하고 자기의 마음을 속이면 이 사람의 경건은 헛것이라"(약 1:26절). 말(언어)은 능히 온몸도 굴레를 씌울 만큼 자신이 하는 말이 성령을 훼방하기도 하고 자신이 하는 말이 자신의 인생이 되는 것입니다.

그러므로 성령님께 붙들려 쓰임을 당하는 사람들의 언어는 언제든지 불 신앙적이기 보다는 언제나 믿음으로 말하는 긍정적 언어라는 것입니다. 불신앙적인 언어를 사용하면서 성령님께 붙들려 쓰임을 당하는 사람들은 없습니다. 뿐만 아니라 불신앙적인 언어를 사용하면서 신앙생활을 잘하는 사람이 없습니다. 믿음 안에서 병이 낫는 사람들도 한 결 같이 병이 낫기 전에 (말)언어의 은혜를 받아서 대단히 불신앙적인 부정적인 언어가 믿음의 언어 긍정적인 언어로 바꾸어질 때 역사가 일어났습니다.

인간의 말(언어)은 만물을 복종케 하는 힘이 있습니다. 히브리어로 말(언어)을 "다발"이라고 하는데 이 "다발"이란 단어는 "만물"이란 단어와 똑같고, "복종"이란 단어와 똑 같고, "행위"라는 말과 같아서 만물을 복종케 하는 힘이 있습니다. 그러므로 자신이 하는 말 한마디가 그 말한 사람의 일생을 좌우하기도 하고 그 말에 대한 상대방의 일생을 좌우하는 것입니다. "죽고 사는 것이 혀의 권세에 달렸나니 혀를 쓰기 좋아 하는 자는 그 열매를 맺으리라"(잠 18:21)하셨고, "생명을 사랑하고 좋은날 보기를 원하는 자는 혀를 금하여 악한 말을 그치며 그 입술로 궤휼을 말하지 말라"(벧전 3:10) "혀는 곧 불이요 불의의 세계라"(약 3:6절) 했습니다. 불이 인류에게 얼마나 중요한지 모릅니다. 불을 좋게 사용하면 얼마나 유익한지 모릅니다.

혀로 말하는 언어가 성령님께 붙들려 믿음의 언어로 사용 될 때는 사람을 살리고, (말)언어는 사람의 행동을 지배합니다. 속담에 말이 씨가 된다는 말이 있습니다. "사람이 무슨 무익한 말을 하든지 심판 날에 이에 대하여 심문을 받으리니 말로 의롭다 함을 받고 네 말로 정죄함을 받으리라"(마 12:36-37) "우리가 말들의 입에 재갈 물리는 것은 우리에게 순종하게 하려고 그 온몸을 제어하는 것이라"(약 3:3절). 불신앙적인 언어를 사용하면 행동이 불신앙적인 방향으로 흘러가고 반면에 믿음의 언어를 사용하면 행동은 언어를 따라 가게 되는 것입니다.

주의 성령님은 사람이 말한 대로 역사 하시는 것입니다. 언어가 바뀌어지지 않는 이상 사람은 변화되기 어려운 것입니다. 분명한 것은 자신이 하는 말을 따라 행위가 따라 가고 몸이 따라 가고 성령이 역사하시는 것입니다. 한국 노랫말 연구회는 슬픈 노래를 3000번 이상 부른 가수들은 슬픈 운명이 된다는 것입니다. 사람을 살리는 언어를 사용 하려면 살리는 영 성령의 역사가 있어야 합니다. "샘이 한 구멍으로 어찌 단물과 쓴 물을 내겠느뇨 내 형제들아 어찌 무화가 나무가 감람 열매를 포도나무가 무화과를 맺겠느뇨 이와 같이 짠물이 단물을 내지 못하느니라"(약 3:11-12절). 성령이 오셔서 인간의 몸에 제일 먼저 인간의 혀를 길들이셨습니다. 믿는 사람은 혀가 성령님께 붙잡힐 때 믿음의 언어를 사용할 수가 있습니다.

5장 선포기도 하기 위해 갖추어야 하는 영성

(고전2:10) "오직 하나님이 성령으로 이것을 우리에게 보이셨으니 성령은 모든 것 곧 하나님의 깊은 것이라도 통달하시느니라."

하나님은 우리를 축복하시는 하나님 이십니다. 그런데 왜 예수를 믿었는데도 환란과 고통과 영육의 질병을 당하면서 살아가는 것입니다. 그것은 한마디로 영적으로 무지하기 때문입니다. 그래서 호세아서 4장 6절에 "내 백성이 지식이 없으므로 망하는도다."라고 하셨습니다. 지식은 하나님을 아는 체험적인 지식을 말합니다. 우리가 예수를 믿고 하나님의 복을 받으면서 살아가려면 하나님에 대하여 바르게 알아야 합니다. 하나님을 안다는 것은 지식적으로 아는 것이 아닙니다. 하나님을 체험하는 것을 안다고 하는 것입니다. 하나님을 체험하고 삶에서 누리면서 살아가는 것을 안다고 하는 것입니다. 하나님은 믿는 우리에게 소원을 두고 행하시는 하나님 이십니다. 그래서 지금 당하고 사는 환란과 고통과 영육의 질병은 다 마귀로부터 말미암은 것입니다. 그래서 환란과 고통과 영육의 질병의 원인을 바로 알고 해결하려고 노력해야 하는 것입니다. 믿는 우리가 영육의 질병을 치유하며 행복한 삶을 살아가려면 먼저 성령의 역사가 일어날 수 있도록 영적인 준비가 있어야 합니다. 하나님은 준비하는 사람을 환란과 고통과 영육의 질병에서 해방되게 하십니다. 환란과 고통과 영육의 질병을 치유할 수 있도록 먼저 준비하시기를 바랍니다. 치유는 본인이나 사역자가 하는 것이 아니고 말씀과 성령의 역사로 하는 것입니다. 성령이 역사하실 수 있도록 자신을 준비 하십시오.

첫째, 예수를 주인으로 영접해야 한다. 제가 지금까지 성령치유 사역을 하다가 체험적으로 알게 된 사실은 예수를 영접하지 않고 교회를 10년 이상 다닌 성도가 있다는 것입니다. 그것도 집사 직분을 받고 믿음생활을 하고 있는 데도 예수를 영접하지 않았다는 것입니다.

몇 년 전에 아들이 영적인 문제가 생겨서 아들을 치유하려고 온 여 집사가 저에게 이런 말을 했습니다. 목사님 저는 교회를 10년 이상 다녔고, 집사직분을 받은 지가 8년이나 되었는데 지금까지 성령세례를 받지 못했습니다. 우리 교회가 성령 충만한 교회라 예수 믿고 얼마 되지 않은 성도들도 다 성령으로 세례를 받고 방언으로 기도를 하는데 저는 지금까지 방언을 하지 못합니다. 그래서 제가 머리에 손을 얹고 성령님 이유가 무엇입니까? 하고 질문을 했더니 성령께서 예수를 영접했는지 물어보라고 해서 혹시 예수님을 나의 주인으로 모시는 영접기도를 했느냐고 물었더니, 자신은 원래 남묘호렌게교를 믿었는데 시집을 와서 보니 시댁이 전부 기독교를 믿고 교회를 나갔습니다. 그런데 시 어머니가 시집을 왔으면 시댁의 종교를 믿어야 되지 않겠느냐고 성화를 해서 가정의 평화를 위해서 교회를 다니다가 보니 집사도 되고 이렇게 시간이 흘렀다는 것입니다. 그래서 제가 예수를 영접시키고 기도를 했더니 성령세례가 임하고 방언이 터지고 치유가 되기 시작했습니다. 그러자 이 여 집사가 목사님 마음이 정말 편안하고 좋습니다.

감사합니다. 그러는 것입니다. 이와 같이 예수를 영접해야 성령이 우리 안에 오셔서 치유를 하십니다. 예수님은 우리 마음을 먼저 열어야 들어오십니다. 치유받기 전에 먼저 예수를 영접하는 것이 필수입니다. 예수를 영접하지 않으면 성령의 역사가 일어나지 않습니다. 환란과 고통과 영육의 질병을 일으키는 세력은 가상적인 존재가 아니고 실제적인 살아있는 존재입니다.

그래서 살아계신 성령님의 역사가 없이는 치유는 불가합니다. 살아계신 성령은 우리가 예수를 주인으로 영접해야 우리 안에 오셔서 역사하시기 때문입니다. 만약에 대적하며 선포기도를 하는데 가계의 문제가 해결되지 않는다면 성령의 역사가 일어나지 않는 것입니다. 이렇게 성령의 역사가 일어나지 않는 사람은 예수님의 영접 여부를 확인해야 합니다. 저의 경험으로 다수의 사람들이 예수님을 영접하지 않고 교회를 다니다가 집사 직분을 받은 사람들이 있습니다. 이런 분들은 성령이 역사하지 않습니다. 예수님을 영접하고 대적하며 선포기도를 하며 영육을 치유해야 할 것입니다. 예수를 영접하고 교회에 들어와 하나님에게 시간을 드려야 합니다. 시간을 많이 드리면 많이 드릴 수록 빨리 영적으로 변합니다. 하나님에게 마음과 시간을 드려야 영적으로 변합니다.

둘째, 문제를 해결하기 위해 사람을 의지하지 말라. 예수를 믿는 성도가 문제를 당하면 신령한 사람을 찾아가서 해결을 하려고 합니다. 사람을 의지하여 문제를 해결하려고 합니다. 이는 샤머니즘의 신앙의 잔재입니다. 예수를 믿었어도 샤머니즘의 신앙을 탈피하지 못한 연고입니다. 알아야 할 것은 신령한 사람을 의존하는 사람은 이방인입니다. 성도들은 성령의 인도를 받는 것입니다. 하나님은 직접 성도 개인과 교통하기를 원하십니다. 그러기 위해서 성령이 우리 안에 오신 것입니다. 그런데도 불구하고 예수를 믿고 교회에 들어온 성도들이 문제가 생기면 신령한 자들이나 능력이 있다는 사람을 찾아가서 해결을 하려고 합니다. 절대로 사람에게 의지하는 성도는 신앙이 자라지도 않을 뿐만아니라, 영적으로 자립을 하지 못합니다. 문제도 해결될 수가 없습니다. 우리 기독교는 성령이 내 안에 오셔서 역사하는 살아 있는 생명의 종교입니다. 내 안에 계시는 성령의 권능으로 문제를 해결하는 것입니다. 성령의 지배 가운데 자신 안에 계신 성령님에게 문의하는 습성을 들이십시오. 그래서 원인을 찾고 원인을 해결하기 위하여 성령의 지혜를 받아 선포하고 조치하여 해결하는 습관을 들이시기를 바랍니다. 한번 성령님과 통로가 열리면 다음은 쉽습니다. 문제가 있을 때 성령님의 응답이 올 때까지 기도해보세요. 그러면 반드시 성령님과 통하게 됩니다.

셋째, 성령으로 세례를 받아야 한다. 우리들의 가계에 환란과 고통과 영육의 질병을 일으키는 것은 악한 마귀입니다. 악한 마귀는 살아 역사하는 실체입니다. 살아 역사하는 실체는 사람의 힘으로는 어찌 할 수가 없습니다. 살아있는 성령의 역사가 있을 때 떠나가는 것입니다. 성령은 성도가 예수를 믿을 때 마음 안에 오십니다. 마음 안에 오신 성령은 성도가 성령으로 세례를 받을 때 혼을 뚫고 밖으로 나타나는 것입니다. 성도가 성령으로 세례를 받을 때 비로소 성령이 성도의 전인격을 장악하는 것입니다.

그 성령이 전인격을 지속적으로 장악하는 것이 성령의 충만입니다. 이 성령이 성도의 마음 안에서 밖으로 역사할 때 성령의 권세로 마귀는 정체를 드러내고 떠나가는 것입니다. 그래서 성도가 성령으로 세례를 받아야 권능 있는 성도가 되는 것입니다. 그래서 하나님은 성령으로 세례를 받으라고 하시는 것입니다. 그러나 성령이 예수를 믿게 했다고 성령으로 세례 받는 것은 아니라고 생각합니다. 믿는 것과 세례를 받는 것은 다르며, 성령을 체험하는 것과 성령의 세례를 받는 것도 다른 것입니다. 세례를 받는 것이 적당히 넘어갈 수 있는 문제가 아니듯이 성령의 세례도 마찬가지입니다. 성경에서 성령과 관련하여 사용된 심오한 진리 중의 하나는 "성령으로 세례 받으라."라는 것입니다.

○ 성령 세례란 예수 그리스도께서 주시는 것입니다. 성령의 세례란 성령에 의해서가 아니라 주 예수에 의해 행해지는 그리스도의 사역입니다(행 11:15-8).

○ 성령으로 세례 받을 때는 확실한 체험으로 경험이 있습니다. 성령으로 세례를 받을 때 성령이 예수 그리스도의 이름으로 임하므로 성령으로 세례 받는 것은 체험으로 느낄 수 있습니다.

○ 성령 세례를 받으면 하나님의 능력이 임합니다. 성령으로 세례 받을 때 성령의 권능이 함께 임합니다. 권능은 하나님의 일을 행하는 데 적합한 사람으로 크리스천을 준비시킵니다. 성령 세례는 하나님께서 우리를 예수 그리스도의 몸의 일부분으로 택하셔서 맡기신 지체로서의 임무를 효과적으로 수행하게 합니다(행 9:17-20).

○ 성령으로 세례 받음은 하나님의 영으로 사로잡히는 것입니다. 성령 세례는 성도의 마음을 그리스도에 대한 이해와 사랑과 신뢰로 가득 차게 하며, 성령이 삶의 주관자가 되게 하며, 하나님의 자녀로서 하나님의 부름에 적합하도록 능력을 부여합니다. 하나님의 영으로 사로잡혀야 환란과 고통과 영육의 질병이 대적기도 할 때 물러가는 것입니다. 성령의 세례를 체험하시기를 바랍니다. 체험이라는 것은 내가 하나님의 역사하심을 감각으로 눈으로 보게 된다는 뜻입니다.

그런데 성령체험이 그렇게 쉽지 않다는 것입니다. 제가 지금까지 성령치유 사역을 해보니, 많은 성도들이 성령의 역사를 말로만 이해하고 체험하지 못해서 살아있는 성령이 실제로 역사하면 잘못된 현상인줄 착각하고 거부하기 때문에 치유를 받지 못합니다. 목사님이나 장로님이 저희 교회 집회에 참석하여 성령의 역사가 일어나 자신의 몸에 이상을 느끼면 놀래서 교회를 나가시는 분들이 있습니다. 이런 분은 평생 문제를 해결 받지 못합니다. 성령의 역사도 살아있는 역사이고, 마귀도 살아있는 영의 실체입니다. 성령의 역사에 의하여 살아있는 영의 역사가 일어남으로 자신에게 느끼고 보이는 가시적인 현상이 일어나는 것입니다. 성령의 역사는 초자연적으로 살아서 역사하는 실체입니다. 그러므로 나에게 성령이 지배하시면 본인이 성령의 지배를 체험적으로 느끼게 됩니다. 성령이 지배하시면 보편적으로 다음과 같은 현상이 나타납니다. 호흡이 깊어지거나 빨라지고 손이 찌릿찌릿 하기도 합니다. 절제 할 수 없도록 울음이 터지거나, 웃음이 터지는 경우도 있습니다. 가슴을 찌르고 무엇이 빠져나오는 아픔을 느낄 수 있습니다. 위장이나 아랫배 부근에서 어떤 뭉치 같은 것이 움직일 수도 있습니다. 큰소리가 속에서 터져 나오기도 하고 온 몸에 불이 붙은 것 같이 뜨겁기도 합니다. 입에서 손에서 불이 나오는 것을 느끼기도 합니다. 가슴이 답답하고 기침이 나오고 손과 입에서 불이 나오는 체험을 하기도 합니다. 기침, 하품, 트림이 나오고. 토하기도 하고 메스꺼움을 느끼기도 합니다. 멀미하는 것처럼 속이 울렁거리며 아랫배가 심히 통증이 있기도 합니다. 머리가 아프고 어지럽고 몸이 감당하지 못하게 흔들리기도 합니다. 때로는 얼굴이나 몸 전체가 뒤틀리다가 풀어져 평안해지기도 합니다. 때로는 며칠 동안 힘이 없고 심신의 괴로움 현상이 일어날 수 있습니다. 이것은 일종의 성령의 지배와 영육 치유의 현상이니 두려워말고 계속 기도하시면 없어집니다.

성령세례를 받은 다음부터 성령으로 기도할 때 성령으로 충만해지는 것입니다. 성령으로 충만함을 입으려면 먼저 성령으로 세례를 받아야 합니다.

넷째, 성령의 강한 지배에 들어갈 줄 알아야 한다. 제가 지금까지 성령으로 환란과 고통과 영육의 질병을 치유하면서 임상적으로 체험한 바는 문제의 근원은 우리의 무의식에 숨어 있습니다. 무의식에 숨어있는 문제의 근원은 살아있는 실체입니다. 이 살아있는 실체가 의식 위로 올라와 치유되려면 우리의 마음 안에서 역사하는 성령께서 역사해야 무의식에 웅크리고 있는 악한 영이 성령의 능력으로 밀려 올라와 떠나가는 것입니다.

그러므로 성령의 깊은 지배가 자신의 영육을 완전하게 장악하는 깊은 지배에 이르러야 깊은 곳에 있는 문제의 실체가 떠나가는 것입니다. 그러므로 환란과 고통과 영육의 질병을 대적하며 선포기도 할 때 주문 외우는 것같이 그냥 입술로 외워서는 무의식에 숨어있는 실체가 떠나가지 않습니다. 치유하는 대적기도와 선포기도를 할 때도 성령의 깊은 지배 하에 영상으로 죄를 짓는 모습을 보면서 대적하며 선포기도를 해야 성령의 역사로 문제를 일으키던 세력들이 떠나가는 것입니다.

그러므로 성도는 무엇보다도 성령의 깊은 지배에 이를 줄 알아야 하는 것입니다. 제가 지금까지 체험한 바는 성령님 지배하시면 이렇게 심리적, 감정적 실제적 체험을 하게 됩니다. 마음에 기쁨과 평화가 마치 물결쳐 오는 것처럼 다가오는 체험을 합니다. 마음이 눌림으로부터 해방 받는 느낌이 듭니다. 대물림이 끊어지고 치유되었다는 성령의 감동을 받습니다. 몸이 공중에 부상되어 있는 것 같은 체험을 합니다. 몸에 강한 전류에 감전되는 것 같은 체험을 합니다. 얼굴에 뜨거운 바람이 불어오는 느낌이 듭니다. 얼굴이나 손 몸이 뜨거워집니다. 매우 어지러울 수도 있습니다. 머리가 아플 수도 있습니다. 술 취한 것 같을 경우도 있습니다. 이와 같은 상태가 성령으로 충만한 상태입니다. 이 상태에서 귀신에게 명령해야 귀신이 떠나가는 것입니다.

다섯째, 영육의 문제에는 원인이 있다. 영적으로 사고하라는 말입니다. 문제가 있으면 반드시 원인이 있습니다. 원인은 보이는 면만 보아서는 찾을 수가 없습니다. 한 차원 깊은 영의 상태에서 찾아야 합니다. 반드시 성령의 지배 가운데 원인을 성령님에게 문의하여 찾아서 해결해야 합니다. 그냥 대적하며 선포기도 한다고 환란과 고통과 영육의 질병이 치유되지 않습니다. 반드시 성령의 지배 하에 원인을 찾아서 해결해야 합니다. 모두 이런 식으로 대적하고 선포기도를 하고, 치유를 하니 해결 되지 않는 것입니다. 원인을 찾아 해결하는 습관을 들이시기를 바랍니다. 원인만 찾아서 해결하면 치유는 반드시 됩니다.

여섯째, 용서와 회개를 성령의 지배하에 해야 한다. 반드시 성령님의 지배 가운데 회개와 용서를 해야 가계에 대물림되는 문제가 해결됩니다. 용서는 용기이며 선택입니다. 용기를 내어 용서를 선택해야 합니다. 용서는 나의 문제를 해결하기 위해서 반드시 해야 합니다. 용서하기로 결단하세요. 용서할 마음이 생길 때까지 기다려서 한다면 언제 까지고 용서하지 못합니다. 용서는 다른 사람은 그대로 내버려두고 자신의 환란과 고통과 영육의 질병으로부터 해방되고자 하는 의지적 결단이며 의식적인 선택입니다.

　회개를 잘 해야 합니다. 성령의 지배 하에 성령님에게 물어보면서 생각이 떠오르는 것부터 합니다. 죄를 모아 한꺼번에 회개하지 말고 죄를 하나씩 열거하면서 해야 합니다. 사건을 될 수 있는 데로 정확하게 열거하세요. 예를 든다면 시간, 장소, 당시의 상황, 죄의 대상 등 구체적으로 하는 습관을 들이세요. 그리고 당시의 감정, 느낌까지 토해내야 합니다.

　일곱째, 성령의 지배 하에 선포기도를 하라. 반드시 성령의 지배가운데 대적하며 선포기도를 해야 합니다. 자기 스스로 대적하며 선포 기도하는 요령은 이렇습니다. 성령의 지배를 유지하세요. 성령의 지배가 어느 정도 충만해지면 호흡법을 활용하세요. 환란과 고통과 영육의 질병을 찾아내려면 잔잔하게 깊어지면서 성령님께 물어보세요.

　① 최근 상황을 떠올린다. 특이한 상황으로 환란과 고통, 육체의 병, 가정 문제 등.

　② 성령님에게 물어봅니다. 왜 그런가요? 하면서 원인을 찾는 것입니다.

　③ 원인을 찾아 떠오르는 그때 그 상황 안으로 들어갑니다.

　④ 상황을 마음으로 직접 보면서 회개나 용서를 하면서 하나씩 하나씩 주님에게 드립니다.

　⑤ 수치심이나 분노가 나타나면 절제 말고 표출합니다. 서러

움. 분함. 공포 등등

⑥ 대적하며 선포기도를 합니다. 반드시 원인 제공자를 몰아내야 합니다. 선포기도할 때 기침이나 하품, 호흡, 토함 등이 나오기도 합니다. 지속적으로 해야 합니다. 자신 안에 환란과 고통과 영육의 질병을 일으키고 있는 악한 영의 정체가 폭로되면 한동안 버티다가 떠나가게 됩니다.

⑦ 성령으로 기도하여 성령의 충만을 유지합니다. 성령이 충만하지 않으면 다시 침입을 합니다. 성령으로 충만 하려고 의지적인 노력을 해야 합니다.

여덟째, 끝장 보는 선포기도를 하라. 환란과 고통과 영육의 질병을 치유하는 것은 단기간에 되지 않습니다. 그래서 꼭 치유하겠다는 본인의 의지가 대단히 중요합니다. 불의한 재판장을 찾아간 과부와 같이 어떤 일이 있더라도 포기하지 말아야 치유의 은혜를 받습니다. 몇 번 하고 안 된다고 포기하지 말고 지속적으로 해야 합니다.

아홉째, 관리를 잘 해야 한다. 대적하며 선포 기도하여 문제를 해결하는 것도 중요합니다. 그러나 해결된 문제를 다시 당하지 않는 것이 더 중요합니다. 지속적으로 말씀을 묵상하고 깊은 영의기도로 영성을 유지해야 합니다. 자신이 없다면 성령이 충만한 교회에서 전문적인 영적지도자의 도움을 받는 것이 좋습니다. 주일을 이용하여 성령으로 충만하고 영성을 회복하는 것입니다.

6장 가계가 축복 받는 선포 기도하는 비결

(요11:43-44)"이 말씀을 하시고 큰 소리로 나사로야 나오라 부르시니, 죽은 자가 수족을 베로 동인 채로 나오는데 그 얼굴은 수건에 싸였더라. 예수께서 이르시되 풀어 놓아 다니게 하라 하시니라"

성도가 가계의 축복을 받으려면 하나님이 주신 권세를 사용할 줄 알아야 합니다. 권세를 사용해야 성령의 역사로 환경을 바꿀 수가 있는 것입니다. 예수를 믿고 성령으로 거듭난 성도는 하나님이 주신 권세가 있습니다. 강하고 담대하게 하나님이 주신 권세를 사용해야 합니다. 우리는 성령으로 거듭난 초자연적인 권능이 있는 성도입니다. 따라서 우리가 선포하는 말에는 초자연적인 역사가 일어납니다. 4차원 이상의 영의 세계에서는 말(소리)로 모든 것이 이루어집니다.

하나님도 말씀으로 천지를 창조하셨습니다. 하나님의 말씀하심이 그대로 이루어졌습니다. 빛이 있으라 하시매 빛이 생겼습니다. 예수를 믿은 우리는 하나님의 자녀입니다. 하나님의 자녀는 하나님의 대리권 행사를 할 수 있습니다. 그러므로 우리는 성령의 임재 하에 강하고 담대하게 명령해야 합니다.

그래야 하나님의 자녀로서의 사명을 감당할 수가 있습니다. 우리도 믿음을 가지고 강하고 담대하게 선포해야 세상에서 다가오는 골리앗을 물리칠 수가 있습니다. 하나님이 주신 권세를 담대하게 사용해야 합니다.

첫째, 성령의 지배하에 담대하게 예수 이름으로 명령하라.
여호수아가 전쟁을 할 때 전쟁이 거의 승리할 지점에 가까웠는데 해가 넘어가려고 했습니다. 캄캄하면 적을 무찌를 수가 없고, 전쟁을 치를 수가 없었기 때문에 여호수아가 태양을 향하여서 "태양아 중천에 머물라." 하고 명령을 했더니 넘어가는 태양이 중천에 머물렀다고 성경에 기록되어 있습니다. 태양도 하나님의 음성으로 지어진 것이기 때문에 하나님의 음성을 믿음으로 소유한 여호수아가 명령했기 때문에 멈추어진 것입니다(수 10:12-14). 여호수아가 명령하니 태양도 머물렀다고 했습니다.

태양도 하나님이 지으신 피조물에 불과합니다. 하나님의 놀라운 역사를 성취하기 위해서는 태양도 머물러야 하는 놀라운 일이 있었던 것입니다. 우리는 이와 같은 기도를 성경을 통해서 배우고 자신의 것으로 소유해야 합니다. 천지 만물은 하나님 말씀으로 지음 받았기에 하나님의 음성을 듣게 돼 있고, 우리도 하나님의 성령을 모셨기 때문에 우리도 명령을 하면 천지 만물이 듣게 됩니다. 그리고 우리가 믿음으로 명령할 때 성령께서 기뻐하셔서 역사해 주신다는 것을 알고 명령하기를 바랍니다.

당신도 불가능한 것을 향하여 기도하고 명령하는 사람이 되기를 바랍니다. 반드시 성령의 지배 하에 "우리 가정의 물질의 고통은 물러갈지어다." "우리 집의 환란과 풍파는 물러갈지어다." 명령하기를 바랍니다. "물질아 오라." 명령하기를 바랍니다. "건강아 올지어다." 하고 명령하기를 바랍니다. 그리고 부정적인 것, 불필요한 요소들은 버리기를 바랍니다. 예수께서는 마가복음 11장 23절에서 "이 산더러 들리어 바다에 던져지라 하며 그 말하는 것이 이루어질 줄 믿고 마음에 의심하지 아니하면 그대로 되리라." 했습니다.

예수께서 "산을 번쩍 들어서 산을 옮겨지도록 명령하라." 하셨습니다. 여기서 산이라고 하는 것은 질병의 산, 문제와 고통의 산을 말합니다. 비정상적인 산들을 말합니다. 우리의 마음 속에 두려움과 공포가 있으면 "두려움과 공포와 절망의 산아 예수 이름으로 명하노니 옮겨질지어다!" 하고 명령하기를 바랍니다.

두려운 마음이 생기고 공포심과 근심이 생기게 하는 것은 마귀가 주는 것입니다. 두려움과 공포와 근심 염려가 오거든 칼로 두부를 베듯이 예수 이름의 권세로 명령하시기를 바랍니다. 가만히 있어서는 안 됩니다. 우리에게 주신 권세를 잊어버리면 안 됩니다. 마귀는 자꾸 두려움과 근심을 줘서 거기에 집착하게 만듭니다. 마귀는 우리를 실패하게 하는 법칙이 있습니다. 첫째로 생각을 주장합니다. 두려운 생각, 공포 같은 것을 집어넣습니다. "아, 술 먹고 싶다." 하는 생각을 넣습니다. 그래서 결국 그 생각에 집착하다가 주머니에 돈 있으면 "오늘 술집에 가자." 하고 술을 먹습니다. 생각을 한 대로 움직이는 것입니다. 생각은 영의 입구입니다. 말은 영의 출구입니다. 조심해야 합니다.

마귀는 우리에게 두려움과 공포심을 갖다 줍니다. 나쁜 생각을 갖다 줍니다. 그래서 그 생각에 집착하게 해서 거기에 속아서 넘어가면 결국 그 사람의 생활을 타락하도록 합니다. 그러므로 우리들에게 두려움과 공포의 생각과 안 된다는 생각, 부정적인 생각이 들어오면 "마귀가 또 유혹하려고 하는구나." 하는 것을 깨닫고 그것을 쫓아내야 합니다. 명령을 해야 합니다.

가만히 있거나 두려워하지 말고 단호하게 명령하기를 바랍니다. 그럴 때 당신의 마음이 평안해집니다. 평안해지고 담대함이 생겨서 무슨 일을 만나든지 긍정적으로, 기쁨으로 생각하게 되는 것입니다. 우리의 심령이 그렇게 중요한 것입니다. 하나님이 우리에게 명령하라! 하신 것은 우리에게 있는 모든 문제와 근심을 전부 바꾸라는 것입니다. 그러므로 우리는 주저하지 말고 과감하게 명령을 해야 합니다. 명령을 하면 모든 것이 듣는다는 믿음을 가지기를 바랍니다. 마태복음 8장 13절에 "네 믿은 대로 될지어다." 했습니다. "네 믿음대로" 라고 하지 않았고, "네 믿은 대로"라고 했습니다. 믿음은 현재 믿고 있는 상태를 말합니다. 진행형입니다. 믿음은 과거에 생긴 것이기 때문에 과거형입니다. 마태복음 8장 13절에 "예수께서 백부장에게 이르시되 가라 네 믿은 대로 될지어다 하시니 그 즉시 하인이 나으니라" 했습니다. 믿음이 과거에 얻었던 경험을 말하지만 여기에서는 "현재 네가 믿고 있는 상태대로 될지어다." 하신 것입니다. 그러면 우리는 어떤 믿음을 가져야 합니까?

자신이 "내가 예수 이름으로 명령하면 산천초목도 듣고, 사람도 듣고, 귀신도 듣고, 병균도 듣고 다 듣는다."는 믿고 있는 상태를 고백할 때 주님이 기뻐하시는 것입니다. 그러므로 우리는 신장, 간, 위가 아파서 안수할 때에도 명령을 해야 합니다. 저는 "심장아! 내가 예수 이름으로 명하노니 강심장이 될지어다."고 명령을 합니다. 아니 심장이 귀가 달렸습니까? 그래도 저는 그냥 "심장아! 간아!"하고 부릅니다.

심장이 아파서 병원에 가면 의사가 청진기를 대고 "심장아 소리 좀 내봐라!" 하고 말을 합니까? 그냥 청진기를 대서 심장이 뛰는 소리를 듣지만 우리는 믿음으로 "심장아! 예수 이름으로 명하노니 정상으로 될지어다!" 라고 명령을 하는 것입니다. 인격적으로 듣는다는 믿음을 가지고 하는 것입니다. "위장아!" 하고 명령을 하면 벌써 위가 듣고 움직이기 시작합니다.

치료가 되기 시작합니다. "위장아, 신장아, 간아, 내가 예수 이름으로 명하노니" 하고 명령을 하면 우리의 말을 듣는 것입니다. 왜 그렇습니까? 성령께서 우리 안에 계시기 때문입니다. 하나님의 성품과 능력과 권세가 우리에게 있기 때문에 "간아 예수 이름으로 명령하는 내 말을 듣고 깨끗함을 받을지어다." "가난은 물러가고 물질축복이 임할지어다." 하고 말을 하는 것입니다. 모든 불합리한 것과 비정상적인 것을 향해 명령해야 합니다. 담대하게 선포하며 명령하면 기적이 일어납니다.

이상하게 생각할 것 하나도 없습니다. 예수께서 그렇게 하셨습니다. 세상 사람들이 보기에는 주님이 더 비웃음을 살만한 행동을 했습니다. 왜 그렇습니까? 죽은지 나흘이나 되어 베로 싸서 무덤 속에 집어넣어 내장이 썩어서 냄새가 나는 송장을 향해서 예수께서 "나사로야! 나오라."하고 명령하셨기 때문입니다. 성경에는 "벌써 죽은지 나흘이 되었으매 냄새가 나나이다." 했습니다.

예수께서 "나사로야 나오라." 했을 때 죽었던 나사로는 베로 동인 채로 저벅저벅 걸어 나왔습니다. 예수께서 동굴 앞에서 "나사로야!" 했을 때 동네 사람들은 웃으면서 "저 사람 정신이 이상한 사람이구나!" 하고 비웃었습니다. 손바닥을 치면서 비웃기도 했을 것이고, 남 말하기 좋아하는 사람은 옆에 사람 쿡쿡 찔러 가면서 '저 병신.' '저 바보.' 하고 비웃었을 것입니다.

그렇지만 예수께서는 그런 말을 하나도 듣지 않았습니다. 예수께서 "나사로야 나오라!" 했을 때 비웃던 사람들이 예수의 말씀에 의해서 걸어 나오는 나사로를 보고 얼마나 기절초풍했겠습니까? 나사로의 힘으로 나오는 것이 아닙니다. 예수님이 성령으로 나사로의 영에게 명령하니 나사로의 영이 초자연적인 예수님의 영에서 나오는 명령을 듣고 혼과 육이 순종하니 살아 나온 것입니다. 사람의 영은 불멸입니다. 그러기 때문에 예수를 믿지 않는 사람의 영은 마귀가 사는 지옥에서 영생하는 것입니다. 사람의 영은 절대로 죽지 않습니다. 그러기 때문에 예수를 믿는 우리의 영은 성령의 인도에 따라 하나님과 교통하니 성령의 인도로 하나님이 계시는 천국으로 가는 것입니다.

둘째, 합리적으로 판단 말고 두려움과 의심을 버리라. 예수께서 우리 안에 계시고 예수 이름이 계시니 예수 이름의 권세를 의지해서 명령을 하는 것입니다. 우리는 의심하지 말아야 합니다. 그리고 우리 마음속에 있는 의심이나 비웃음들을 다 내버려야 합니다. 우리 속에 있는 의심과 부정적인 요소와 생각은 자신을 심각하게 해를 입힙니다. 예수 믿으면서도 왜 성령의 역사가 일어나지 않습니까? 의심하기 때문입니다.

예수 믿으면서도 왜 믿음이 생기지 않습니까? 그 마음속에 있는 부정적인 생각이 떠나지 않기 때문입니다. 우리 속에 아직까지 부정적인 요소가 있다면 다 내보내야 합니다. 그럴 때 하나님의 성령이 역사 하는 것입니다.

그러므로 우리 마음속의 쓰레기를 모두 치워야 합니다. 우리 마음속에 부정적인 것과 의심이 있으면 귀신을 몰아내도 다시 계속해서 들어오게 됩니다. 그러므로 합리를 추구하고 인간적이고 부정적인 생각과 요소 즉 상식적으로 "이것은 안 된다, 나는 안 된다." 하는 것들을 완전하게 우리의 생각 속에서 예수 이름으로 명령해 몰아내야 합니다.

예레미야 6장 19절에 "땅이여 들으라. 내가 이 백성에게 재앙을 내리리니 이것이 그들의 생각의 결과라 그들이 내 말을 듣지 아니하며 내 율법을 거절하였음이니라" 했습니다. 엉뚱한 생각, 인간적인 생각, 상식적인 생각, 자아와 부정적인 생각 때문에 재앙을 받는다는 것입니다. 이 성경 말씀이 하나님의 말씀인 것을 믿기를 바랍니다. 재앙이 왜 왔다고 했습니까? 생각의 결과에 의해서입니다. "아이고! 나는 이 병으로 아무리 생각해도 죽을 것 같아~ 나는 평생 이 병을 가지고 있으려나 봐!" 하고 말을 하는 사람도 있고, "나는 원래부터 알러지 체질이기 때문에 봄에 꽃가루만 날리면 두드러기가 생기고 그래. 나는 또 겨울만 되면 독감을 대 여섯 번씩은 앓아야 돼." 하는 사람도 있습니다.

그래서 겨울에 독감이 걸리지 않으면 괜히 이상하게 생각하고 그것을 가지고 근심스러워 하는 사람도 있습니다. "나는 독감을 대여섯 번은 앓아야 겨울을 난다."는 부정적인 생각을 가지고 있는 사람이 있으면 오늘 다 털어놓아야 합니다. 어떤 사람이 "나는 독감을 대여섯 번은 앓아야 이 겨울을 난다."는 부정적인 생각을 가지고 있다면 그대로 되도록 돼 있습니다. 이는 그것을 믿었기 때문입니다.

"우리 가족은 유전병이 있어. 우리 조상들은 심장병이 있고, 고혈압이 있고, 우리 가족들은 간질 하는 것이 있었어! 아마 나도 그렇게 될 거야. 지금은 젊어서 괜찮지만 60이 넘으면 우리 조상들처럼 그렇게 아플 거야." 하는 생각을 가지고 있는 사람은 틀림없이 60살에 그런 병에 걸리게 됩니다. 그러므로 부정적인 생각을 성령으로 도말하시고 쫓아내기를 바랍니다. 예수이름으로 명령하기를 바랍니다. "자꾸 부정적인 생각이 들게 하는 더러운 영은 예수 이름으로 명하노니 물러갈지어다."

우리는 "나는 육신의 아버지와 상관없이 하늘에 새아버지를 가졌다."고 주장해야 합니다. 요한복음 1장 12절에 "영접하는 자 곧 그 이름을 믿는 자들에게는 하나님의 자녀가 되는 권세를 주셨으니" 했습니다. 보라 이전 것은 지나갔으니 새것이 되었도다, 했습니다. 육신의 아버지가 유전병이 있었을지라도 우리는 이제 "예수 이름으로 명하노니 유전의 줄아! 끊어질지어다." 하고 명령을 해야 합니다.

그리고 "나는 하나님 아버지의 자녀다. 나는 새 아버지가 생겼다." 하고 주장해야 합니다. 의붓아버지가 생긴 것이 아닙니다. 하나님 아버지가 생긴 것입니다. 그러므로 우리는 부정적인 생각을 버려야 합니다. 우리에게는 하늘에서 새 생명을 부여해 주시는 아버지 하나님이 생겼습니다. 부정적인 생각은 귀신이 주는 생각입니다. 하나님의 성령이 주시는 생각은 긍정적이고, 기쁨이 넘치고, 생산적이고, 적극적이고, 아름답습니다. 그러나 마귀와 귀신이 주는 생각은 부정적입니다.

동양 사람들은 해가 떴다가 지면 하루가 시작됐다가 하루가 끝난 것이라고 보고, 더 나아가서는 살았다가 죽는 것으로 봅니다. 그러나 유대인의 사상이나 성경은 그렇지 않습니다. 창세기 1장에는 "저녁이 되며 아침이 되니" 했습니다. 이것은 "죽음이 있으니 부활이 있고." 라는 뜻입니다.

우리 동양 사람들과 얼마나 다릅니까? 우리 동양 사람들은 "아침이 되고 저녁이 되니 하루가 지나가고" 하면서 부정적인 사고를 가지고 있습니다. 그런데 유대인의 사상은 "저녁이 되며 아침이 되니 이는 첫째 날이다. 죽음이 있은 다음에 부활이 있고 곧 저주가 있은 다음에 생명이 있다."는 것입니다.

우리 마음속에 부정적인 생각, 슬픈 생각들이 있으면 믿음이 성장하지 않고, 성령의 역사는 중단이 됩니다. 그래서 마음에 병이 드는 것입니다. 육신의 병 때문에 고생하는 사람들은 그 육신의 병이 나기 전에 벌써 마음에 병이 들었던 것입니다. 의학적으로 부정적인 요소가 자꾸 들어와서 시간이 흐른 다음에 육신의 병으로 나타난다고 발견해낸 적도 있습니다.

그런데 성경에 벌써 이것을 기록하고 있습니다. 잠언 18장 14절에 "사람의 심령은 그의 병을 능히 이기려니와 심령이 상하면 그것을 누가 일으키겠느냐" 했습니다. 마음이 긍정적이고, 적극적인 믿음을 가지고 있는 사람은 그 병을 능히 이기지만 심령이 상하여 마음이 부정적이고 귀신에게 사로잡혀서 "나는 안 된다." 하고 소극적이고 부정적인 요소로 꽉 들어찬 사람은 그 병을 누가 일으키겠느냐는 것입니다. 하나님도 어찌 할 수 없다는 것입니다.

우리 몸의 건강이 어디서 옵니까? 의사들은 나이가 들면 뼈에서 영양소가 빠져나가서 골다공증에 걸리기 때문에 뼈를 건강하게 해야 한다고 말을 합니다. 그러나 성경은 그 이전에 마음의 즐거움은 양약이고 심령의 근심은 뼈를 마르게 한다고 했습니다.

성경은 앞질러 가고 있는 것입니다. 성경은 과학자들이 발견하기 이전에 벌써 원인을 말씀해 놓고 있는 것입니다. 잠언 17장 22절에 "마음의 즐거움은 양약이라도 심령의 근심은 뼈를 마르게 하느니라" 했습니다. 그리고 잠언 18장 14절에 "사람의 심령은 그의 병을 능히 이기려니와 심령이 상하면 그것을 누가 일으키겠느냐" 했습니다.

그래서 찬송도 즐겁게 해야 합니다. 즐거움으로 찬양하지 않는 사람들은 그날 예배 때 하나님의 말씀도 마음에 부딪혀오지 않습니다. 그들은 "예배 얼른 끝내고 집에 가서 드러누웠으면 좋겠다." 하고 생각합니다. 그것은 마귀가 틈탄 것입니다. 예수 이름으로 나태하게 하는 귀신을 몰아내야 합니다. "나를 나약하게 하는 귀신은 예수 이름으로 명하노니 물러갈지어다."

셋째, 가계가 축복받는 선포기도 방법. 명령기도는 직설화법을 이용하여 권세를 선포해야 합니다. 그러므로 "예수님 위장병이 떠나가게 해주세요!…. 예수님 귀신이 떠나게 해주세요!…." 이런 식의 기도는 약한 기도로 효과가 적습니다. 이것은 예수님에게 물어보지도 않고 자기 마음대로 죄를 지어 놓고 안 되니까? "예수님 저의 죄를 통해 귀신이 역사합니다. 귀신을 쫓아주세요" 라고 기도하는 것과 같습니다. 예수님은 응답하십니다. "자네가 내 이름으로 귀신을 쫓아내라!" 즉 우리가 해야 할 일과 주님이 하실 일이 있는데 귀신과 싸우는 것은 우리가 할 일입니다. 예수님께서 십자가에 돌아가심으로 귀신을 제압할 권세를 우리에게 주셨습니다. 마가복은 16장 17절에 "믿는 자들에게는 이런 표적이 따르리니 곧 그들이 내 이름으로 귀신을 쫓아내며 새 방언을 말하며." 했습니다. 이미 우리는 그 권세를 받았으므로 감사함으로 쓰기만하면 됩니다. 따라서 "내가 죄를 지을 때 들어온 영은 예수님의 이름으로 명하노니 결박을 받고 떠나갈지어다!" 하고 기도를 하는 편이 훨씬 효과적인 기도입니다. 반드시 자신이 직접 하나님의 레마를 받아 행동하고 명령해야 합니다. 자기의 문제를 해결하는데 다른 신령한 사람을 의지 한다든지, 자신의 생각대로 하면 절대로 하나님이 역사하시지 않습니다.

여기서 우리가 바르게 알아야 할 것은 악한 영은 성령으로 장악이 되어야 떠나가는 것입니다. 무조건 떠나라고 한다고 떠나는 것이 아닙니다. 오히려 더 강하게 덤빌지도 모릅니다. 그러므로 육적인 것이 강하여 악한 영으로 강하게 묶인 자는 아무리 떠나가라고 해도 떠나가지 않습니다. 악한 영이 떠나갈 수 있는 영적인 조건이 되지 않았으므로 악한 영이 떠나가지를 않는 것입니다. 그러므로 대적 기도할 때 강하게 묶인 자는 "내가 예수 이름으로 명하노니 저 사람을 통하여 나를 괴롭히는 귀신은 결박을 받을 지어다." 하고 결박을 해야 합니다. 자꾸 결박을 해야 합니다. "예수 이름으로 명하노니 더러운 영은 결박될지어다." 자꾸 예수 이름으로 명령을 하면 귀신이 힘을 일어서 악한 영의 영향을 받는 사람이 몸이 아플 수도 있습니다.

왜냐하면 악한 영이 예수 이름으로 묶이어서 마음대로 자기 힘을 발휘하지 못하니 장악하고 있는 사람을 괴롭히기 때문입니다. 이때 예수를 전하여 교회에 데리고 와서 축사하면 됩니다. 그러나 성령으로 장악되어 귀신이 떠나갈 수 있는 영적인 조건이 되었으면 "내가 나사렛 예수 이름으로 명하노니 저 사람을 통하여 나를 괴롭히는 원수 귀신은 떠나갈지어다." 하며 대적기도를 해야 합니다. 문과 문 사이에서 대적기도해도 효과가 있습니다. "저 방에 있는 악한 영에 시달리는 사람에게 역사하는 귀신은 예수 이름으로 명하노니 떠나갈지어다." 자꾸 명령하면 떠나가는 것입니다.

실제로 어느 성도는 싸움을 하는 사람들이 있어서 멀리서서 "예수 이름으로 싸우게 하는 영은 결박을 받을지어다."하고 대적 기도하니 싸움을 하지 못하더라고 간증한 성도도 있습니다. 그러므로 예수 이름으로 하는 대적기도는 강한 힘을 발휘하는 것입니다.

중요한 것은 소리만 크게 한다고 악한 영이 물러가는 것이 아닙니다. 큰 소리로 "떠나가라." "떠나가라."한다고 귀신이 떠나가는 것이 아닙니다. 만약에 소리가 커야 귀신이 떠나간다면 목소리가 작은 여성들은 귀신을 쫓아낼 수 있겠습니까? 오히려 성령으로 세례 받고, 깊은 영의기도로 다듬어진 성령충만한 여성의 선포기도에 귀신들이 더 잘 도망갑니다. 성령의 권능으로 귀신이 떠나가는 것입니다. 그러므로 이렇게 하시기를 바랍니다. 성령의 깊은 임재 하에 영에서 나오는 소리로 나에게 역사하는 혈기의 영아 떠나가라. 혈기 영아 떠나가라. 가난의 영아 떠나가라. 이렇게 대적하며 선포기도를 하라는 것입니다. 우리가 바르게 알아야 할 것은 성령으로 세례를 받고, 치유된 영에서 나오는 권능으로 선포기도 할 때 귀신이 떠나가는 것입니다.

대적하며 선포기도의 순서는 이렇습니다. 첫째, 성령의 지배를 요청합니다. 둘째, 성령의 지배 하에 원인을 찾습니다. 셋째, 원인에 따라 회개하거나 용서합니다. 넷째, 대적합니다. 축귀합니다. "예수님의 이름으로 가난의 귀신아 떠나가라" 다섯째, 반대 영을 공급합니다. 예를 든다면 가난하다. 반대는 부요의 영, 물질 축복의 영을 요청하여 채우라는 것입니다. 여섯째, 지속적으로 성령 충만합니다. 유지가 더욱 중요합니다. 그래서 하나님은 항상 기뻐하라. 쉬지말고 기도하라. 범사에 감사하라. 하시는 것입니다.

가계가 축복을 받는 선포 기도하는 예는 이렇습니다.

① 성령의 지배. 성령이여 임하소서. 성령이여 임하셔서 저를 사로잡아 주옵소서.

② 간구. 영광의 하나님 감사합니다. 천지 만물을 주관하시고 지금도 살아서 역사하시는 하나님에게 영광과 찬송을 올립니다. 영광의 하나님! 제가 지난날 하나님을 멀리하고 방탕하게 살아온 것을 진심으로 회개합니다. 저를 불쌍하게 여겨주옵소서. 영광의 하나님! 저의 가난을 청산하여 주옵소서. 하나님만이 진정한 해결자이십니다. 저의 가난은 하나님만이 해결하실 수 있습니다. 저를 가난에서 해방하셔서 하나님의 살아서 역사하심과 영광을 드러내게 하옵소서. 제가 가난을 청산하고 물질의 축복을 받음으로 하나님의 살아서 역사하심을 세상에 증거하겠나이다. 남은 생애 하나님의 영광을 위하여 살겠나이다. 저에게 물질의 축복을 받는 기적을 허락하여 주옵소서.

③ 선포. 내가 예수님의 이름으로 명하노니. 나에게 역사하는 가난의 영은 떠나갈지어다. 지금까지 손해나게 한 것 완전하게 회복해 놓고 떠나갈지어다. 가난은 청산되고 물질의 축복이

임할지어다. 물질이 풍성하여질지어다. 주신 물질로 선교하며 구제하는 가정이 될지어다. 남에게 꾸지 않는 가정이 될지어다. 저의 가정에 물질의 축복이 임한 것으로 믿사옵고 예수님의 이름으로 기도합니다. 아멘! 자신에게나 환자에게 가난의 고통이 있으면 먼저 가난의 원인을 찾도록 기도하세요. 예). 예수님의 이름으로 명하노니 가난의 영들은 정체를 밝힐지어다. 가난의 원인은 밝혀질지어다.

찾은 원인에 따라 조치를 취한 다음에 대적하며 선포기도를 해야 효과가 나타납니다. 문제가 있으면 반드시 원인이 있습니다. 원인을 해결해야 문제가 풀린다는 것을 명심해야 합니다.

충만한 교회에서는 매주 토요일 10:00-12:30까지 1주전 예약하여 집중내적치유 시간이 있습니다.

대상자는 여기서도 저기서도 치유와 능력을 받지 못한 분/ 불치병, 귀신역사를 빨리 치유 받을 분/ 목, 허리디스크, 허리어깨통증, 근육통, 온몸이 아프고 무거움에서 치유해방 받고 싶은 분/ 자녀나 본인의 우울증, 공황장애, 조울증, 불면증을 빨리 치유 받을 분/ 가슴이 답답하고 기도하기가 힘이 드는 분/ 생업과 목회로 영육의 탈진에 빠져서 고통당하시는 분/ 성령의 불세례를 체험하고 싶은 분/ 최단기간에 성령치유 능력 받고 싶은 분이 참석하시면 쉽게 단 기간에 만족한 효과를 거둘 것입니다.

자세한 것은 충만한교회(02-3474-0675)로 전화하여 안내를 받으시기를 바랍니다.

2부 성도의 가계가 축복받지 못하는 이유

7장 영적인 기초 작업을 바르게 못한 연고로

(살전 5:23) "평강의 하나님이 친히 너희를 온전히 거룩하게 하시고 또 너희의 온 영과 혼과 몸이 우리 주 예수 그리스도께서 강림하실 때에 흠 없게 보전되기를 원하노라"

예수를 믿으면서 가문이 축복을 받지 못하는 것은 최초 예수를 믿고 교회에 나와서부터 영적인 기초 작업에 관심을 갖지 못한 연고입니다. 관념적인 믿음생활을 한 연고입니다. 성령의 지배와 장악과 인도를 받는 실제적이고 체험적인 믿음생활을 하지 못한 연고입니다. 영적인 기초가 흔들리니 보이는 면에 치중하게 되어 영이신 예수님을 따라가지 못하는 것입니다. 예수님은 영이십니다. 살아계십니다. 그러나 일반적인 눈에는 보이지 않습니다. 보이지 않으나 현존하시며 초자연적으로 역사합니다. 문제는 보이지 않기 때문에 예수님을 따라가기가 쉽지 않다는 것입니다. 보이지 않기 때문에 자칭 자신에 보혜사라고 속이는 목사도 나오는 것입니다. 성도들은 무엇보다도 영적인 기초를 단단하게 해야 귀중한 영혼을 지킬 수가 있는 것입니다.

첫째, 성령으로 세례를 받아야 한다. 성도들은 물세례 받는 것으로 만족하면 안 됩니다. 반드시 성령으로 세례를 받아야 합니다. 그래야 잠재의식이 정리되기 때문에 영적을 깊어져서 진리이신 예수님을 따라갈 수가 있습니다. 교회는 성도들을 성령으로 세례를 받게 하는 곳입니다. 성령세례는 성령세례 받은 사람(담임목사)을 통하여 전이 됩니다. 필자는 성령세례에는 관념적인 성령세례와 체험적이고 실제적인 성령세례가 있다고 생각합니다. 예수를 믿을 때에 성령님께서 믿게 하셨기 때문에 믿을 때 성령세례를 받았다고 하는 것은 관념적인 성령세례입니다. 우리는 체험적이고 실제적인 성령세례를 받아야 합니다. 예수님을 믿을 때 우리 안에 오신 성령께서 전인격을 장악하시는 것을 실제적 체험적인 성령세례라고 하는 것입니다. 성령세례를 받은 사람은 자기가 성령세례를 받았다는 것을 압니다. 전인격으로 성령세례 받은 것을 느낄 수 있기 때문입니다. 다른 사람도 자신이 성령으로 세례를 받는 것을 볼 수가 있습니다. 성령세례는 우리가 의식할 수 있는 의식적 체험입니다. 성령으로 세례를 받고 나면 성령으로 기도가 됩니다. 성령으로 말씀이 깨달아 집니다. 기도할 때 마다 성령충만을 받을 수가 있습니다. 개인과 가문에 하나님의 축복이 임합니다. 일상에서 참 평안을 체험하면서 살아갑니다.

　　오순절 성령강림이 있을 때 성령이 제자들 각 사람 위에 임하였습니다. 그리고 제자들은 나가서 복음을 증언하기 시작했습니다. 제자들에게 '여러분들은 언제 성령세례를 받았습니까?' 라고 물으면 '오순절입니다' 라고 분명히 대답할 것입니다. 사도바울이 갈라디아교회에 편지를 씁니다. "너희가 성령을 받은 것이 율법의 행위로냐 혹은 듣고 믿음으로냐?"(갈 3:2). 사도 바울이 이 질문을 하는 것은 갈라디아교회가 성령 받은 것을 알고 있었다는 것입니다.

성경은 성령 받은 것에 대해서 많은 기록을 남기고 있습니다. 빌립이 전도했던 사마리아교회, 고넬료의 가정, 에베소교회 등 성령 받은 교회나 가정들은 성령을 받은 것을 정확히 알고 있습니다. 성령세례는 우리가 알 수 있는 분명한 체험입니다. "당신은 성령을 받았습니까?"라는 질문에 대해서 딱 부러지게 "예" "아니오"로 대답할 수 있는 실제적인 체험입니다. 아울러 성령세례는 하나님과 그리스도에 대한 감사와 사랑을 불러일으킵니다.

성령세례는 예수를 믿을 때 영 안에 임재하신 성령께서 순간 전인격을 장악하는 것입니다. 성령으로 세례를 받을 때 하나님의 영광과 그분의 존재의 실상을 전인격이 자각하는 것을 의미합니다. 살아계신 성령의 역사를 몸으로 느끼고 눈으로 볼 수 있는 현상이 일어나는 것입니다. 물론 다른 사람도 자신이 성령으로 세례를 받는 것을 눈으로 볼 수가 있는 것입니다. 그래서 성령세례 받은 사람들은 이렇게 말합니다. "(벧전 1:8)예수를 너희가 보지 못하였으나 사랑하는 도다. 이제도 보지 못하나 믿고 말할 수 없는 영광스러운 즐거움으로 기뻐하니" 교회는 성도들이 성령으로 세례 받아 권능 있는 삶을 살게 하는 곳입니다. 성령으로 세례를 받아야 성도가 진정한 하늘의 사람으로 변화되기 시작합니다. 성령세례는 참으로 중요한 체험입니다.

둘째, 기도를 바르게 해야 한다. 일부 크리스천들이 기도를 대수롭지 않게 여깁니다. 자신은 기도하고 있다고 생각하기 때문입니다. 그러나 기도는 바르게 해야 합니다. 기도가 바르지 못하니 진리이신 예수님을 따라가지 못하는 것입니다. 기도는 영혼의 호흡이요, 하나님과의 대화라 합니다. 이것은 가장 깊숙한 곳에 거하는 성령의 흐름이 외부적으로 흘러나오는 것입니다. 성령의 권능과 영력이 흘러나오고 영적 생명이 흘러나옴으로 영에 몰입됨으로 인하여 성령 안에서 기도할 수 있게 되는 것입니다.

영력은 예수를 믿은 우리 몸의 지성소인 영속에 임재 하여 계시는 하나님의 능력입니다. 우리가 지성소에 계시는 하나님을 만나기 위해서는 성령의 인도를 받는 깊은 영의 기도가 되어야 합니다. 이 기도를 통하여 하나님으로부터 주어지는 각종 은혜와 능력과 응답을 받게 됩니다. 이러한 기도를 통하여 하나님으로부터 주어지는 생명이 우리의 심령을 거룩하게 만들어가고, 영적인 생명과 능력을 키워 나가는 것입니다. 열매가 맺어지고 영적인 지각이 예민해지고 영성이 개발되어집니다.

그러므로 성령 안에서 기도하는 훈련이 필요합니다. 우리의 간구는 마음의 소원이나 원하는 바를 구함으로 성령 안에서 기도하기가 심히 어렵습니다. 그러나 영으로 기도하고 마음으로 기도하면 성령 안에서 기도하기가 쉬워집니다. 성령에 몰입되어 아무런 자신의 생각이나 욕심도 없이 오로지 하나님으로부터 주어지는 것을 받게 되는 기회가 되기 때문에 영으로부터 주어지는 각종 은혜와 능력과 은사가 넘치게 됩니다.

영적인 기능과 지각이 발달됨으로 성령의 인도함을 따르는 성도가 됩니다. 성령 안에서 기도하기 위하여 성전 뜰에서 먼저 육신의 생각으로 기도하지만, 시간이 흐르고 마음이 안정이 되고, 생각이 주님의 사랑과 말씀을 묵상하면서 진지하고 순전한 마음으로 하나님의 성소에서 깊어지는 영의기도를 하게 됩니다.

그리고, 영으로 사는 삶을 통하여 성령의 인도를 받아야 합니다. 하나님은 데살로니가 전서 5장 17-18절에서 "항상 기뻐하라. 쉬지 말고 기도하라. 범사에 감사하라 이는 그리스도 예수 안에서 너희를 향하신 하나님의 뜻이니라." 고 말씀하십니다.

항상 성령의 지배 가운데 영의 상태가 되게 하라는 것입니다. 영의 상태가 되어야 영이신 하나님과 동행하며, 교통하기 때문입니다. 기도에 대하여는 "기도 쉽게 바르게 하는 방법"과 "응답받는 기도 습관 20가지"를 참고하시기를 바랍니다.

셋째, 예배에 빠짐없이 참석해야 한다. 크리스천에게 예배는 참으로 중요합니다. 예배를 어떻게 드려야 하는지를 밝히 알고 행해야 합니다. 예수를 믿고 교회에 나가는 크리스천이 영혼의 만족을 누리지 못하고 영육에 변화가 없다면 건물교회에도 문제가 있고, 성전인 자신에게도 문제가 있는 것입니다. 빠른 시간 내에 원인을 찾아 해결해야 할 것입니다. 건물교회는 하나님께 영과 진리로 예배드리면서 성전(교회)인 자신이 잘되기 위해서 나가는 것입니다. 성전인 자신이 잘되어 영혼의 만족을 누릴 수 있는 건물교회를 찾아야 할 것입니다. 자신의 영혼이 잘되게 하는 건물교회를 찾는 것은 정말로 중요한 일입니다.

하나님은 이렇게 말씀을 하십니다. "아버지께 참되게 예배하는 자들은 영과 진리로 예배할 때가 오나니 곧 이 때라 아버지께서는 자기에게 이렇게 예배하는 자들을 찾으시느니라. 하나님은 영이시니 예배하는 자가 영과 진리로 예배할지니라"(요 4:23-24). 하나님만을 주목하는 예배, 하나님께 참되게 예배하는 것은 무엇을 의미합니까? 어떻게 드리는 예배를 가리켜 아버지께 참되게 예배하는 것입니까?

하나님께 참되게 예배하는 자는 영으로 예배합니다. 영으로 드리는 예배가 무엇입니까? 우리가 이를 바르게 알기 위해서는 먼저 성경말씀을 바르게 알아야 합니다. 원래 헬라어 성경을 보면 24절에서 "하나님은 영이시니… 영으로 예배하라." 하는 구절의 '영'을 가리켜 '성령'(pneuma)으로 표기했습니다. 복잡하게 설명하지 않겠습니다. "하나님은 영이시니." 즉 하나님은 성령 하나님이십니다. 그러므로 "영으로 예배할지니라." 즉 성령 하나님으로 예배하라는 말씀입니다. 더 쉽게 설명을 드리면 '성령의 인도함 가운데, 성령님 안에서 예배하라.'는 것입니다.

하나님은 자신 안에 계십니다. 하나님은 고린도전서 3장 16절에서 "너희는 너희가 하나님의 성전인 것과 하나님의 성령이 너희 안에 계시는 것을 알지 못하느냐" 하나님은 영이시기 때문에 보이는 건물교회에 거하시는 것이 아니고, 성도의 마음에 임재 하여 계십니다. 영이신 하나님은 특정한 장소(건물교회)에 거하기 않으시고, 예수를 주인으로 영접한 사람의 심령에 좌정하고 계신다는 말입니다. 그래서 자신 안에 임재 하여 계신 하나님과 교통해야 합니다. 그래야 하나님과 항상 동행할 수 있습니다.

그렇다고 보이는 건물교회가 필요가 없다는 것이 아닙니다. 자신이 성전이 되어 영-헌-육을 깨끗하게 하려면 건물교회에 나와서 생명의 말씀을 들어야 합니다. 성령의 역사가 심령에서 일어나게 해야 합니다. 이렇게 자신의 심령이 생명의 말씀을 듣고 깨어나게 하려면 교회에 가서 예배를 드리면서 목사님으로부터 진리의 말씀을 들어야 합니다. 성령으로 기도하여 성령 충만을 받아야 합니다. 이렇게 자신의 영을 깨우고 성령으로 충만 받으려면 자신의 능력으로는 한계가 있습니다. 한계를 극복하기 위하여 건물교회가 있는 것입니다. 성도 간에 친교를 하고 모여서 말씀을 배우고 영성훈련을 하기 위하여 건물교회가 필요한 것입니다. 깊은 영성을 유지하고 영적으로 자라야 하나님과 동행하며 친밀하게 지낼 수가 있습니다. 자신이 영적으로 자라는 만큼씩 하나님의 복이 따르는 것입니다.

자신의 믿음이 자라게 하기 위하여 보이는 건물교회가 필요한 것입니다. 건물교회에서 깊이 있는 생명의 말씀을 듣고, 성령으로 기도하며 성령 충만 받아 세상에서 살아가면서 자신 안에 계신 하나님과 끊임없이 교통하며 친밀하게 지내야 합니다. 그렇기 때문에 건물교회와 성전인 자신 모두가 잘되어야 하는 것입니다. 건물교회에 가서 목회자로부터 체험적인 진리의 말씀을 듣고 성령으로 기도하여 자신의 믿음이 자라기 위하여 보이는 건물교회가 잘 되어야 합니다. 그런데 하나님을 섬기기 위하여 신앙생활을 하는 신자들은 하나님을 섬기기 위하여 보이는 건물 교회만을 생각하고, 보이는 교회 중심으로 믿음 생활을 하게 됩니다. 보이는 건물교회중심으로 믿음 생활을 하다가 보면 자신에게 중요한 자신이 성전 되는 일에 관심을 갖지를 못합니다. 자연스럽게 중요한 자신의 심령 관리에 등한하게 됩니다. 이런 이유로 인하여 예수를 십년을 믿어도 믿음이 자라지 않고, 전인격이 변하지 않는 것입니다. 성도는 심령이 거하신 성령님이 자신을 완전하게 장악할 때에 예수님의 인격으로 변화되는 것입니다. 그런데 보이는 건물교회에만 관심을 가지고 성전인 자신의 관리에 관심을 등한히 합니다. 자연스럽게 자신 안에 성령하나님과 관계가 막혀서 예수를 믿어도 오만가지 문제로 고통을 당하면서 세상을 살아가는 것입니다.

넷째, 말씀 안에서 살아야 한다. 우리가 성경말씀을 배우는 목적이 무엇일까요? 머리에 저장하여 자랑하려고 하는 것은 아닐 것입니다. 성경말씀을 배우는 목적은 하나님의 뜻을 깨달아서 삶에 적용하여 풍성한 열매를 맺게 하기 위함입니다. 그러나 성경지식이 해박한 사람들도 하나님의 뜻을 삶에 적용하며 살아가는 이들은 보는 게 어렵습니다. 그 이유는 성경지식을 그냥 머리에 저장하는 데 그치기 때문입니다. 성경지식을 적지 않게 알고 있지만, 정작 삶에서 어떻게 적용할지 모릅니다.

교회에서는 적용하는 것 같은데 세상에 나가서는 다른 방식으로 살아갑니다. 예를 들어, 학교나 직업, 직장의 선택, 사업이나 투자에 대한 성경의 원칙, 성경적인 배우자의 선택, 자녀교육, 자녀의 인생이나 학업진로의 조언, 친구의 사귐, 돈의 사용 등 삶에 적용하는 하나님의 뜻에 대해 무지합니다. 그래서 일상의 삶에서 다양한 선택을 하고 결정을 할 때, 하나님의 뜻이 아니라, 세상풍조나 세상의 지혜에 따라 결정하며 살아갑니다. 말하자면 성경지식은 적지 않은 데, 하나님의 뜻에 무지한 채 살아가고 있는 현상입니다. 그래서 삶에서 아무런 열매가 없는 이들이 허다합니다. 사업과 투자와 직장에서 형통하지 못하고, 자녀들도 세속적인 사람들이 되고, 가정생활이나 가족관계도 평안하지 못하고 기쁨이 없습니다.

성경은 많이 배우고 알아서 비밀이 열리는 것이 아니라, 말씀을 삶에 적용함으로 깨달음을 통해서 비밀이 열리는 것입니다. 하나님의 뜻을 깨달아서 삶에 적용하려면 성령이 주시는 지혜가 있어야 가능합니다. 말하자면 성경을 읽거나 배울 때, 성령이 내주하는 기도의 습관을 들여서 성령께서 지혜를 주셔야 합니다. 성령이 주시는 지혜가 없다면 아무런 열매도 없으며 형통한 삶도 내 것이 아닙니다.

지혜가 있다는 것은 하는 일에 풍성한 열매가 있어 사람들이 칭찬해야 증명이 되는 것입니다. 또한 예수님도 종을 선택하는 조건으로 충성과 지혜를 들고 있습니다. 충성이란 하나님의 뜻에 순종하는 믿음직스러운 성품을 말하며, 지혜란 성령이 주시는 분별력, 통찰력, 이해력, 리더십 등으로 하는 일마다 풍성한 열매를 맺어야 합니다.

그러므로 성경말씀을 삶에 적용하려면 성령이 주시는 지혜가 있어야 하고, 지혜가 탁월한 성경교사로부터 삶에 적용하는 하나님의 원칙을 배워야 할 것입니다. 교회에서 하나님의 원칙을 알려주지 않으니 교회를 오래 다녔지만 삶에 힘이 없고 하는 일마다 형통한 열매가 없는 이유입니다. 삶에 적용하지 못하는 성경지식은 아무짝에도 쓸모없는 쓰레기일 뿐입니다. 성경말씀이 곧 하나님이라는 말을 곱씹어 보시기를 바랍니다. 하나님은 전지전능한 능력으로 자신의 존재감을 드러내시는 분이십니다. 그러므로 자신의 머리에 성경지식을 많이 쌓아두고 있지만, 삶에서 살아계신 하나님을 증명하지 못하는 이유를 찬찬히 생각해보기 바랍니다.

다섯째, 가문에 흐르는 혈통을 정리해야 한다. 영의 세계는 육적인 눈으로 볼 수가 없고, 영의 눈으로만 볼 수 있는 세계입니다. 보이지는 않지만 빼앗고 빼앗기는 실제적인 역사가 일어나는 세계입니다. 물론 혈통의 문제가 아무런 문제를 일으키지 않는다면 들추어내서 해결하려고 할 필요가 없습니다. 무엇 때문에 아무런 문제를 일으키지 않는데 잠재의식을 터치하면서 해결하려고 하겠습니까? 그런데 분명하게 문제를 일으키고 영적인 성장을 하지 못하도록 방해하기 때문에 성령으로 혈통을 정리하는 사역을 하는 것입니다.

우리가 마땅히 '세대적 악령'에게 관심을 가져야 하는 이유는 그 악령으로 인해서 사람들이 당하는 고통이 너무도 크기 때

문입니다. 세대적 악령이 일으키는 많은 문제들은 겉으로 보아
서 우리의 기질과 연관이 있거나 부모로부터 유전된 것처럼 보
이기 때문에 영의 문제를 소홀히 하고, 오로지 의학적으로 또는
심리학적으로 접근하고 다루는 실수를 할 위험이 많기 때문입니
다. 영의세계를 보이는 방법으로 해결하려고 합니다. 실제로 영
의 일에 관심이나 지식이 전혀 없는 세상 사람들은 물론이고, 대
부분의 그리스도인조차도 세대적인 악령에 대해서 그 이름조차
들어보지 못하고 신앙생활을 하는 것이 일반입니다. 그러니 영
적인 눌림이나 탈진의 어려움을 겪으면서도 적절한 대응을 하지
못할 뿐만 아니라 예방을 위해서 악령을 추방하는 일은 더욱 하
지 않습니다.

여섯째, 성령의 지배와 장악과 인도를 받아야 한다. 하나님은
모든 성도들이 성령의 지배를 받기를 소원하십니다. 영적인 무
기력과 탈진을 예방하려면 영혼에 만족을 누려야 합니다. 영혼
의 만족은 성령의 지배를 받아야 가능합니다. 왜 예수를 믿으면
서 영혼의 만족을 누리지 못하는가? 자신의 전인격이 성령의 지
배를 받지 못하기 때문입니다. 한마디로 세상 것이 섞여있기 때
문입니다. 세상 것이 섞여서 방해함으로 영혼의 만족을 누릴 수
가 없는 것입니다. 이것은 아주 심각하게 받아드려야 합니다. 그
래야 성령의 역사에 관심을 가져서 성령의 지배를 받는 성도가
될 수 있기 때문입니다. 전인격이 성령의 지배를 받지 않고는 영
혼이 만족을 누릴 수가 없기 때문입니다. 우리 예수 믿는 사람들

의, 삶의 특징이 있다면, 그것이 무엇이라고 생각하십니까? 입으로만 예수를 믿는다고 시인하는 그런 보통의 신앙의 삶이 아니라, 예수를 믿고 난 다음에 변화된 삶을 살아가는 성도들의 특징을 말하는 것입니다. 이러한 성도들의 삶의 특징이 무엇이겠습니까? 그것은, "영-혼-육 전인격이 성령의 지배를 받는 삶"이라, 그렇게 말 할 수 있습니다.

그러면, 성령의 지배를 받는 삶이란, 또 무엇을 말하는 것입니까? 전인격이 성령께 사로잡혀 사는 것을 말하는 것입니다. 성령을 주인으로 모시고 세상을 살아가는 것입니다. 매사를 성령님과 의논하고 성령의 뜻을 따라 사는 것을 성령의 지배를 받는 삶이라고 말할 수 있습니다. 성령의 인도함을 받아, 성령의 능력에 의해서 살아가는 삶을 말하는 것인 줄로 믿습니다. 성령님이 나를 지배하고 다스리는 삶, 이전에 우리의 삶이, 육체의 본능이 지배하는 삶이었고, 죄가 지배하는 삶이었다면, 이제 예수를 믿고, 변화를 받고 난 다음에 나타나는 삶은, 성령에 의해서 지배를 받는 삶이 되어야 합니다.

성령님의 인도를 받아야 합니다. 성령님은 우리를 가르치면서 함께 하십니다. 아무리 함께 하셔도 지식이 없는 동행은 의미가 없습니다. 서로를 알고, 서로의 필요를 알고, 그 가르침이 따르는 것은 말할 수 없는 도움인 것입니다. 성령님은 결코 우리가 무지 속에 있기를 원하시지 않는 분이십니다. 성령님은 가르쳐 주시면서 우리와 함께 하시는 것입니다. 성령님은 지혜와 지식 그리고 모략의 신이신 것입니다. 성령님이 가르쳐 주시는 대로 나아가는 사람은 초자연적인 위대한 삶을 살아가게 됩니다. 이런 사람을 기뻐하시기에 하나님은 세상 끝날 까지 영원히 함께 하시는 것입니다. 성령의 인도를 받으시기 바랍니다.

성령님과 함께 하는 사람은 불가능이 없습니다. 우리가 성령님과 함께 거하면 무엇이든지 이루지는 것입니다. 성령님을 부르는 자에게 성령님이 함께 하십니다. 성령님을 찾아야 성령님은 임재 하여 주시는 것입니다. 그리고 성령님이 부르실 때 아멘 하고 순종하여 나아오는 자와 하나님은 함께 하여 주시는 것입니다. 성령님을 부르십시오. 그리고 그분과 의논하십시오. 이제 모든 염려를 성령님에게 맡기시기 바랍니다. 성령님이 함께 하셔서 우리를 도와주시는 것을 확신하시기 바랍니다. 임마누엘의 하나님은 우에게 오셔서 우리를 축복하여 주시는 것입니다. 성령님의 임재를 확인하며 동행하는 즐거움을 항상 누리시는 우리가 되시기를 주의 이름으로 소원합니다.

충만한 교회는 매주 다른 과목을 가지고 매주 화-수-목(10:30-13:00)집회를 인도합니다. 무료집회입니다. 단 교재를 구입해야 입장이 가능합니다. 매주 다른 과목으로 집회를 합니다. 매주 다른 여러 가지 과목을 학습하면서 과목마다 다르게 역사하는 성령으로 상처와 질병과 귀신들이 떠나갑니다. 과목마다 성령께서 역사하는 방향이 다르기 때문입니다. 한주만 참석하시면 자기 스스로 변화된 것을 느낄 수가 있습니다. 오시면 개인과 가문이 전인적인 축복을 받으며 지금 천국을 체험하고 누리며 살아가게 됩니다.

8장 예수님을 주인으로 모시지 않기 때문에

(요 1:12-13)"영접하는 자 곧 그 이름을 믿는 자들에게는 하나님의 자녀가 되는 권세를 주셨으니 이는 혈통으로나 육정으로나 사람의 뜻으로 나지 아니하고 오직 하나님께로부터 난 자들이니라"

예수님은 자신을 온전하게 주인으로 모시고 사는 성도와 가문을 축복하십니다. 예수님을 온전하게 주인으로 모시지 않으면서 영육의 고통을 해결하려고 하는 성도가 있습니다. 제가 지금까지 성령치유 사역을 하다가 체험적으로 알게 된 사실은 교회를 13년을 다녔는데 예수를 영접하지 않고 교회를 다닌 사람이 있다는 것입니다. 그것도 집사 직분까지 받고 믿음생활을 하였는데도 예수는 영접하지 않았다는 것입니다.

몇 년 전에 자폐가 있는 아들을 치유하러 온 여 집사가 제게 이런 말을 했습니다. "목사님 저는 교회를 13년 이상 다녔고, 집사 직분을 받은 지가 10년이나 되었는데 제가 예수님을 주인으로 영접하지 않았다는 것을 목사님 설교 테 잎을 듣고 알게 되었습니다. 목사님 예수님을 영접하는 기도를 해주세요." 그래서 예수님을 영접하는 기도를 따라서 하게 했습니다. "하나님, 나는 죄인입니다. 지금까지 하나님을 알지 못하고 죄 가운데 살았습니다. 나는 죄 때문에 심판받고 지옥 가는 것이 마땅합니다. 그러나 오늘 하나님의 말씀을 듣고 죄와 지옥에서 구원받길 원합니다. 하나님이 이 죄인을 사랑하시고 나를 죄에서 구원하기 위해서 하나님의 아들 예수님을 구원자로 보내주신 것을 감사합니다. 예수님이 나의 죄를 대신하여 십자가에 못박혀 피흘려 죽으시고 장사 지낸지 삼일만에 다시 살아나신 것을 믿습니다.

이 시간 나는 죄의 길에서 돌아서서 예수님을 나의 구원자와 주님으로 고백합니다. 예수님, 성령을 통해서 나의 마음속에 들어오세요. 나를 하나님의 자녀로 다시 태어나게 해 주세요. 나의 모든 죄를 예수님이 흘리신 피로 깨끗이 씻어주시니 감사합니다. 나는 이제 죄인인 나의 옛 사람은 예수님과 함께 십자가에 못박혀 죽었고, 다시 살아나신 예수님과 함께 의로운 새사람으로 다시 살아났음을 믿습니다. 이제부터 영원까지 예수님이 나의 삶의 주인이십니다. 이제부터 나는 더 이상 내 자신을 위해 살지 않겠습니다. 나를 위해 죽으시고 다시 살아나신 주님만을 위해 살겠습니다. 영원한 천국에 갈 때까지 주님 뜻대로 살 수 있도록 나를 인도해 주세요. 하나님 아버지, 나를 구원해 주시니 감사합니다. 예수님 이름으로 기도합니다. 아멘." 하고 영접을 시켰더니 바로 성령의 세례를 받으면서 성령으로 기도하며 성령으로 충만해졌습니다. 마음의 상처가 치유 되니 하염없는 눈물을 흘리면서 기도하는 것을 현장에서 체험했습니다.

이와 같이 예수를 영접해야 성령이 우리 안에 오셔서 치유를 하십니다. 예수님은 우리가 먼저 마음을 열어야 들어오십니다. 치유되기 전에 먼저 예수님을 마음의 주인으로 모시는 일이 최우선입니다. 예수님을 마음의 중심으로 모시지 않으면 성령의 역사가 일어나지 않습니다. 가문에 대물림의 문제를 일으키는 세력은 가상적인 존재가 아니고 실제적인, 살아 있는 존재입니다. 고로 살아 계신 성령님의 역사가 없이는 대물림의 치유란 불가능한 것입니다. 우리가 예수님을 주인으로 영접해야 살아 계신 성령님이 우리 안에 오셔서 역사하시기 때문입니다. 만약에 대물림의 치유사역을 하는 데 성령의 역사가 일어나지 않는 사람은 예수님의 영접 여부를 확인해야 합니다.

첫째, 예수님이 주인이신 그리스도인. 기독교 잡지 '선데이'에 「당신은 예수님을 어디에 모시고 있는가?」 라는 글이 실린적이 있습니다. "어떤 성도들은 예수님을 스페어타이어로 여겨 자동차 트렁크에 넣어둡니다. 그들은 자신이 인생의 주인이 돼서 살아갑니다. 다만 갑자기 타이어가 펑크가 나거나 큰 사고가 생길 때는 예수님을 찾습니다. 트렁크를 열고 '예수님, 제발 지금의 문제를 해결해주세요'라는 기도를 한 뒤에 다시 문을 닫습니다. 그들에게 예수님은 문제가 생겼을 때 좋은 해결책이 되는 하나의 수단입니다.

두 번째로, 예수님을 보조석에 앉히는 성도들이 있습니다. 이들은 예수님을 좀 더 가까이에 두며 때때로 예수님이 원하시는 대로 살아가기도 합니다. 그러나 최종 결정권을 쥐고 운전석에 앉아있는 건 여전히 본인이며 모든 문제의 최후 결정권을 스스로가 쥐고 있습니다.

세 번째로, 예수님을 운전석에 앉히는 성도들이 있습니다. 이들은 삶의 최종 결정권을 예수님께 넘겨 드리며 자신이 바라는 결정보다는 예수님이 바라는 대로 결정하기를 원합니다."

당신은 지금 예수님을 인생의 어느 자리에 모시고 있습니까? 예수님은 비상시기에 필요한 분이 아니며 우리를 돕기 위한 비서로 자리 잡고 계시는 분은 더더욱 아닙니다. 언제나 주님에게 인생의 주권을 맡기십시오. 반드시 창대하게 될 것입니다. "한 사람이 두 주인을 섬기지 못할 것이니 혹 이를 미워하고 저를 사랑하거나 혹 이를 중히 여기고 저를 경히 여김이라 너희가 하나님과 재물을 겸하여 섬기지 못하느니라"(마6:24).

어떤 신학교 교수님이 방학을 맞아 즐겁게 집으로 돌아가는 학생에게 "지금 당장 천국에 갈 수 있다면 천국에 가겠느냐, 집에 가겠느냐?"라고 물었습니다. 그러자 학생은 "천국에 가기 전에 아무래도 집에 먼저 둘러보아야 할 것 같습니다."라고 대답했다고 합니다.

예수님께서는 한 사람이 두 주인을 섬길 수 없다고 말씀하십니다. 즉 하나님과 세상을 저울질하던 무리들에게 하신 경고의 말씀입니다. 이 말씀은 우리에게도 동일하게 적용됩니다. 대학 입학시험을 앞둔 자녀는 교회에 보내지 않는 신앙인들, 사업이 잘되고, 일이 잘 풀리면 하겠다고 계속 교회 봉사를 미루는 집사님들, 교회에 와있어도 천국의 소망보다는 아파트 평수를 넓히고 차를 바꾸는 일에 더욱 즐거움이 많은 성도들, 천국과 세상을 저울질 하는 이 모습들이 바로 믿음이 있다고 자부하는 우리의 모습입니다. 우리는 결코 예수님의 경고의 말씀을 잊어서는 일생에 두 주인이 있을 수 없습니다. 오직 영원한 천국과 우리를 인도하시는 주님을 주인으로 삼아야 합니다.

어떤 사람이 오랜만에 전에 다녔던 단골 식당에 갔습니다. 그런데 식당이 완전히 달라졌습니다. 인테리어도 달라지고, 종업원들의 유니폼도 달라지고, 음식을 담아내오는 그릇도 달라졌습니다. 웬일인가 싶어 종업원에게 물었습니다. "아니, 이 식당 전부가 달라졌네요. 무슨 바람이 불었나요?" 그러자 종업원이 대답하기를 "주인이 바뀌었어요!"라고 했습니다. 주인이 바뀌면 가게도, 기업도, 교회도, 내 인생, 내 가문도 달라집니다.

모세의 인생 1백 20년을 40년씩 세 시기(時期)로 나눕니다. 모세의 인생에서 첫 번째 40년은 모세가 세상에서 강해지는 시기였습니다. 공주의 아들이 되어 애굽 왕실에 들어간 모세는 당대 최고인 바로의 후계자 수업을 받았습니다. 모세는 성장해 가면서 모든 것을 할 수 있다는 자신감이 넘쳤고, 자신이 세상의 주인이라 생각했습니다. 그 자신감과 오만함이 히브리 족속이 동원되어 강제노역을 하는 현장에서 근로감독관을 죽입니다(출2:12).

두 번째 40년은 근로감독관을 죽인 일로 말미암아 미디안 광야로 망명하고, 그곳에서 떠돌이, 머슴살이, 처가살이로 외롭고 고통스런 삶을 이어가던 시기입니다. 이 기간은 하나님이 모세를 다루시는 기간이었습니다. 그 다루심을 통하여 역사의 주인이 내가 아니라 하나님이심을 알게 하고, 깨닫게 하고, 이를 인정하도록 하셨습니다. 이 결과 모세의 두 번째 시기는 자신의 신발을 벗고 하나님의 거룩하심 앞에서 자기를 세우는 것으로 끝납니다(출3:5).

세 번째 40년은 하나님의 종이 되어 하나님이 원하신 일을 대신 해드린 사람(하나님의 대행자, 출3:8-10)으로 살아갔던 시기입니다. 모세에게 이 세 번째 시기가 없었더라면 그는 평범하게 이 세상에 왔다가 이름 없이 사라져 간 그 많은 사람 가운데 한 사람이었을 것입니다. 바로 모세를 영웅이 되게 하고, 모세를 인류의 위대한 영적 스승이 되게 한 것은 모세에게 바로 세 번째 시기가 있었기 때문입니다.

하나님을 자기 인생의 주인으로 모신 모세, 그는 애굽의 바로와 열 번의 대결에서 승리할 수 있었고, 출애굽 후 원망과 불평 불만을 입에 달고 살던 이스라엘을 인도하여 물 한 방울, 곡식 한 톨 얻을 수 없는 광야를 통과할 수 있었습니다. 그리고 끊임없이 이어지는 수많은 어려움들, 전쟁과 전염병과 기근과 목마름이 있을 때마다 주인이신 하나님께 기도하며 필요와 능력을 구했습니다. 그 때마다 하나님께서는 모세를 책임지셨고, 모세 역시 하나님이 원하시는 일을 충성스럽게 수행했습니다. 그리고 가나안이 건너다보이는 요단 동편 모압 평지에서 하나님의 품으로 돌아가니 그의 나이 1백20세였고, 그의 눈이 흐리지 아니하였고 기력이 쇠하지 아니한 모습이었다(신34:7)고 합니다.

사람에게는 두 주인이 있습니다(마6:24). 하나는 세상(자기)이고, 다른 하나는 창조주 하나님이십니다. 거의 모든 사람은 자기가 자기 인생의 주인인 줄 알고, 또 그렇게 살아가려 합니다. 그러나 결과는 항상 사람을 죽이고 자신을 파멸시키는 것으로 끝납니다. 사도행전에 보면 베드로는 유대인들을 향하여

"너희가 죽인 예수를 하나님이 다시 살리셔서 우리의 주와 그리스도가 되게 하셨다"(행3:14-15)고 말합니다. 즉 '너희(사람)'가 주어가 될 때 결과는 거룩하신 하나님의 아들을 죽이지만 '하나님'이 주어가 될 때 죽임 당하신 예수님이 다시 살아나셨습니다. 믿음이란 내 인생의 주인이 바뀌는 사건입니다.

우리 한국교회의 문제는 교회에서 자기가 주인노릇하려고 하는데서 생겨나고 있습니다. 자신을 내려놓고 하나님을 주인으로 모시면 교회도 살고, 성도들도 살아나고, 세상은 하나님의 영광으로 채워집니다. 하지만 내가 주인이 되려고 하는 한 교회는 점점 더 죽어 갈 것입니다. 세상은 점점 더 희망을 잃어갈 것입니다. 왜냐하면 내가 주인으로 있는 한 죽음과 파멸을 결코 피할 수 없는 일이기 때문입니다. 한번 죽는 것은 사람에게 정해진 것이요, 그 후에는 심판이 있습니다(히9:27).

"주께서 이르시되 지혜 있고 진실한 청지기가 되어 주인에게 그 집 종들을 맡아 때를 따라 양식을 나누어 줄 자가 누구냐 주인이 이를 때에 그 종이 그렇게 하는 것을 보면 그 종은 복이 있으리로다"(눅12:42-43). 어떤 랍비에게 두 아들이 있었습니다. 그런데 어느 날 그가 외출한 사이에 두 아이가 사고로 죽고 말았습니다. 그의 아내는 남편에게 무엇이라고 말해야 할지 고민하기 시작했습니다. 일단 그는 두 아들의 시체를 방안으로 옮겼습니다. 한참 후 랍비가 돌아왔을 때 아내는 그에게 이렇게 물었습니다. "예전에 어떤 사람이 제게 귀중한 보석 두 개를 맡기고 갔었습니다. 그런데 오늘 느닷없이 그가 찾아와서는 그것들을 돌려 달라는데 이럴 때는 제가 어떻게 해야 합니까?"

랍비는 별 생각 없이 쉽게 대답했습니다. "아니, 주인이 달라고 하면 당연히 돌려주어야지!" 그제야 아내는 랍비를 데리고 두 아들의 시체가 있는 곳으로 갔습니다. 그리고는 흐느끼면서 이렇게 말했습니다. "방금 하나님께서 우리에게 맡겨 놓으셨던 귀중한 보석들을 찾아가셨답니다."

우리는 우리가 가지고 있는 그 어떤 것의 주인도 아닙니다. 우리는 잠시 맡아서 관리하는 자들입니다. 자녀도, 재물도, 직분도, 권능도, 은사도… 우리가 가진 모든 것의 주인은 하나님이십니다. 그러므로 그것의 주인이신 하나님께서 나에게 맡겨 주신 것에 만족하고 감사하며 살아갑시다. 내가 주인이 되려고 할 때 하나님은 그것을 오히려 허락지 않으시고, 가져가실 수 있습니다. 우리는 범사에 감사하면서 나의 모든 것의 주인 되신 주님만을 인정하며 삽시다. 하나님 나라는 예수님이 주인(왕)이 되셔서 통치하는 나라입니다. 인생의 진짜 주인은 누구입니까? 우리가 하나님을 주인으로 모시기만 하면 나는 하나님이 이루시기를 원하시는 일을 대신 해 드리는 복 있는 사람이 될 것이고, 한국교회는 다시 살아나고, 세상은 하나님의 영광으로 충만하게 채워질 것입니다.

둘째, 예수님을 주인으로 모셔야 하는 이유(마 12:43-50). 노예나 종은 주인이 있습니다. 주인이 없는 자를 자유인이라고 합니다. 인간은 원래 죄의 노예였고 종이었습니다. 죄에 얽매어서 자유를 누리지 못했습니다. 아무리 선한 행실을 하려고 해도 어색하고 왠지 맞지 않는 옷을 입은 것처럼 느껴집니다. 바로 죄의 지배를 받기 때문입니다. 죄의 지배를 받기 때문에 죄를 짓는 것이 당연하고 편하고 어색하지 않습니다.

아이들을 보면 순진하고 천진난만한 반면에 매우 이기적이고 공격적이며 자기 밖에 모르는 모습들이 있습니다. 자신의 손에 있는 것을 빼앗기기 싫어서 다른 친구들을 때리거나 깨물고 꼬집기도 하면서 방어를 합니다. 물론 자신의 것을 빼앗기기 좋아하는 사람은 아무도 없습니다. 그러나 성숙한 성인은 다른 친구들을 때리거나 깨물거나 꼬집는 행위는 하지 않습니다. 만약 그런 행동을 한다면 미숙한 사람입니다.

죄는 사람을 미숙하게 만듭니다. 영적으로 성숙하지 못하게 방해를 합니다. 그렇게 함으로써 자라지 못하게 막는 것입니다. 이런 죄 아래 있던 인간을 구원하시기 위해서 오신 분이 예수님이십니다. 예수님의 가장 큰 사역은 대속의 사역입니다. 자신을 많은 사람을 위한 대속물로 주시기 위해서 오셨다고 말씀하셨습니다. 하나님께서 택한 자들을 사랑하시어 모든 택한 자들을 구원하시기를 원하시기 때문입니다.

그래서 그리스도인은 더 이상 죄의 지배를 받지 않고 죄의 노예가 아니라 자유인으로 살 수 있습니다. 오늘 마태복음 12장에 보면 더러운 귀신이 집을 나가서 물 없는 곳을 찾아다니며 쉬기를 구하는데 쉴 곳을 찾지 못하고 다시 원래 있던 집으로 돌아옵니다. 돌아오니 집이 깨끗하게 청소가 되어 있고 수리가 되어 있고 정리가 되어 있습니다. 그런데 이렇게 깨끗한 집에 아무도 없다는 것입니다.

집이 비어 있다. 깨끗하고 수리된 빈 집입니다. 그리하여 자신보다 더 악한 귀신 일곱을 데리고 들어와서 거하게 되는데 전보다 더욱 형편이 심하게 되었다는 것입니다. 예수님께서 이스라엘을 향하서 이렇게 말씀하고 계시는 것입니다. 비록 이스라엘이 우상숭배를 멀리하고 하나님을 찾고 예배한다고 하지만 실제로는 그렇지 않다는 것입니다. 그들은 참 메시아로 오신 예수님을 거부하고 알아보지 못하고 있습니다.

진정한 주인이 누구인지를 모르기 때문에 그들은 마치 청소되고 깨끗하게 된 비어 있는 집과 같은 상황입니다. 비어 있는 집은 먼저 들어간 사람이 주인이 되는 것입니다. 내가 주님을 주인으로 모시고 있지 못하면 귀신이 들어와서 주인 행세를 합니다. 결코 그리스도인들은 마음을 비우는 명상이나 요가를 해서는 안 됩니다. 그래서 묵상기도를 할 때에도 예수님을 찾으면서 해야되는 것입니다. 마음을 비운다는 것은 곧 다른 귀신들을 불러들이는 것과 마찬가지입니다.

그리스도인은 오직 성령을 통해서 역사하시는 예수 그리스도를 나의 주인으로 모시고 살아야 합니다. 예수를 그리스도와 주로 시인하지 않으면 아무리 입으로 외치고 살아도 결코 변하지 않습니다. 입으로 백날, 천 날 외쳐봐야 바뀌지 않습니다. 주여! 주여! 하면서 아버지의 뜻대로 행하지 않는 자는 천국에 들어갈 수 없습니다. 주님이라고 외치면서 인정한다는 것은 내 삶의 주인으로 주님을 영접하는 것입니다.

예수님을 주님으로 모시지 않기 때문에 죄에서 자유함을 얻었음에도 여전히 죄의 종노릇을 하고 있습니다. 구원 받았음을 믿는다고 하지만 실제 생활에서는 구원 받은 자의 모습이 드러나지 않습니다. 교회에 다닌다고 하지만 교인으로서, 성도로서 삶과 행실이 전혀 나타나지 않는다면 문제가 있지 않습니까? 말로만 예수님을 나의 주인으로 모신다고 하고 있지 않습니까?

구원주로 오신 주님을 믿고 구원 받은 것으로 만족한다면 그의 삶은 하나님 나라의 백성에 합당하지 않습니다. 하나님 나라의 백성의 삶은 영적 전투입니다. 죽느냐 사느냐 하는 전투입니다. 이런 전투를 하지 않고 나는 구원 받았기 때문에 죽어서 천국에만 가면 된다는 생각을 하고 산다면 천국에 대해서 전혀 모르는 사람입니다. 천국이 미래적이고 종말론적이지만 현재 지금 완성을 향해 가고 있습니다. 지금 천국을 이루어야 합니다.

예수님을 주인으로 모신 삶이 되어야 합니다. 주인 없는 비어 있는 집이 되지 말아야 합니다. 다시 옛날의 주인이 다른 친구들을 데리고 와서 사는 일이 없도록 해야 합니다. 마지막때에 가서 주님에게 책망 받지 말고, 이 세대의 악함을 보고 세월을 아끼면서 주님의 나라의 확장과 회복을 위해서 힘쓰는 자가 되라. 항상 성령 충만함으로서 하나님과 관계를 잘 유지하는 삶을 살아야 합니다. 그것인 하나님 나라의 백성의 삶입니다.

그리고 마태복음 12장 46절에서 예수님의 어머니와 형제들이 와서 예수님께 말하려고 밖에 섰습니다. 그래서 이를 본 한 사람이 예수님께 가서 어머니와 동생들이 당신에게 말하려고 밖에 서 있다고 고합니다. 이들이 왜 예수님을 찾아왔을까요? 아마도 귀신의 왕의 힘을 입어서 귀신을 쫓아냈다는 말을 들었을 것입니다. 그래서 예수께서 사역하는 것에 대해서 조언을 하기 위해서 왔을 것입니다.

이런 모습들이 현재 우리의 모습입니다. 혈육이란 점을 이용해서 자신의 의를 드러내거나 공을 나타내려고 하는 모습입니다. 누가 감히 예수님께 나와서 조언을 할 수 있다는 말인가요? 어머니와 동생들이 기다리고 있다는 말에 대한 주님의 반응은 상상 이상입니다. "누가 내 어머니이며 내 동생들이냐 하시고 손을 내밀어 제자들을 가리켜 이르시되 나의 어머니와 나의 동생들을 보라 누구든지 하늘에 계신 내 아버지의 뜻대로 하는 자가 내 형제요 자매요 어머니이니라."

혈육의 관계보다 영적으로 맺어진 관계가 더 중요하다는 것입니다. 겉으로 보기에는 혈육이 더 강하게 영향을 미칠지 모르지만 신앙에 있어서는 그렇지 않습니다. 신앙 공동체는 예수 그리스도의 보혈로 맺어진 공동체입니다. 하나님의 말씀과 뜻대로 행하는 공동체입니다. 교회는 예수님의 보혈로 성령 안에서 하나가 된 공동체입니다. 그렇다면 교회에 속한 성도의 관계는 혈육보다 더 가깝고 진한 가족이어야 합니다. 예수님께서는 가족에 대한 개념과 정의마저 바꾸어버리셨습니다. 내 가족은 하늘에 계신 내 아버지의 뜻대로 하는 자라는 것입니다. 이것은 분명합니다. 자녀는 아버지의 뜻대로 해야 합니다. 그 아버지의 뜻이 비록 나의 생각과 가치관과는 다르다 할지라도 순종해야 합니다. 불순종하는 자는 자녀라고 불릴 자격이 없습니다. 예수님께 순종하는 자가 참 자녀이며 성도이며 제자입니다.

그러나 오늘날 교회의 상황은 어떠한가요? 오래 된 교회일수록 혈연관계가 복잡합니다. 혈연관계로 인해서 새로 들어온 신자들이 설 자리가 좁습니다. 그들은 소외감을 느낍니다. 또한 이해관계로 맺어진 성도들도 많습니다. 나에게 도움을 주니 나도 도움을 주는, 서로 주고받는 것이 있기에 끊어지지 않고 이어지는 관계입니다. 서로에게 줄 것이 사라질 때 관계는 깨어집니다.

예수님께서 말씀하신 가족은 앞에서 언급한 것과는 전혀 다른 종류의 가족입니다. 십자가상에서 요한에게 마리아를 향해서 너의 어머니라고 말씀하시고 마리아에게는 요한을 아들이라고 말씀하셨습니다. 예수님의 대속 사역으로 인해서 가족에 대한 개념이 완전히 바뀐 것입니다. 그리스도 안에 있으면 모두가 형제요 자매입니다. 그리고 아버지와 어머니이며 아들과 딸이 됩니다.

도무지 세상이 이해할 수 없는 관계가 된 것입니다. 세상이 이해할 수 없는 관계는 아버지의 뜻대로 하는 자들이 모여 있는 교회 안에서 생겨납니다. 교회는 하나님 나라를 누리며 하나님의 지배를 경험하는 곳입니다. 교회를 떠나서는 그 누구도 하나님을 진정으로 경험할 수 없습니다. 하나님을 사랑하는 자는 하나님의 뜻대로 순종하는 자입니다. 하나님을 사랑하십니까? 사랑한다면 순종해야 합니다. 우리의 주인과 머리는 예수 그리스도입니다. 성령 안에서 예수 그리스도를 통해 교회는 한 가족이 되며 하나님 나라의 지배를 경험하는 모두가 되기를 바랍니다.

9장 기도를 성령으로 하지 못하기 때문에

(엡6:18)"모든 기도와 간구를 하되 항상 성령 안에서
기도하고 이를 위하여 깨어 구하기를 항상 힘쓰며 여러
성도를 위하여 구하라"

예수를 믿고 성령으로 거듭난 성도들이 하나님의 축복 속에
서 살아가지 못하는 것은 기도를 바르게 하지 않기 때문입니
다. 기도가 바르게 성령으로 해야 하나님과 관계가 열려서 하
나님의 축복을 받는 가문이 될 수가 있습니다. 우리나라 성도
들의 영적인 열심은 알아주지 않습니까? 그런데 변화되지 못하
고, 성령으로 충만하지 못하고, 성령의 권능을 받지 못하고, 삶
이 바뀌지 않는 것은 기도가 잘못되었기 때문입니다. 기도를 바
르게 하면 성령의 인도를 받아 전인격이 변화되기 시작을 합니
다. 성도가 하나님의 복을 받는 것은 전인격이 성령의 지배를
받아야 가능한 것입니다. 기도가 바뀌어야 합니다. 무조건 많이
한다고 잘하는 기도가 아닙니다. 성령으로 바르게 해야 합니다.
기도가 바르지 못하니까, 10년 동안 믿음 생활을 해도 변화되
지 않는 것입니다. 성령으로 바르게 기도를 하면 변화되지 말라
고 해도 변화될 수밖에 없습니다.

왜 30년 믿음생활을 열과 성의를 다하여 열심히 하고, 천일
을 철야하고, 영육의 문제 해결을 받으려고 10년 이상 30군데

이상을 다니고, 정신적이고 육적이고 영적인 질병을 치유 받으려고 성령의 역사가 강하다는 15년 동안 30군데를 교회를 다니고, 권능을 받으려고 20년을 성령 사역하는 곳을 다녀도 변화가 없고 치유되지 않고 능력이 나타나지 않는 것일까요? 기도를 바르게 하지 못하기 때문입니다. 교회나 성령 사역하는 곳에 가서 말씀 듣고 기도합시다. 하면 자신이 지금까지 하던 식으로 기도를 하기 때문입니다. 이렇게 기도하니 성령의 역사가 자신 안에서 일어나지 않기 때문에 변화가 일어나지 않는 것입니다. 성령의 역사가 자신 안에서 일어나야 치유도 되고 능력도 나타나고 문제도 해결이 되는 것입니다. 이를 방지하기 위하여 우리 충만한 교회같이 기도할 때 담임목사가 돌아다니면서 기도를 교정하여 성령의 역사가 성도의 마음 안에서 일어나게 해야 합니다. 성도의 마음 안에 있는 성전에서 분출되는 기도가 되도록 안수하면서 교정하여 주어야 합니다. 그렇게 하지 않으면 절대로 변화를 체험하지 못합니다. 그래서 모든 크리스천은 기도를 클리닉 해보아야 합니다. 이렇게 성령으로 기도하면 변화되지 말라고 해도 변화가 되고 치유가 됩니다.

성령으로 기도를 하되 숨을 쉬는 것과 같이 기도해야 합니다. 사람이 숨을 쉬지 않으면 죽습니다. 마찬가지로 하나님의 자녀가 기도하지 않으면 죽습니다. 기도는 영혼의 호흡이라고 했습니다. 시편은 "호흡이 있는 자마다 여호와를 찬양할지어다. 할렐루야(시 150:6)" 말씀하십니다. 우리 크리스천들은 기도를 하되 성령으로 숨을 쉬는 것과 같이 해야 합니다. 이는 습관이 되어야 합니다. 생명이 있는 사람이라면 저녁에 잠을 자면서도 숨을 쉽니다. 코를 골면서 자는 사람도 있습니다. 이는 자면서도 숨을 쉰다는 증거입니다. 이와 같이 예수를 믿어 성령으로 거듭난 성도는 숨을 쉬는 것과 같이 성령으로 기도해야 합니다.

우리는 기도를 바르게 알아야 합니다. 기도는 하나님과 사귀는 것입니다. 하나님과 가까이 하는 것입니다. 하나님과 함께 시간을 보내는 적극적인 행위입니다. 하나님과 사랑을 나누는 시간입니다. 하나님의 음성을 듣는 시간입니다. 하나님께 사랑을 고백하고 감사하는 시간입니다. 자신을 성전으로 견고하게 세우는 시간입니다. 자신의 영혼에 성령으로 충만하게 채워서 지신의 몸인 성전을 깨끗하게 하는 시간입니다. 우리의 삶에서 가장 깨어있는 시간, 하나님의 소리를 듣는 시간입니다. 자신을 치료하는 시간입니다. 세상에서 받은 스트레스를 정화하는 시간입니다. 평안을 유지하는 시간입니다. 예수를 믿는 성도가 하는 기도는 세상 사람들이 하는 기도와 다릅니다. 자신이 매일 철야하며 새벽기도를 해도 영육이 변화되지 않고, 환경이 어려운 것은 세상적인 기도를 하기 때문입니다. 예수를 믿는 성도가 하는 기도는 다음과 같은 원칙을 가지고 해야 합니다.

첫째, 성령 안에서 기도하라. 기도를 할 때에 자신의 생각이나 머리에서 나온 지식이나 언어구사를 잘하려고 하는 생각으로 기도하지 말라는 것입니다. 전인격이 성령의 지배하에 성령의 의지를 따라서 기도하라는 것입니다. 바른 기도생활을 위해서 '좋은 기도의 습관'이 중요하긴 하지만 그 보다 더 중요한 것이 있습니다. 그것은 바로 기도의 영을 받아 가지고 있는 겁니다. 우리가 새벽기도를 생각해볼 때 우리가 항상 새벽에 그 시간에만 살아가는 것이 아니지 않습니까? 우리가 예배당 안에서만 살고 있지는 않지 않습니까? 우리가 가정에서나 직장에서나 세상에서 살아갈 때 우리 앞에 다양하게 펼쳐지고, 우리에게 다가오는 그런 도전과 문제, 그 어려운 상황 속에서 우리의 기도가 정해진 기도의 제목만으로는 우리 삶을 다 감당하지 못해요. 그래서 좋은 기도의 습관을 갖는 것도 중요하지만, 우리가 기도의 영을 가져서 성령 안에서 기도하는 것 그것은 더욱 중요합니다.

마치 내 영이 기도의 영이신 성령 안에 푹 잠겨 있는 것처럼 내가 하루 24시간 어디에서 무엇을 하고 있든지 하나님과 끊임없는 교통가운데서 내 삶이 진행되는 것, 그것이 바로 기도의 영을 가지는 것인데, 이것이 바로 기도생활의 이상이라고 할 수 있습니다. 그래서 하나님 말씀은 우리에게 '성령 안에서 기도하라' '성령으로 기도하라'라는 말씀을 여러 번 당부하십니다. 그 중 한 곳인 에베소서 6장 18절을 같이 읽겠습니다. "모든 기도와 간구를 하되 항상 성령 안에서 기도하고 이를 위하여, 깨어 구하기를 항상 힘쓰며, 여러 성도를 위하여 구하라" 과거 개역에는 '무시로 성령 안에서 기도하라'고 했는데, '무시로'란 항상

이란 뜻입니다. 영어로 always 또는 all times입니다. 그렇다면 어떻게 기도하는 것이 '성령 안에서 기도'하는 것일까요? '성령 안에서 기도한다'는 의미는, "성령의 영성과, 성령의 지성과, 성령의 감성을 따라서 기도하는 것이다" 라고 말할 수 있습니다. 또, 성령의 지배 가운데 기도하는 것입니다. 성령께서 주시는 생각으로 기도하라는 것입니다.

실제적으로 성경에 보면, 성령께서 우리를 위하여 말할 수 없는 탄식으로, 성령의 생각이 삼위일체 하나님과 합치된 상태에서 우리 안에 와계신 성령께서 우리를 위하여 계속 기도하고 계십니다. "이와 같이 성령도 우리의 연약함을 도우시나니, 우리는 마땅히 기도할 바를 알지 못하나 오직 성령이 말할 수 없는 탄식으로 우리를 위하여 친히 간구하시느니라. 마음을 살피시는 이가 성령의 생각을 아시나니 이는 성령이 하나님의 뜻대로 성도를 위하여 간구하심이니라 (롬8:26~27)." '성령 안에서 기도하라'는 엡6장 18절의 말씀을 실행 할 수 있는 그 약속이, 이 로마서 말씀에 주어져 있습니다. 로마서 8장 26~27절속에는, 성령의 [영성] [지성] [감성]이 나타나 있어요. 성령의 영성은 무엇과 같은가요? 어머니의 영성과 같지요. 어머니는 자녀들을 한없는 사랑으로 용납해주고 품어줍니다. 그러한 것처럼 성령은 포근한 영성, 온유하신 영성, 인자하신 영성으로서 마치 어머니가 자식을 위해 기도하듯이, 성령께서 우리를 위하여 기도하고 계신다는 거예요. 우리는 무엇을 위하여 기도하는지도 모르고, 우리 앞에 어떤 일이 일어날지도 모릅니다.

　그렇기 때문에 성령께서 '우리를 위하여 마땅히 무엇을 위해서 기도할지 모르지만, 우리를 위하여 앞서 기도'하고 계신다는 것입니다. 성령의 영성이 그러하단 것입니다. 또 성령의 영성은, 성령은 지성을 가진 인격체이셔서 우리를 위해서 기도 할 바를 명확하게 인지하시고, 그리고 그 생각을 갖고 기도하고 계십니다. 롬8장 27절 말씀에 성령은 지성을 지니신 분이시다. 라는 것을 보여주는 한 표현이 있습니다.'마음을 살피시는 이가 성령의 생각을 아시나니' '성령의 생각'이라고 했습니다. 성령은 생각하신다. 즉, 지성을 지니신 분이십니다. 우리를 향하신 그 성령의 생각이 얼마나 많은지 시편 40편 5절에 이런 말씀이 나옵니다.

　"여호와 나의 하나님이여 주의 행하신 기적이 많고 우리를 향하신 주의 생각도 많도소이다" 우리의 부모가 자녀를 위해서 기도하지 않습니까? 자녀에 대한 모든 사정을 헤아리고 살펴서 자녀를 위해서 기도합니다. 부모는 자녀를 위해서 기도하지만, 자녀는 부모를 그렇게 생각하지 않아요. 자기 인생이 바쁘기 때문에 내리 사랑을 해서 부모는 자녀를 위해서 그렇게 안타깝게 간절히 기도하지만, 자녀들은 그 부모에 대한 마음을 헤아리지 못합니다. 저도 자녀를 위해서 기도하면서 '이 아이들이, 부모인 내가 이렇게 하나님 앞에서 간절히 자기들을 위해 기도하는 것을 알고 지내기나 하나?'그런 생각을 할 때가 있습니다.

마찬가지로 우리는 별로 하나님을 생각하지 못하고 살아가지만 성령께서 우리를 위하여, 해변의 모래보다 더 많으신 그 생각, 그 사랑의 생각을 가지고 우리를 위해서 기도하고 계십니다. 또한 성령은 감성을 지닌 분이십니다. 로마서 8장 26절 말씀에 성령의 감성을 보여주는 한 어구 한 표현이 있습니다. "말할 수 없는 탄식으로 우리를 위하여 기도하시는 성령님"이라고 했습니다.

둘째, 성령으로 기도하라. 성령께서 감동하시고 인도하시는 대로 기도하라는 것입니다. 우리에게 자의적인 기도를 하는 습관이 있습니다. 자의적인 기도란 내 생각대로, 내 욕심대로, 내 마음대로 기도하는 것을 말하는 것입니다. 성령으로 기도하라는 것은 내 영이 성령 안에 잠긴 것처럼 성령이 그 영성과 지성과 감성을 따라서 기도하는 것, 그것이 바로 우리가 지향하는 이상적인 성령으로 하는 기도입니다. 부모가 어린자녀든 장성한 자녀든 자녀를 위해서 밤낮 기도하듯이 성령께서 우리에게 오셔서 나는 의식도 하지 못하는데, 나는 느끼지도 못하는 사이에 나를 위하여 말할 수 없는 탄식으로, 그 많으신 성령의 사랑의 생각을 갖고서, 하나님의 뜻에서 합치된 방향으로 나를 위하여 기도하고 계시는데 내가 그것을 깨닫고 성령의 인도를 따라 기도하는 것이 바로 성령 안에서 기도하는 것입니다.

그것이 그토록 중요한 이유는 우리가 성령 안에서 기도하게 되면, 우리가 중언부언 하는 기도는 하지 못하죠. 여전히 우리는 내 짧은 욕심이 들러붙은 그런 마음의 손을 가지고 기도를 하는데, 우리가 점차적으로 성령 안에서 변화를 받게 되면, 우리가 마음속에 품게 되는 소원과 우리가 하나님께 아뢰는 기도의 제목들이 하나님의 뜻에 합치되는 방향으로 내 그 기도가 바뀐다는 것입니다. "이와 같이 성령도 우리의 연약함을 도우시나니 우리는 마땅히 기도할 바를 알지 못하나 오직 성령이 말할 수 없는 탄식으로 우리를 위하여 친히 간구하시느니라." 우리의 기도가 성령 안에서 드려지게 되면 우리가 간구하는 것이 하나님의 뜻에 맞게 되니까 하나님께서 하나님의 뜻을 이루어주시지 않겠습니까?

로마서 8장 28절에 보면 "우리가 알거니와 하나님을 사랑하는자 곧 그 뜻대로 부르심을 입은 자들에게는 모든 것이 합력하여 선을 이루느니라."하셨습니다. 우리 기도가 성령 안에서 드려지는 기도, 우리의 뜻이 하나님의 뜻에 합치되는 방향으로 변화 받게 되면, 우리가 기도하는 바를 하나님이 응답해 주실 뿐만 아니라, 우리에게 둘러싼 삶의 환경을 하나님께서 절대주관 가운데 품으시고, 붙드시고, 변경하시고, 조정하셔서 모든 것들을 합력하여 선을 이루게 해 주신다는 겁니다.

그러니까 로마서 8장 28절에 '성도의 모든 것을 합력하여 선을 이루신다'는 구절은, 문맥상 26절과 연결해서 해석할 때, 성령 안에서 기도하는 성도에게, 모든 것이 합력해서 선이 이루어진다는 뜻입니다. 즉 28절의 '성도의 모든 것이 합력해서 선을 이루는' 은총은 26절의 성령 안에서 기도하며 살아가는 자에게 주어지는 축복입니다. 시편 37편 4절 말씀에도 '또 여호와를 기뻐하라. 저가 내 마음의 소원을 이루어 주시리로다.'라고 하셨습니다.

우리 기도가 성령 안에서 기도하는 것으로 점차로 바뀌어서 우리가 성령 안에서 하나님을 기뻐하며 살아가게 될 때, 성령님께서 우리 마음속 안에 있는 모든 소원들을 아시고 헤아리시고 살피셔서, 우리로 하여금 하나님께 기도드려서 그 소원들을 다 이루게 해주시기 때문에 성령 안에서 기도하는 것이 그토록 중요합니다. 그런데 혹자는, '성령 안에서 기도 한다.'는 것은 방언기도 하는 것을 뜻한다고 하여 성령 안에서 기도와 방언기도를 동일시합니다. 저는 부분적으로는 맞는다고 생각해요. 그러나 다 맞는 것은 아니고, 부분적으로 맞습니다. 성령께서 우리에게 방언의 은사를 주시면, 그 사람은 그 방언기도를 하는 가운데 성령 안에서 기도하게 됩니다. 성령의 영성과 지성과 감성에 내가 편입되어서 내가 그 의미를 다 모르고 기도하는 사이에도 내가 성령 안에서 기도하는 것으로, 나의 기도가 바뀔 수가 있어요. 그래서 방언기도는 귀중한 은사입니다. 그런데 '성령 안에서 기도하는 것'을 방언기도로만 한정해놓으면, 방언기도를 하지 않는 다른 그리스도인은 성령 안에서 기도할 수 없는 것으로 되니까. 그것은 말이 안 되는 것이지요. 그러므로 방언

은사를 받지 않은 많은 그리스도인들도, 성령 안에서 기도할 수 있습니다. 성령께서 이끄시는 대로 기도하는 것이 성령 안에서 기도하는 것입니다.

셋째, 성령으로 기도하는 방법. 기도에 대하여 바르게 알아야 합니다. 많은 성도들이 문제가 있으면 무조건 기도하면 문제가 풀어지는 줄로 알고 있습니다. 그래서 무조건 기도하라고 합니다. 그렇지 않습니다. 기도는 하나님의 음성을 듣는 것입니다. 문제의 원인에 대하여 하나님께 질문하여 하나님께서 알려주시는 것을 해결하면서 기도해야 합니다. 예를 든다면 회개라든가, 용서라든가, 하나님께서 알려주시는 레마를 받아 순종하며 기도해야 문제가 풀어지는 것입니다. 막연하게 문제를 해결하여 주시옵소서. 하며 기도하면 문제가 해결되지 않습니다. 반드시 하나님에 알려주시는 해결 방법을 적용하여 해결하면서 기도해야 문제가 풀어지는 것입니다. 성도들이 바르게 알아야 할 것은 자신이 당하는 문제는 하나님의 문제라는 것을 믿어야 합니다.

그래서 자신에게 일어나는 문제는 하나님이 해결해야 합니다. 왜냐하면 자신은 예수를 믿을 때 죽었습니다. 다시 예수로 태어났습니다. 지금 예수 인생을 사는 것입니다. 그렇기 때문에 성령으로 기도하여 영의 상태가 되면 하나님께 해결 방법을 질문하여 응답받은 대로 조치를 해야 문제가 해결되는 것입니다. 그렇기 때문에 문제를 해결하려면 기도하지 않으면 안 되는 것입니다. 성령으로 기도하여 영의 상태가 되어야 내적인 상처도 치유되고, 귀신도 떠나가고, 병도 고쳐지고, 문제도 해결되고, 하나님의 음성도 들을 수가 있는 것입니다.

성령으로 기도하는 것은 성령의 임재가운데 성령 안에서 기도하는 것을 말합니다. 마음으로 기도하여 마음의 문이 열려야 영으로 기도하게 되는 것입니다. 영으로 기도하는 것이 성령으로 기도하는 것입니다. 그렇기 때문에 먼저 마음의 기도로 마음의 문을 열어야 영으로 기도할 수가 있는 것입니다. 성령으로 기도하는 비결은 이렇습니다. 숨을 들이 쉬고 내 쉬면서 주여! 숨을 들이 쉬고 내 쉬면서 주여! 숨을 들이 쉬고 내 쉬면서 주여! 자연스럽게 주여! 주여! 를 하면 되는 것입니다. 방언으로 기도할 줄 아는 분들은 호흡을 들이쉬고 내쉬면서 방언기도 하고, 호흡을 들이쉬고 내쉬면서 방언기도를 합니다. 즉 내면의 활동이 강화되어 자신의 마음속 영 안에 계신 성령이 밖으로 나오시게 해야 합니다. 코로는 바람을 들이쉬고 배꼽 아랫배로 호흡을 하는 것입니다. 호흡을 들이쉬고 내쉬면서 주여! 주여! 주여! 하다가 성령께서 감동을 주시는 것이 있습니다.

예를 든다면 "자녀를 위하여 기도하라!"하실 수도 있습니다. 그러면 자녀를 위하여 기도하는 것입니다. 자녀에게 문제가 있는 것도 할 수가 있습니다. 자녀에게 바라는 것이 있으면 그것을 기도해도 좋습니다. 기도를 마치고 다시 주여! 주여! 주여! 하면서 기도를 합니다. 다시 성령께서 너의 물질문제를 기도하라고 하실 수도 있습니다. 물질문제를 기도합니다. 물질문제가 어떻게 해서 생겼는지 하나님에게 질문하며 기도합니다. 죄악으로 인한 것이라면 회개를 합니다. 회개하고 죄악을 타고 들어온 귀신을 축귀합니다. "예수 이름으로 명하노니 선조들의 죄를 따라 들어와 물질 고통을 주는 귀신아 물러가라" 소리는 크지 않아도 됩니다. 성령이 충만한 상태이므로 귀신들이 잘 떠나갑니다. 다시 다른 기도를 위하여 주여! 주여! 주여! 하면서 기도를 합니다.

그러면 성령께서 다시 감동을 합니다. 너의 건강을 위하여 기도하라! 그러면 자신의 건강을 위하여 기도합니다. 기도하면서 하나님에게 질문을 합니다. 하나님! 저의 어느 부분이 문제가 있습니까? 하면서 기도하여 조치를 취하면 됩니다. 무엇을 결정해야 할 경우는 어느 정도 기도하여 성령으로 충만한 상태가 되면 지속적으로 문의 하는 것입니다. 이것을 어떻게 해야 합니까? 이것을 어떻게 해야 합니까? 이것을 어떻게 해야 합니까? 지속적으로 질문을 하면 문득 떠오르는 생각이 있습니다. 이것이 하나님의 방법입니다. 이것을 해결하면 치유가 되는 것입니다. 이것이 성령으로 기도하는 것입니다. 어려울 것이 없습니다.

자신의 생각이나 욕심을 내려놓고 순수하게 성령을 따라 기도하는 것입니다. 보통 성도님들이 하시는 말씀대로 기도분량이 채워지니까 성령께서 알려주신 것입니다. 기도분량이 채워졌다는 것은 성령님이 역사하실 수 있는 영적인 상태가 되었다는 것입니다. 절대로 성령은 육의 상태에서 응답을 주시지 못합니다.

반드시 성령으로 충만한 영의 상태가 되어야 레마를 들려주십니다. 그러므로 영의 상태가 되도록 성령으로 깊은 영의기도를 해야 합니다. 영의 상태에서 하나하나 감동이나 음성으로 알려주시는 것입니다. 기도의 성공요소는 영의 상태에 들어가는 것입니다. 영의상태에서 성령님과 교통할 수가 있기 때문입니다.

넷째, 기도하는 장소를 바르게 해야 한다. 필자가 어느 날 새벽에 기도하니까, 성령하나님께서 이렇게 감동하시는 것입니다. "왜 무당들이 유명한 산에 올라가 장구치고 북치고 하면서 기도하는지 알고 있느냐" 잠시 생각을 해보니까, 유명한 산에 역사하는 산신령을 접신 받으려고 유명한 산을 찾아 기도한다는 생각이 떠올랐습니다. 그래서 "산에 역사하는 산귀신을 접신 받으려고 산에 가서 기도하는 것입니다." 했더니 성령께서 "그렇다. 산에 역사하는 산신령을 접신 받으려고 산에 가서 기도하는 것이다." 말씀하시는 것입니다.

그러면서 목회자들이나 성도들에게 알려주어 기도 장소의 계념을 바르게 알고 기도하도록 하라고 말씀하셨습니다. 크리스천은 기도는 하나님이 계시는 자신 안에 집중하여 기도하게 하라는 것입니다. 기도는 자신 안에 계신 하나님께 기도하시기를 바랍니다. 우리 성도들의 의식이 기도하려면 "기도원가야 한다. 산에 가야한다. 교회에 가야한다." 로 고정되어 있기 때문에 자신에게 관심을 두지 않습니다. 자신 안에 계신 하나님께 관심을 두지 않기 때문에 예수를 믿으면서도 변화되지 못하는 것입니다. 그렇다고 교회나 기도원에 가서 기도하지 말라는 말로 이해하면 안 됩니다. 교회에 가서 기도에 대하여 바르게 배우고 바르게해야 합니다. 교회에 가서 성령으로 세례도 받아야 합니다. 필자는 자신 안에 계신 하나님께 관심을 가지고 기도하라는 것입니다.

기도는 자신 안에 계신 하나님께 기도하여 자신이 하나님의 입장이 되어 하나님의 길(뜻)을 제대로 따라가고 있는지, 바르게 가고 있는지, 돌아가고 있는지를 보는 것입니다. 그리고 자신 앞에 있는 문제를 하나님께 기도하여 하나님의 해결 방법을 알아내는 것입니다. 그리고 알려주신 해결방법대로 순종하기 위해서 기도하는 것입니다. 기도는 하나님께 무엇을 얻어내려고 하는 것이 절대로 아닙니다. 자신의 상처를 치유하고, 성령으로 충만하며, 하나님과 대화하기 위하여 기도하는 것입니다.

지친 영혼의 쉼을 얻기 위하여 기도하는 것입니다. 기도는 영-혼-육이 쉼을 얻는 시간이라고 생각하며 성령으로 해야 합니다. 이 중요한 기도가 잘못되면 먼저 영혼이 만족을 누리지 못하는 것입니다. 다음은 혼이 만족을 누리지 못하니 정신이 안정되지 못하고 산란한 것입니다. 더 진전이 되면 육체의 질병으로 발생합니다. 따라서 예수를 믿으면서도 세상 사람들과 똑 같은 영육간의 고통을 당하고 사는 것입니다.

10장 가계의 귀신역사를 모르고 무시하기 때문

(민 14:18)"여호와는 노하기를 더디 하시고 인자가 많아 죄악과 허물을 사하시나 형벌 받을 자는 결단코 사하지 아니하시고 아버지의 죄악을 자식에게 갚아 삼사 대까지 이르게 하리라 하셨나이다."

가문에 혈통을 타고 역사하는 악령이 축복 속으로 들어가는 것을 방해하기 때문에 예수 믿으며 개인과 가문이 축복 받지 못하는 것입니다. 성령의 지배가운데 찾아서 미리 해결해야 할 것입니다. 하나님은 목회자들이 성도들이 왜 가문(옛 사람)에 역사하면서 고통을 가하는 원인을 찾아서 해결해야 되는지 바르게 알고 대처하기를 원하실 것입니다. 보수적인 목회자들과 신학자들이 예수를 믿었으면 새사람인데 지나간 세대의 문제를 들추어내서 시간을 허비할 필요가 없다는 것입니다. 물론 이론적으로 생각하면 맞는 말입니다. 그러나 체험적으로 보면 다르다는 것을 알 수가 있습니다. 영의 세계는 육적인 눈으로 볼 수가 없고, 영의 눈으로만 볼 수 있는 보이지는 않지만 빼앗고 빼앗기는 실제적인 역사가 일어나는 세계입니다.

가문에 역사하는 악령이 아무런 문제를 일으키지 않는다면 무엇 때문에 아무런 문제를 일으키지 않는데 보이지 않는 잠재의식을 터치하면서 해결하려고 하겠습니까? 그런데 분명하게 하나님의 복을 누리지 못하게 방해하고 문제를 일으키고 영적인 성장을 하지 못하도록 방해하기 때문에 해결을 하는 것입니다. 필자는 20년간 개별치유를 했습니다. 사역을 하면서 체험한 것은 한번은 성령의 지배 가운데 혈통을 감찰하여 자신의 대에서 혈통을 해결해야 한다는 것입니다.

첫째, 가문에 역사하는 악령이 있을 수 있다는 것입니다. 우리가 마땅히 '가문에 역사하는 악령'에게 관심을 가져야 하는 이유는 그 악령으로 인해서 사람들이 당하는 고통이 너무도 크기 때문입니다. 대대로 가난하게 살아가게 하는 원인에도 직접적으로 영향을 끼칩니다. 가문에 악령이 일으키는 많은 문제들은 겉으로 보아서 우리의 기질과 연관이 있거나 부모로부터 유전된 것처럼 보이기 때문에 영의 문제를 소홀히 하고 오로지 의학적으로 또는 심리학적으로 접근하고 다루는 실수를 할 위험이 많기 때문입니다. 실제로 영의 일에 관심이나 지식이 전혀 없는 세상 사람들은 물론이고, 대부분의 그리스도인조차도 가문에 역사하는 악령에 대해서 그 이름조차 들어보지 못하고 신앙생활을 하는 것이 일반입니다. 그러니 어려움을 겪으면서도 적절한 대응을 하지 못할 뿐만 아니라 예방을 위해서 악령을 추방하는 일은 더욱 하지 않습니다.

우리에게 이미 잘 알려진 무병(巫病)에 대해서는 이해하고 있지만 그 밖의 현상들에 대해서는 별로 아는 바가 없을 것입니다. 질환은 크게 육체적인 것과 심리적인 것이 있으며, 이 두 가지가 복합적으로 나타나는 것이 있습니다. 병의 증상이야 어떠하든지 그 근원에 악령이 개입해 있다면 악령의 문제를 다루어야 할 것입니다.

우리가 흔히 말하는 '난치병'이나 '유전병'은 의학적으로는 유전자 이상에 의해서 발생하는 것으로 알려져 있습니다. 특정한 유전자가 이상을 보이는데 그 원인을 알 수 없는 것입니다. 다만 혈통적으로 그 부분이 취약하거나 부모로부터 유전되어 온 것으로만 알고 있을 정도입니다. 유전공학이 최근에야 각광을 받으면서 연구가 활발해져서 난치병을 치유하기 위한 연구가 많이 이루어지고 있고, 줄기세포 또는 배아세포를 이용하여 난치병을 치유하려고 시도하고 있으며, 손상된 유전인자를 송두리째 제거하고 새로운 유전인자로 대치하려는 연구도 활발합니다.

우리 크리스천들이 밝히 알아야 할 것은 악령이 병을 일으키는 능력은 우리의 신체구조 뿐만 아니라 유전인자에도 영향을 줄 수 있다고 보아야 할 것입니다. 유전인자에도 영향을 미치기 때문에 진리의 말씀과 성령의 역사로 가문에 역사하는 악령을 추방해야 세대적인 고통에서 해방이 가능한 것입니다. 이러한 질병은 가문에 역사하는 악령을 추방하기 전까지 대를 이어가면서 영향을 끼치게 됩니다. 그렇기 때문에 영적은 면에 관심을 가지고 가문에 대대로 이어지는 문제를 대해야 해방을 받을 수 있습니다.

악령이 우리의 죄를 틈타서 들어온 후에 우리를 괴롭게 할 권리를 확보한 후에 우리의 신체의 어떤 부분을 공격하면 질병이 생기며, 정신에 지속적으로 영향을 주면 생각이 바뀌게 되고 죄의 충동을 받아서 그 행동을 하게 되는 것입니다. 가문에 역사하는 악령은 한 번 침투하면 영적치유를 할 때까지 대를 이어서 계속 그 사람을 괴롭게 하게 됩니다.

부모 가운데 한 사람이 무당이 되면 그 자녀는 끊임없는 악령의 괴롭힘을 받아서 결국에는 무당이 되고 말듯이 악령이 계속 충동함으로써 그 유혹이나 충동을 이기지 못하고 행동에 옮겨 마침내 불행한 결과를 만들어냅니다. 그러나 이를 영들의 전이로 본인과 가족이 깨닫고 성령의 세례를 받고 진리의 말씀을 듣고 성령의 역사를 일으키면서 해결하면 악령이 떠나가면서 해방이 되는 것입니다.

가문에 역사하는 악령이 저지르게 하는 비행은 '간음' '폭행' '사기' '절도' '불륜' '성추행' '집착' '게으름' 등과 같이 많은 종류의 비행과 연관이 있습니다. 가문에 역사하는 악령이 저지르는 육체의 질환들은 '근육통' '목과 허리디스크' '턱관절디스크' '어깨통증' '골반의 질병' '심장병' '각종암' '자궁의 질병' '갑상선 질환' '당뇨' '고혈압' '아토피 피부병' 등등입니다. 가문에 역사하는 악령이 저지르는 정신적인 질환들은 '우울증' '조울증' '불면증' '공황장애' '대인기피증' '악성두통' 등등입니다.

가문에 역사하는 악령이 저지르는 영적인 질환들은 '귀신들림' '환청' '환시' '헛소리' '투시' '신령함' '발작증세' '중얼거림' '가난' '사업파산' '이혼' '태아유산' '불임' '불감증' '다발사고' '무엇을 해도 되지 않음' '정신분별증(조현병)' 등등입니다.

이런 혈통의 죄얼에 의하여 영들의 전이로 발생하는 질병들은 가문의 대를 이어서 계속 이어지기 때문에 유전적인 것으로 오해하기 쉽습니다. 죄얼이란 남에게 해를 끼치는 행위 가운데 법적인 책임을 물을 수 없는 정도의 경미한 것을 우리는 죄얼 (iniquity) 이라고 부릅니다. 사회적으로는 경범죄에 해당하는 것을 말합니다. 이런 죄얼들은 가문에 대를 이어서 계속 이어지기 때문에 원인을 모르는 경우가 많습니다. 이런 죄얼들은 가문에 역사하는 영들의 전이로 일어나는 것이 보통입니다. 반드시 성령의 역사가 일어나야 근원을 알고 대처하게 됩니다.

이유를 잘 모르고 행하고 당하는 것이 보통입니다. 다른 면으로는 기질적인 유전으로 이해하거나 자라면서 본 것을 행동한다고 주장하는 '학습이론'이 있습니다. 긍정적이든지 부정적이든지 우리는 자라면서 줄곧 보게 되면 뇌에 영향을 주어 무의식의 기억중추에 저장되며 성인이 되어 그 행동을 할 수 있는 환경이나 자극에 노출되면 어린 시절 학습한 것을 행동에 옮기게 된다는 심리학의 이론입니다.

부모 세대에 반복적으로 비행을 저지른 가계(family)에서 다음 세대에 자녀 가운데 어느 한 사람에게 그와 같은 증상이 나타나게 되는데 함께 보면서 자란 다른 형제들에게는 전혀 나타나지 않는 행동이 한 자녀에게만 똑 같은 행동으로 나타나는 것을 충분히 설명하지 못하는 단점을 지니고 있습니다. 기질적 유전의 대표적인 질병인 당뇨병이나 고혈압의 경우에 여러 형제들이 있지만, 모두 그 병에 걸리는 것이 아니라, 어떤 한 명에게서 나타나는 경우가 많습니다.

이와 같이 선별적으로 나타나는 유전병의 경우에 기질적인 유전으로만 설명하기에는 부족한 부분이 있습니다. 가문에 역사하는 악령은 자녀 가운데 어느 한 사람을 선택해서 집중적으로 공격하여 질병이나 비행을 일으키게 하는 것입니다. 이것을 저는 가문에 역사하는 악령이 숙주(무당의 영을 전이시키기 알맞은 대상자)를 선택하였기 때문에 질병과 비행이 발생한다고 보아 '선택이론'이라고 이름을 붙여봅니다.

귀신은 두루 다니면서 삼킬 자를 찾고 있기 때문에 그렇습니다. 가문에 역사하는 악령은 그 가족 가운데에서 어느 한 사람을 선택해서 집중적으로 공격하고 마침내는 파멸로 몰아가는 것입니다. 그 선택은 오로지 악령의 뜻에 달렸다고 볼 수 있을 것입니다. 이에 대한 연구는 더 많이 진전되어야 할 것입니다. 우리는 부모 세대에 어떤 죄얼을 저질렀고 그 죄를 철저하게 회개하지 않았다면 그 죄를 틈타서 들어온 가문에 역사하는 악령으로부터 자녀가 공격을 받을 수 있는 개연성이 있다고 보아야 할 것입니다. 그러므로 부모 세대가 그 죄를 회개하지 않고 세상을 떠난 경우, 자녀들은 부모를 대신해서 죄를 회개해야 하며, 그리고 악령을 추방하는 절차를 반드시 거쳐야 합니다.

부모 세대가 예수를 믿지 않았기 때문에 죄에 대한 어떤 회개도 이루어지지 않은 채로 자녀들이 성장했고, 어른이 된 다음에 신앙생활을 시작했다면 그 죄로 인해서 이미 피해를 입고 있을 것입니다. 죄의 영향은 3대에까지 미치므로 가문의 저주를 푸는 일은 믿는 사람들에게는 필수입니다. 특히 죄얼에 관련된 가문에 역사하는 악령의 경우 우리는 그 죄얼을 대수롭게 여기지 않기 때문에 자신에게 나타나는 불행한 일에 대해서 제대로 이해하지 못합니다. 까닭 없이 거듭되는 불행한 일의 배경에는 마귀의 저주가 있을 것이며, 가문에 역사하는 악령의 괴롭힘이 있을 것입니다. 고통스런 일을 당하면 우리는 부모나 사회를 원망하게 되며, 마음이 강퍅하게 되어 사랑이 사라집니다. 이기적으로 변하고 모든 것을 도전적으로 받아들이게 되는 것이지요. 이것이 악령이 원하는 바의 목적입니다.

불행이 계속되면 마음이 굳어지고 세상을 비관적으로 보게 되지요. 그러면 모든 것이 귀찮아지고 남이 잘 되는 것이 자신에게는 고통이 됩니다. 사촌이 땅을 사도 배가 아픈 격이 되어 감사하거나 기뻐할 일이 없어집니다. 비록 신앙생활을 한다고 해도 그 마음에는 평안이나 즐거움이 없고, 늘 문제에만 매달려 자신을 비관하게 되는 것입니다. 신앙생활은 많은 갈등을 만들어내기 때문에 모든 것이 비판적이고 이중적인 태도를 보입니다. 항상 죄의식에 쌓여 살아가게 됩니다.

물리칠 수 없는 죄의 유혹에 시달리면서 살다보면 죄에 대해서 무감각해지게 됩니다. 예를 들어 바람을 피우는 사람의 경우 처음에는 자신도 모르게 유혹에 휘말려 죄얼을 짓고 말았습니다. 그 죄얼로 인해서 갈등하게 되고 자책하기도 합니다. 그러나 계속 이어지는 죄의 유혹에서 벗어나지 못하고 무기력하게 죄를 범하게 되면서 양심이 무디어지고 더욱 교활하게 위장하게 됩니다. 그래서 위선적인 사람이 되는 것입니다.

악령이 지속적으로 유혹하는 그 힘을 견뎌낼 수 없습니다. 가문에 역사하는 악령의 대표주자인 점치는 영은 신체에 질병을 일으켜 사람을 괴롭힙니다. 그 괴롭힘이 너무도 심해서 결국에는 항복하고 무당에게 찾아가며, 더 나아가 무당이 되듯이 죄의 끈질긴 유혹을 이겨낼 사람이 결코 많지 않을 것입니다. 정말로 피를 흘리는 영적 싸움이 없이는 악령의 유혹을 끊을 수 없는 것입니다. 그러나 이 보다 더 애석한 일은 가문에 대대로 비행을 범하면서도 아무런 조치를 취하지 않고 있다는 점입니다. 남편의 바람기를 개인의 문제로만 생각하면서 가슴앓이를 하는 부인들이 얼마나 많으며, 남편의 폭행을 개인의 성격문제로만 취급하고 법적으로 대응하여 이혼을 결심하는 경우가 얼마나 많습니까? 부모가 반건달로 지내면서 가정을 제대로 돌보지 않은 가정에서 자란 아들이 역시 부모처럼 일하기 싫어하면서 지냅니다. 이 역시 가문에 역사하는 악령의 영향입니다.

세상의 모든 질병은 치유시기가 있듯이 가문에 역사하는 악령으로부터 영향을 받아 비행에 빠진 사람의 경우에도 그 죄얼로부터 회복되기 위해서는 적절한 치료시기를 놓쳐서는 안 됩니다. 적어도 그런 증상이 나타나기 전에 가족 내 병력(病歷)이나 비행력을 살펴보고 부모 세대에 그런 비행이 있었다면 자녀에게 유전되지 않도록 철저히 차단하는 조치를 취해야 합니다.

차단하는 조치란 예수를 믿고 성령으로 세례를 받아 성령으로 충만한 가운데 혈통에 역사하는 악령의 줄을 끊고, 혈통에 역사하던 귀신들을 몰아내는 것입니다. 그리고 성령충만한 믿음생활을 하면서 자신 안에 하나님의 축복을 채우는 것입니다. 이미 자녀에게 그와 같은 증상이 나타났다면 2~3회 반복해서 습관이 되기 전에 치유해야 합니다. 반복적으로 비행을 저지르면 양심이 무디어지고, 몸에 베여서 악습을 떨쳐내는 일이 쉽지 않습니다.

마약 상습범들이 재범하는 이유는 의지가 약하고 몸에 깊이 습관이 젖어 있기 때문입니다. 우리 몸은 같은 행위를 반복하면 뇌의 지시가 없어도 그 일을 스스로 행하는 구조를 지니고 있습니다. 이에 대한 유명한 일화가 김 유신 장군의 말 이야기가 있지 않습니까? 날마다 저녁이면 으레 술집으로 갔던 버릇이 있어서 말에게 지시하지 않아도 말이 스스로 알아서 술집으로 그를 데리고 갔습니다. 이 이야기처럼 우리의 몸은 길들여진 대로 행동하게 되어있고, 이를 고치려면 많은 세월이 필요합니다.

부모에게 어떤 악습이 있다면 그것은 기질적으로 취약해서 가문에 역사하는 악령의 공격을 잘 받을 수 있고, 그렇게 되면 그 행동을 언젠가는 아주 자연스럽게 하게 되어 불행이 시작되는 것입니다. 육신적인 질병만 예방할 것이 아니라 죄에 기인한 가문에 역사하는 악령의 유혹을 제거하고 추방하는 일도 해야 합니다. 이것은 너무도 중요한 일이기 때문에 철저한 죄의 회개와 악령의 유혹을 이기는 끈질긴 노력이 필요합니다.

성령세례와 성령 충만을 받아서 죄를 이기고 마귀의 유혹과 가문에 역사하는 악령의 역사를 끊어냅시다. 이를 위해서 성령 충만하고 능력이 많은 전문 사역자의 도움을 받을 필요가 있으며, 질병은 전문의와 상담해서 적절한 약물치료를 받아야 합니다. 영으로 육으로 전문가의 도움을 받아서 죄로 말미암아 들어온 악령의 세력을 무력화하고 그 때문에 육신이 손상된 부분은 약물의 도움을 받아서 건강을 회복해야 합니다.

오늘날 우리 사회는 이혼이 급증합니다. 그 배경에는 이와 같은 세대적인 악령의 작용으로 인해서 갈등이 빚어지게 되고 그것을 극복하거나 적절한 치유를 받지 못해서 결국에는 불행으로 끝나는 경우가 얼마나 많은지 모릅니다. 가문에 역사하는 악령이 일으키는 수많은 불행한 사건들을 우리는 단순히 육신적 또는 정신적 결함 정도로만 알고 당사자를 탓해온 것이 지금까지의 대응이었습니다. 비행을 저지르는 당사자도 엄격히 말하면 피해자이지요. 부모 세대에 일어난 죄얼로 인해서 그 자녀에게 영향이 미쳤고 이것을 적절히 다루지 못했기 때문에 불행은 대를 이어서 나타나는 것입니다.

이 죄를 극복하고 가문에 역사하는 악령을 추방합시다. "하나님의 아들이 나타남은 마귀의 일을 멸하려 함이라"(요일 3:8)고 성경은 지적하고 있습니다. 죄를 짓는 자는 마귀에게 속하였다고 성경은 말합니다. 죄를 짓는 순간 그는 영적으로 마귀의 소유물이 되는 것입니다. 자기에게 속한 모든 권리를 마귀에게 넘겨주는 일을 한 것입니다. 그러므로 마귀에게 당하는 것은 당연한 결과입니다. 예수 그리스도는 이 일을 회복시키려고 오신 것이지요. 우리는 예수의 이름으로 죄를 회개하고 악령과 단절해야 합니다. 그렇지 않고서는 대를 이어 오는 불행을 막을 길이 없습니다.

둘째, 가문에 역사하는 악령은 예수 믿었다고 자동으로 없어지지 않는다는 것입니다. 보이지 않는 영적세계에서 일어나는 일들 중에 일반적인 관념적인 믿음생활을 하는 분들에게는 이해하기 힘든 일이 많이 발생합니다. 남편의 영적인 영향으로 부인이 고통을 당하기도 합니다. 부인의 영향으로 남편이 이유를 모르는 병고를 치르는 경향도 있습니다. 조상들 중에 절에 중이나 무당을 했거나, 무당이나 점쟁이와 접촉이 많았던 경우에 당대가 아닌 후대의 자녀가 이유를 모르고 고통을 당하기도 합니다. 예수님을 믿었더라도 성령과 말씀으로 전인격이 완전하게 지배될 때까지 영향을 끼친다고 보아야 합니다. 영적인 세계를 모르면 당할 수밖에 없는 고통입니다.

B여 집사의 경우입니다. 결혼하기 전에 남편이 예수를 믿겠다고 하여 6개월 정도 교회를 다녔습니다. 교회에서 하는 새신자 성경공부도 마쳤습니다. 장로이시고 권사이신 부모님들의 허락을 받아 결혼했습니다. 결혼하고 얼마동안은 교회를 다녔습니다. 1년이 넘어가자 교회를 나가지 않는 것입니다. 아무리 말을 해도 듣지 않고 교회를 나가지 않는 것입니다. 하는 수가 없어서 저 혼자 교회를 나갔습니다. 부부 생활을 하다가 보니까, 아이를 둘을 낳았습니다. 세월이 흘렀습니다. 생활고와 남편의 영적인 문제로 스트레스를 많이 받았습니다. 그런데 여 집사가 우울해지면서 잠을 깊이 자지 못하는 우울증과 불면증이 찾아온 것입니다. 생활을 제대로 할 수가 없을 지경이 되었습니다. 그러다가 알아낸 사실인데 시어머니가 젊은 시절 여 집사와 똑같은 질병으로 고통을 당하시다가 결혼하기 1년 전에 세상을 떠나셨다는 것입니다. 너무나 힘이 들어서 우울증 책을 읽고 충만한 교회 치유집회에 참석하게 되었습니다. 상담을 요청하여 목사님과 대화를 하면서 여러 가지를 알았습니다. 원래 저에게 태중에서 상처와 유아시절 상처가 있었다는 것입니다. 젊은 시절에는 상처가 있었어도 건강이나 주변 상황이 나쁘지 않으니까, 상처가 그렇게 큰 영향을 끼치지 못했다는 것입니다. 결혼하고 육아 스트레스에다가 남편 교회 나가지 않은 스트레

스에다가 남편의 혈통에 역사하는 무속의 영의영향으로 고통을 당한 것입니다. 알고 보니 남편의 친 할머니가 무당에 빠질 정도 이였다는 것입니다. 무속의 영들의 영향에 의한 우울증과 불면증이 영들의 공격에 의하여 저의 육체와 정신력과 영적인 능력이 감당하지 못하니까, 내면에 숨어있던 영적 정신적 요소들이 밖으로 나타나서 우울증과 불면증이 생겼다는 것입니다.

남편의 혈통에 역사하는 무속의 영들의 영향에 의한 우울증과 불면증의 영들의 역사가 있더라도 제가 상처가 치유되고 성령 충만하면 문제를 일으키지 못하는데 제가 관념적인 믿음생활을 하다가 보니까, 성령이 충만하지 못하여 겹치기로 당한 것이라는 것입니다. 사실을 알고 6개월 이상 충만한 교회를 다니면서 성령으로 세례 받고 집중치유 받고 지금은 정상적인 생활을 하고 있습니다.

많은 성도들이 조상 중에 무당이나 점쟁이와 접촉이 많았던 분들의 영향으로 이해하지 못할 고통을 많이 당합니다. 어떤 분들은 어려서부터 고통을 당하는데 원인을 모르고 고통만 당하면서 지내다가 나중에 성령으로 세례를 받고 깨달아서 치유 받는 사례가 많습니다. 우리 크리스천들이 체험적인 신앙생활이 무엇인지, 관념적인 신앙생활이 무엇인지 잘 모르고 무조건 열심히 교회 잘 다니고 봉사 잘하고, 예배나 기도회에 빠지지 않고 참석하면 믿음생활을 잘하는 것으로 알고 있는 경우가 많습니다. 이는 행위를 강조하는 샤머니즘과 불교와 무속신앙의 잔재입니다. 분명하게 무당이나 점쟁이나 절에 중이 있으면 눈에 보이지 않는 귀신들의 이동 전이가 있다고 사고해야 합니다. 이렇게 무당이나 점쟁이나 절에 중에 의하여 이동이나 전이된 귀신은 관념적인 믿음생활로는 떠나가지 않습니다. 지속적으로 무당이나 점쟁이나 절에 가서 빌도록 육체적이나 정신적인 압박을 가합니다. 무당이 되게 하기도 합니다. 근육통이나 뼈와 관절의 질병이나 정신적인 질병으로 악성두통과 우울증이나 공황장애나 정신분열증이나 불면증들을 일으킵니다. 공격하는 대상을 숙주라고 하고 무병이라고 합니다. 생활과 건강에 문제가 없을 때는 문제가 밖으로 나타나지 않는 것이 특징입니다. 그러다가 학교 공부 스트레스, 직장생활 스트레스, 사람들에 의한 스트레스, 부부 생활 스트레스, 등등이 발생하여 체력과 정신력이 약해질 때 밖으로 나타나는 것입니다.

그래서 속는 것입니다. 모두가 무당의 영과 점쟁이 영과 불교 영의 보균자 인데 밖으로 나타나지 않아서 모르고 방신하고 지내다가 당하는 것입니다. 반드시 강력한 성령의 역사가 있어야 정체를 폭로합니다. 미리 알고 예방하는 것이 최고의 처방입니다. 조상 중에 무당이나 점쟁이나 중이나 있을 지리도 아니 접촉을 많이 했을 지라도 우리 딸은 우리 아들은 믿음생활 잘하기 때문에 해당 없다고 방심하고 지낼 일이 아닙니다. 가문에 역사하며 살아서 역사하는 귀신은 웃고 있다는 것을 깨달아야 합니다.

11장 성령충만한 삶을 살아가지 못하기 때문에

> (엡 5:18)"술 취하지 말라 이는 방탕한 것이니 오직 성
> 령으로 충만함을 받으라"

예수를 믿고 개인과 가문이 축복을 받으려면 성령세례와 충만을 받아야 합니다. 성령으로 충만하다고 하는 의미는 성령에 사로잡히고, 스며들고, 지배를 받는 것을 의미합니다. 물에 흠뻑 젖은 수건처럼 수건을 짜면 물이 흐르듯이 성령 충만은 성령으로 사로잡히고 스며들고 지배를 받는 것을 의미합니다. 그리고 왜 우리가 성령 충만을 받아야 하는가?

이 질문에 우리는 두 가지로 요약할 수 있습니다. 첫째는 성령 충만이 모든 신자에 대한 하나님의 명령입니다(엡 5:18). 둘째는 하나님은 이 방법을 통하여 모든 신자에게 권능을 주시기 때문입니다(행 1:8).

성령 충만의 생활은 일생을 통한 도전입니다. 성령으로 전도하는 것은 매일 매일 심지어 매 시간 매 시간 헌신하지 않으면 안 되는 일입니다. 그리스인들은 자신의 느낌과 관계없이 항상 성령께 의지해야 합니다.

사람은 하나님의 성령이 아니면, 그와 반대 되는 세력에 의해 지배를 받게 됩니다. 그래서 하나님은 성도들에게 성령으로 충만함을 받으라고 명령하시는 것입니다. 사울은 여호와의 영과 함께했던 사람입니다. 그것도 크게 임했었습니다. "네게는 여호

와의 영이 크게 임하리니"(삼상 10:6). 삼상 11:6에는 "사울이 이 말을 들을 때에 하나님의 영에게 크게 감동되매"라는 말씀을 볼 때 하나님의 영에 크게 감동된 사실도 알 수 있습니다.

그러나 여호와의 영이 그에게서 떠나자 악령이 들어와 그를 지배하기 시작하였습니다. "여호와의 영이 사울에게서 떠나고 여호와께서 부리시는 악령이 그를 번뇌하게 한지라"(삼상 16:14). 여호와의 영이 사울에게서 떠난 것으로 끝난 것이 아니라 악령이 그것도 힘 있게 내려 그를 지배하기 시작했습니다. "하나님께서 부리시는 악령이 사울에게 힘 있게 내리매"(삼상 18:10).

오늘 본문에는 성령에 취하지 아니하면 그와 반대가 되는 술에 취하게 된다는 사실을 말씀하고 있습니다. "술 취하지 말라 이는 방탕한 것이니 오직 성령으로 충만함을 받으라"(엡5:18).

성령이라고 할 때의 '영'은 영어로 'spirit'이라고 합니다. 이 단어 앞에 Holy를 붙이면 '성령'의 뜻이 됩니다. 그리고 이 단어에는 '술'이라는 뜻도 있습니다. 그러기에 바울은 지금 '술'이라는 'spirit'에 취하지 말고, "하나님의 거룩한 영"이신 성령에 취하라는 메시지를 전하는 것입니다.

바울이 술과 성령을 비교한 것은 유사한 점이 많기 때문입니다. 술에 취한다고 할 때의 '취한다'는 것은 '영향을 받는다', '지배를 받는다'의 뜻입니다. 그래서 술에 취한 사람은 술의 영향을 받는다, 술의 지배를 받는다는 의미가 됩니다. 마찬가지로 성령에 취한 사람은 성령의 영향을 받는다, 성령의 지배를 받는다는 뜻이 됩니다.

이렇듯 사람은 성령의 지배를 받든지 아니면 술의 지배를 받게 되는데, 성령의 지배에서 벗어나게 될 때 그와 반대의 세력인 근심, 걱정, 불안, 우울, 돈 걱정, 장래 대한 걱정, 심지어 자살을 하는 것도 다 성령의 지배에서 벗어난 반대 세력의 영향의 결과에서 비롯된 것입니다. 성령으로 충만함을 받으려면 어떻게 해야 할까요?

첫째, 성령 충만 받는 것이 하나님의 뜻이라는 것을 알아야 합니다. 성도들 가운데 '나 같은 사람도 성령 충만을 받을 수 있을까?', 혹은 '성령 충만은 초대 교회 시대 사람들만 받는 것이 아닐까?' 라며 의아해 하시는 분이 있다면, 하나님께서는 말씀을 통해 하나님의 분명한 뜻을 알려주실 것입니다. 사도행전 2장 38-39절에서 베드로는 "너희가 회개하여 각각 예수 그리스도의 이름으로 세례를 받고 죄 사함을 얻으라. 그리하면 성령을 선물로 받으리니 이 약속은 너희와 너희 자녀와 모든 먼 데 사람 곧 주 우리 하나님이 얼마든지 부르시는 자들에게 하신 것이라" 고 말씀하셨습니다.

여기에서 '너희'란 유대 민족을 가리키는 것이고, "너희 자녀"란 유대인의 후손들을, "먼 데 사람"이란 유대인이 아닌 다른 민족, 즉 이방인을 가리키는 것입니다. 그러므로 사도 베드로의 말씀을 통해 우리는 방인에게도 하나님의 성령이 선물로 주어질 수 있다는 것을 확실히 알 수 있습니다. 그러나 이방인이라고 모두 성령을 받을 수 있는 것은 아닙니다. 하나님의 부르심을 받아 예수님을 구주로 믿는 자들에게 성령이 부어지는 것입니다.

여러분은 이러한 약속의 말씀을 굳게 붙들고, 이 말씀에 의지하십시오. 그럴 때 인간적인 믿음이 아닌 하나님께서 주시는 믿음이 생겨나, 성령께서 일하실 바탕이 마련되는 것입니다. 이제 여러분께서 성령 충만 받는 것이 하나님의 뜻인 것을 알았다면, 성령 충만 받기 위해 간절히 소망해야 합니다.

둘째, 날마다 성령 충만을 받겠다는 강렬한 소원을 가져야 합니다. 하나님의 은혜는 간절히 소원하는 자라야 받을 수 있습니다. 이러한 소원은 성령 충만이 우리 생활가운데 얼마나 유익한지를 알 때 자연스럽게 생깁니다. 오늘날 성령 충만을 받지 않고 사는 사람들은 삶에 기쁨과 평안이 넘쳐나지 않을 것입니다.

신앙생활을 하되, 기도하기가 힘들고 전도도 안 되며, 아무리 말씀을 읽고 들어도 그 말씀이 마치 꿀송이 와 같이 달게 여겨지지도 않을 것입니다. 심지어 예수님을 믿는 것조차 힘들다고 느낄 때도 있을 것입니다. 우리가 성령 충만을 받게 되면, 먼저 뱃속에서부터 한없는 평안이 넘쳐납니다. 그리고 기도와 전도, 말씀의 능력이 주어집니다. 또한 자기를 이기고, 세상을 이기며, 마귀를 이길 수 있는 힘이 생겨 승리의 삶을 살아가게 되는 것입니다. 성령충만은 개인이 의지를 가지고 노력해야 합니다.

저는 온전하게 성령 충만을 받는 데 3년이나 걸렸습니다. 처음 성령 충만을 받기 위해 기도할 때, 저는 성령을 꼭 받겠다는 뜨거운 소원을 갖지 않은 채 그저 기도만 했습니다. 기도를 하다가 응답이 없으면 "다음 기회에 성령을 받으면 되겠지" 라며 제자신을 위로하면서 기회를 자꾸 뒤로 미뤘습니다.

그러다가 목사 안수를 받고 반년이 지날 때의 일입니다. 목회가 힘이 들고 어려워서 기도하다가 성령 충만이 신앙생활에 얼마나 유익한가를 알고 난 뒤 비로소 성령을 받아야겠다는 갈급한 마음이 생겼습니다. 그래서 성령을 받겠다는 일념으로 성령 집회가 있는 곳에 찾아갔습니다. 그리고 얼마 지나지 않아서 성령으로 세례를 받고 성령으로 기도하면서 성령 충만을 받았습니다. 성령 충만을 받기 위해서는 먼저 성령을 받겠다는 뜨거운 마음의 소원과 단단한 결심을 해야 하는 것입니다.

셋째, 집회나 예배에 참석하여 뜨겁게 기도해야 합니다. 뜨겁게 성령으로 기도하지 않으면 성령 충만함을 받을 수가 없습니다. 예수님께서 승천하신 후 120명의 제자들이 마가의 다락방에 모여 성령 받기를 위해 오로지 기도에 힘을 썼습니다. "여자들과 예수의 어머니 마리아와 예수의 아우들과 더불어 마음을 같이하여 오로지 기도에 힘쓰더라"(행 1:14). 마음을 다하여 오로지 기도에 힘쓴 결과 저들은 모두다 성령의 충만을 받았습니다. "그들이 다 성령의 충만함을 받고 성령이 말하게 하심을 따라 다른 언어들로 말하기를 시작하니라"(행 2:4).

예수님의 가르침에도 성령은 구하는 자에게 아버지께서 주신다는 말씀을 하셨습니다. "너희가 악할지라도 좋은 것을 자식에게 줄 줄 알거든 하물며 너희 하늘 아버지께서 구하는 자에게 성령을 주시지 않겠느냐 하시니라"(눅 11:13).

성령 충만은 목회자라고 해서 거저 주시는 것이 아닙니다. 교회를 위해 애를 쓰고, 열심을 다해도 기도하며 구하지 않으면 받을 수 없는 것이 바로 성령의 충만 입니다.

성령 충만을 받으려면 기도해야 합니다. 우리 교회 집회에 참석하면 80분을 기도해야 합니다. 그런데 가끔 기도를 하지 못하는 분들이 오십니다. 그러면 제가 기도하는 방법을 알려드립니다. 순종하고 따라서 기도합니다. 그러면 금방 성령 충만을 받아 80분을 10분과 같이 쉽게 기도합니다. 기도를 어렵게 생각하면 안 됩니다. 숨을 들이쉬고 내쉬면서 주여! 하면 되는 것입니다.

계속 자신 안에 주인으로 계시는 성령하나님을 찾는 것입니다. 그러면 성령으로 충만해지는 것입니다. 좋은 말로 머리써서 장구하게 하려고 하니 기도가 어려운 것입니다. 그저 주여! 하면서 하나님을 찾아보시기를 바랍니다. 그러면 성령으로 충만해집니다. 성도들은 주일이 중요합니다. 저희 교회는 주일 오전에 40분기도합니다. 주일 오후에는 50분간 기도합니다. 이렇게 기도해야 성도들이 주중에 세상에서 성령 충만하게 지낼 수가 있기 때문입니다. 성도들이 항상 마음으로 기도한다고 하더라도 삶이 바쁘기 때문에 기도를 집중으로 하기는 곤란할 것입니다.

성령 충만한 목회나, 교회 부흥은 목회자의 하루 평균 기도 시간과 비례합니다. 만일 목회자의 기도 시간이 하루 2시간도 안 된다면 성령 충만한 목회는 애당초 생각을 말아야 합니다. 성경

가르치는 선생밖에 될 수가 없을 것입니다. 성령하나님의 생명을 전달하는 사람이 목회자입니다. 성도들이 성령으로 하나님의 생명을 전달 받아야 전도합니다. 전도는 성령의 권능으로 하는 것입니다. 전도하라고 말만 하시지 말고 성령으로 충만하도록 예배를 인도해야 할 것입니다.

목회자의 직무는 초대교회 사도들이 그랬던 것처럼 기도하는 일과 말씀 사역(행 6:4)에 힘쓰는 일입니다. 목회자가 기도하는 일과 말씀 사역을 제치고 다른 일에 바쁠 수는 없습니다. 초대교회가 "하나님의 말씀이 점점 왕성하여 예루살렘에 있는 제자의 수가 더 심히 많아지고 허다한 제사장의 무리도 이 도에 복종"(행 6:7)하게 된 이유는 오로지 기도하는 일과 말씀 사역에 힘을 쓰겠노라는 사도들의 결심 때문이었습니다.

뿐만 아니라 초대교회의 일곱 집사의 자격 조건은 "성령과 지혜가 충만하며 칭찬을 받는 사람"이었습니다. 초대교회의 집사의 자격 조건도 성령으로 충만한 사람이어야 했다면 목회자의 성령 충만은 두말할 것도 없습니다. 목회자는 앉으나 서나, 눕고 일어설 때나, 길을 가거나 설 때에도 마음으로 하나님께 기도하면서 성령의 충만을 사모해야 합니다. 길을 걸어가면서도 자신 안에 성령하나님을 찾으면서 마음으로 기도해야 합니다.

그리고 목회자는 예배나 집회 시작 1시간 전에는 반드시 등단하여 성령의 충만을 구해야 합니다. 예배 시작 1시간 전에 등단하여 '뜨겁게, 간절하게, 성령 충만하게' 기도를 해야 합니다. 목회자의 기도가 예배를 성령으로 충만하게 합니다.

예배 1시간 전에 등단하여 뜨겁게, 간절하게, 성령의 충만을 위해 기도를 드린다면 예배가 달라지고, 말씀이 달라지고, 성도들이 달라지고, 목회자 자신이 달라집니다. 그러므로 목회자는 반드시 예배 1시간 전에는 등단해서 기도하면서 성령의 충만을 구해야 합니다. 기도하지 않아 마른 풀같이 시들은 영혼으로 무엇을 할 수 있겠습니까?

하나님의 일은 육신이나 지식이나 직분으로 하는 것이 아니라 자신 안에 주인으로 계시는 하나님께서 공급하시는 힘으로 하는 것입니다. "누가 봉사하려면 하나님이 공급하시는 힘으로 하는 것 같이 하라"(벧전 4:11). "사탄이 너희를 밀 까부르듯 하려고 요구"(눅 22:31)하는 이때에 "한 시간도 이렇게 깨어 있을 수 없더냐"(마 26:40)라는 예수님의 안타까운 소리가 들리지 않는다면, 아직은 내 양을 먹일 수 있는 자격이 주어진 것이 아닙니다.

성도들 또한 성령에 취하지 아니하면, 세상의 온갖 죄악과 어두운 세력들의 영향과 지배를 받게 될 것입니다. 기도보다 성령의 충만함 보다 세상이 더 그립다면, 세상 것이 힘이 되고 돈이 힘이 되며 세상 낙이 더 흥겹다면, 하나님의 영이 아니라 세상의 영에 사로잡힌 것입니다.

그러므로 이제라도 깨어 기도해야 합니다. 깨어 성령을 구해야 합니다. 우리의 대적 원수 마귀가 우는 사자 같이 두루 다니며 삼킬 자를 찾는 이때에 성령으로 충만하지 아니하면 원수 마귀는 기회를 놓치지 아니하고 우리를 삼키고야 말 것입니다.

성령의 충만을 구하십시오. 성령의 삶을 사십시오. 성령님 안에서 사십시오. 성령 충만한 목회를 하십시오. 성령 충만한 설교를 하십시오. 성도는 하루 2시간 이상, 목회자는 하루 3시간 이상이면 족할 것입니다. 특별한 기도 장소에서 기도를 하려고 하니 어려운 것입니다. 기도는 아무 곳에서나 할 수가 있습니다. "너희는 너희가 하나님의 성전인 것과 하나님의 성령이 너희 안에 계시는 것을 알지 못하느냐"(고전 3:16).

넷째, 성령으로 세례를 받아야 합니다. 성령으로 충만한 삶을 살아가려면 먼저 성령으로 세례를 받아야 합니다. 성도들은 물세례 받는 것으로 만족하면 안 됩니다. 반드시 성령으로 세례를 받아야 합니다. 그래야 잠재의식이 정리되기 때문에 영적을 깊어져서 진리이신 예수님을 따라갈 수가 있습니다. 교회는 성도들을 성령으로 세례를 받게 하는 곳입니다. 성령세례는 성령세례 받은 사람(담임목사)을 통하여 전이 됩니다.

필자는 성령세례에는 관념적인 성령세례와 체험적이고 실제적인 성령세례가 있다고 생각합니다. 예수를 믿을 때에 성령님께서 믿게 하셨기 때문에 믿을 때 성령세례를 받았다고 하는 것은 관념적인 성령세례입니다. 우리는 체험적이고 실제적인 성령세례를 받아야 합니다. 예수님을 믿을 때 우리 안에 오신 성령께서 전인격을 장악하시는 것을 실제적 체험적인 성령세례라고 하는 것입니다.

성령세례를 받은 사람은 자기가 성령세례를 받았다는 것을 압니다. 전인격으로 성령세례 받은 것을 느낄 수 있기 때문입니다.

다른 사람도 자신이 성령으로 세례를 받는 것을 볼 수가 있습니다. 성령세례는 우리가 의식할 수 있는 의식적 체험입니다. 성령세례를 몸으로 느낍니다. 성령으로 세례를 받고 나면 기도가 성령으로 됩니다. 말씀이 깨달아 집니다. 개인과 가문에 하나님의 축복이 임합니다. 일상에서 참 평안을 체험하면서 살아갑니다.

오순절 성령강림이 있을 때 성령이 제자들 각 사람 위에 임하였습니다. 그리고 제자들은 나가서 복음을 증언하기 시작했습니다. 제자들에게 '여러분들은 언제 성령세례를 받았습니까?' 라고 물으면 '오순절입니다' 라고 분명히 대답할 것입니다. 사도바울이 갈라디아교회에 편지를 씁니다. "너희가 성령을 받은 것이 율법의 행위로냐 혹은 듣고 믿음으로냐?"(갈 3:2). 사도 바울이 이 질문을 하는 것은 갈라디아교회가 성령 받은 것을 알고 있었다는 것입니다.

성령세례는 예수를 믿을 때 영 안에 임재하신 성령께서 순간 전인격을 장악하는 것입니다. 성령으로 세례를 받을 때 하나님의 영광과 그분의 존재의 실상을 전인격이 자각하는 것을 의미합니다. 살아계신 성령의 역사를 몸으로 느끼고 눈으로 볼 수 있는 현상이 일어나는 것입니다. 물론 다른 사람도 자신이 성령으로 세례를 받는 것을 눈으로 볼 수가 있는 것입니다. 그래서 성령세례 받은 사람들은 이렇게 말합니다. "(벧전 1:8)예수를 너희가 보지 못하였으나 사랑하는 도다. 이제도 보지 못하나 믿고 말할 수 없는 영광스러운 즐거움으로 기뻐하니" 교회는 성도들이 성령으로 세례 받아 권능 있는 삶을 살게 하는 곳입니다. 성령으로 세례를 받아야 성도가 진정한 하늘의 사람으로 변화되기 시작합니다. 성령세례는 참으로 중요한 체험입니다. 성령으로 세례를 체험하지 않으면 성령으로 충만할 수가 없습니다.

다섯째, 집회나 예배에 참석하여 성령으로 충만한 사람에게 안수를 받아야 합니다. 안수기도는 성령으로 세례를 받고 성령의 불로 충만 받고 지배와 장악을 받도록 하는 희한한 도구입니다. 안수기도로 성령의 세례를 받을 수가 있습니다. 성령으로 충만 받을 수가 있습니다.

베드로와 요한이 사마리아인들에게 안수하자 성령이 임했습니다(행 8:17). 아나니아가 바울에게 안수하자 바울이 성령 충만을 받았습니다(행 9:17). 바울이 에베소 교인들에게 안수하자 성령이 임하셨습니다(행 19:6). 이처럼 안수는 성령의 선물을 받는 도구 역할을 합니다(행 8:18).

그렇기 때문에 성령이 역사하는 집회나 예배 때에 성령으로 충만한 목회자에게 안수를 받을 때 성령으로 충만을 받을 수가 있습니다. 성령으로 충만함을 받기 원하는 목회자와 성도들은 안수를 받는 것이 좋습니다. 안수는 아무에게나 받는 것이 아니고 공인된 목회자에게 받아야 한다는 것입니다.

공인되지 못한 사람들에게 안수를 받을 때 안수하는 사람에게 역사하는 더러운 것들이 타고 들어올 수도 있기 때문입니다. 특별하게 안수는 성령 충만을 받는 도구임은 사실입니다. 성령 충만을 사모하시는 분은 가까운 성령 집회에 참석하여 성령 충만한 목회자로부터 안수를 받기를 바랍니다.

필자도 성령이 역사하는 집회에 참석하여 목회자로부터 성령 충만을 받았습니다. 그러나 본인이 기도하지 않으면 아무리 성령의 능력이 역사하는 목회자에게 안수를 받아도 성령 충만을 받을 수가 없습니다. 그러므로 본인이 뜨겁게 기도하는 것이 중요합니다.

여섯째, 날마다 오직 성령으로 충만하려면 어떻게 해야 합니까? 성령을 새롭게 받으려고 하지 말고 성령님이 내 속에 계심을 믿으시기 바랍니다. 고린도전서 12장 3절에서 "그러므로 내가 너희에게 알리노니 하나님의 영으로 말하는 자는 누구든지 '예수를 저주할 자라' 하지 아니하고 또 성령으로 아니하고는 누구든지 '예수를 주시라' 할 수 없느니라." 라고 했습니다. 성령님이 내 안에 들어오셔서 예수님을 믿게 하셨습니다. 예수님을 믿는 사람은 하나님의 영이신 성령이 함께하는 사람입니다.

내 안에 성령님이 계심을 믿으시기 바랍니다. 그리고 성령 충만을 구하시기 바랍니다. 충만이라는 말은 컵에 물을 부어서 넘치는 상태를 충만이라고 합니다. 성령 충만이라고 함은 성령이 내 속에서 가득한 상태를 말합니다. 성령의 지배와 장악을 받는 상태를 말합니다.

성령으로 충만하기를 구하시기 바랍니다. 누가복음 11장 13절에 "너희가 악할지라도 좋은 것을 자식에게 줄 줄 알거든 하물며 너희 하늘 아버지께서 구하는 자에게 성령을 주시지 않겠느냐 하시니라"(눅 11:13)고 했습니다. 성령 충만을 구하면 주십니다. 성령충만을 위하여 기도해야 합니다.

성령님이 깨닫게 하시는 대로 회개해야 합니다. 사도행전 2:38 베드로가 대답하였습니다. "회개하십시오. 그리고 여러분 각 사람은 예수 그리스도의 이름으로 세례를 받고, 죄 용서를 받으십시오. 그리하면 성령을 선물로 받을 것입니다."

오직 성령으로 충만한 사람이 되라는 말씀은 내 속에 예수님이 충만한 사람입니다. 성령으로 충만한 것은 우리들의 중심에 예수님이 충만한 상태입니다. 그리고 성령으로 충만한 것은 하나님의 말씀으로 충만한 것입니다. 성경 말씀이 우리 중심에 충만하기 바랍니다. 하나님의 말씀인 성경을 읽고 듣고 입과 몸으로 하나님의 말씀을 나타내는 것이 성령으로 충만한 것입니다. 성령충만은 성령으로 기도하고 성령으로 말씀을 깨닫는 것입니다.

또한, 성령으로 충만한 것은 삶이 깨끗한 삶을 살아갑니다. 사람은 다 죄인이기에 죄와 허물이 있습니다. 용서받은 그리스도인이라 할지라도 죄성이 남아 있어서 나도 모르는 사이에 죄를 짓습니다. 그렇지만 오직 성령으로 충만한 사람은 깨끗하게 살려고 힘을 씁니다.

결론입니다. 성령으로 충만한 그리스도인이 되시기 바랍니다. 우리 모두 성령으로 충만한 생활로 기쁜 마음으로 찬양을 부르며, 범사에 감사하면서, 겸손한 모습으로 주님의 형상을 닮아가는 성도가 됩시다. 그래야 개인과 가문이 하나님의 축복 속에서 살아갈 수가 있습니다.

12장 가계에 역사하는 저주 영을 무시해서

(출 34:7)"인자를 천대까지 베풀며 악과 과실과 죄를
용서하리라 그러나 벌을 면제하지는 아니하고 아버지의
악행을 자손 삼사 대까지 보응하리라"

하나님은 저주하는 하나님이 아니고 복을 주시는 사랑의 하나
님이십니다. 그러므로 우리 가문에 대대로 흐르는 영육의 문제
는 하나님이 하신 것이 아닙니다. 하나님과 사람 사이에 틈이 생
길 때 마귀가 들어와 저주한 것입니다. 절대로 하나님이 저주 하
신 것이 아닙니다.

가문에 대물림된 마귀의 역사 곧 죄성이 있다고 판단될 때 그
래서 현재 나에게 문제가 있다고 판단될 때, 구체적으로 그것을
차단하고, 하나님의 말씀에서 약속하시는 하나님의 자녀의 권세
를 회복하고, 복을 누리는 가운데 하나님의 소원인 복의 통로로
서 삶을 살아야 하나님 나라를 확장할 수가 있지 않겠습니까? 우
리 모두 방심하지 마시고 성령의 지배하에 대물림을 찾아서 끊
어내고 저주하던 귀신들을 축귀하여 하나님의 영광의 도구가 되
시기를 바랍니다. 하나님에게 쓰임을 받으시기를 바랍니다.

필자가 이런 체험을 한 일이 있었습니다. 성령 체험을 함과 동
시에 성령치유 사역을 한창 하던 때에 낮에 사모와 함께 기도하
고 있는데 갑자기 성령께서 "혈통으로 대물림 되어서 너의 목회
를 방해하고 가난하게 하는 귀신을 몰아내라!" 라고 하시는 것

입니다. 그래서 저는 "예수 이름으로 명하노니 나의 목회를 방해하고 가난하게 하는 더러운 귀신은 예수 이름으로 명하노니 물러갈지어다" 하고 세 번을 명령 하였습니다. 그랬더니 막 하품이 나오기를 한 20여 차례 나오면서 더러운 귀신들이 떠나가는 것이었습니다. 그러기를 한참 하더니 곧이어 아랫배가 뒤틀리고 아프면서 귀신들이 떠나갔습니다.

그 전까지만 해도 필자의 교회에서 강력한 성령의 불의 역사가 일어나는 가운데 성도들을 붙잡고 기도하며 내적치유를 하고 귀신들을 축사하고 병을 고쳐도 저를 괴롭히고 목회를 방해하며 가난하게 하던 귀신들은 떠나가지 않았던 것입니다.

이런 적극적인 성령의 역사를 일으키고 권세를 주장한 이후부터 교회재정이 풀리고 사택도 교회 밖으로 나가는 역사가 일어났습니다. 그렇기 때문에 예수를 믿고 성령으로 세례를 받고 성령충만한 믿음생활을 하면서 한 번은 자신의 가문의 혈통의 문제를 진리의 말씀과 성령으로 찾아서 처리하는 것이 가문이 축복을 받으면서 살아가는 지름길이 될 수가 있다는 것입니다.

필자가 하는 말은 한 번 정도는 자신의 혈통을 성령으로 감찰하며 정리하는 시간을 갖는 것이 가문이 축복 속에서 살아가는 열쇠가 될 수가 있다는 것입니다. 시도 때도 없이 가문에 흐르는 저주를 끊어야 된다는 것이 아닙니다. 절대로 오해가 없으시기를 바랍니다. 하나님은 현실 문제를 하나님의 방법으로 해결하게 하시면서 영적으로 바꾸시고 믿음을 키우십니다. 그리고 근본문제가 풀리면서 전인적인 복을 받는 것이 눈으로 보이는 체

힘을 할 수가 있습니다.

하나님은 분명하게 불러서 훈련하여 순종하는 사람을 축복하시는 분입니다. "그러므로 믿음으로 말미암은 자는 믿음이 있는 아브라함과 함께 복을 받느니라(갈 3:9)" 예수를 믿는 성도가 질병에 시달리고, 사업이 안 되고, 가난으로 고통을 당하고 가정에 불화가 있는 것은 다 이유가 있습니다. 성경에 이유 없는 저주는 없다고 했습니다. "까닭 없는 저주는 참새가 떠도는 것과 제비가 날아가는 것 같이 이루어지지 아니하느니라(잠 26:2)" 목회자가 목회가 안 되고, 마음의 병으로 고생하는 것은 다 이유가 있습니다. 마귀 역사에 의한 저주를 찾아 말씀과 성령의 역사로 마귀 역사를 끊고, 귀신을 축사하고, 이 땅에서도 심령 천국을 이루면서 사시기를 바랍니다.

첫째, 성령의 지배가운데 악한 영들을 구체적으로 몰아내야 한다. 바르게 알아야 할 것은 가계에 역사하면서 저주하는 세력은 사람보다 강한 초인적인 영적인 존재입니다. 보이지는 않지만 살아 역사하는 존재입니다. 반드시 성령의 역사가 자신 안에서 일어나야 성령의 역사로 저주의 영들이 밀려서 쫓겨나가는 것입니다. 그러므로 말로 기도문을 외운다고, 물병을 두드리면서 감정을 푼다고 귀신들이 떠나가지를 않습니다. 반드시 성령의 역사가 자신 안에서 강력하게 일어나야 가계에 살아서 역사하면서 저주하던 귀신들이 물러가는 것입니다.

그래서 기도는 성령으로 내면의 기도를 해야 합니다. 목으로 생각하여 머리써서 하는 기도는 성령의 역사가 일어나지 않습니다. 배꼽 아래에 의식을 두고 호흡을 들이쉬고 내쉬면서 마음으로 예수님을 찾으면서 기도하는 것입니다. 성령의 역사가 자신을 장악하면 떠오르는 생각들을 통하여 대적하며 기도하는 것입니다.

아래에 다수의 내용들을 빠뜨리지 않게 하기 위하여 가능성이 있는 것을 모두 망라하여 기록합니다. 자만하시지 말고 반드시 한두 번은 점검해 보아야 합니다. 자신에게 해당하는 것들을 찾아서 대물림된 악한 영들을 성령의 권능으로 축사하시기를 바랍니다. 원인이 없는 문제는 없습니다. 꼭 문제가 있으면 말씀과 성령으로 찾고 분별하여 원인을 제거하시기를 바랍니다. 성령으로 기도하는 가운데 영의상태에서 마음으로 명령을 하시기를 바랍니다. 소리만 지른다고 귀신이 떠나가는 것이 절대로 아닙니다. 성령의 임재가운데 마음으로 명령하는 기도에 귀신들이 물러가는 것입니다. 성령의 임재가 가장 중요합니다. 육적이거나 혼적인 상태에서는 가계에 역사하는 귀신들이 떠나가지 않습니다.

자신의 가문에 직접적으로 영향을 미치는 영들에게 성령으로 충만한 가운데 영으로 명령하는 것입니다. 소리는 크지 않아도 됩니다. 성령의 임재가운데 마음으로 명령하면 됩니다. 의지를 가지고 지속해야 합니다. 영의 상태에서 귀신들이 떠나감으로 예수님의 이름으로 지속하는 것이 중요합니다.

○ "나의 가문을 통해 침입한 악한 영들과 그들의 모든 활동을 예수 이름으로 대적하노라."

○ "나는 현재와 과거에 우리 집안 식구들이 특히 미신, 잡신, 우상숭배를 통해 맹세하고 서약한 모든 것을 예수의 이름으로 파기하노라. 절과 무당과 이방신과 맺은 모든 계약관계는 예수 이름으로 파기될지어다."

○ "우리 가문이 다른 가문들을 지배하거나 망하게 하려고 걸어 놓았던 모든 마법, 저주, 주문, 마술을 주 예수 그리스도의 이름으로 차단하고 무효임을 선포하노라."

○ "다른 가문이 우리 가문을 지배하거나 망하게 하려고 걸어 놓은 모든 마법, 저주, 주문, 마술을 주 예수 그리스도의 이름으로 차단하고 무효임을 선포하고 축복으로 바꾸노라."

○ "이제, 아버지의 혈통을 통해 들어온 대물림의 악한 영들과 어머니의 혈통을 통해 들어온 대물림의 악한 영들은 내가 예수 이름으로 명하노니 우리 가문에서 영원히 떠나갈지어다."

○ "아버지와 어머니의 혈통을 통해 침입한 악한 영들은 내가 예수 이름으로 명하노니 성령의 줄로 묶여서 예수 그리스도가 예비한 장소로 떠나갈지어다."

○ "폭음, 폭력, 배척, 교만, 반항, 거역, 분노, 분리, 두려움, 호색 및 성도착, 마술, 가난, 궁핍, 부채, 파산, 이혼, 이별, 이간질, 불화, 우울증, 비관, 고독, 방랑벽, 한 및 슬픔, 학대와 중독의 영들을 예수 그리스도의 이름으로 명하노니 떠나갈지어다."

○ "유전병, 정신 이상, 광기, 암, 당뇨병, 고혈압, 정신분열 등 질병을 가져온 모든 영들을 예수 그리스도의 이름으로 명하노니 떠나갈지어다."

○ "이미 나간 영들, 우리 가문을 공격하기 위해 지정된 모든 영들은 우리 가정에 들어오지 말지어다. 가문에 역사하던 악한 귀신들은 예수 이름으로 명하노니 떠나갈지어다."

○ "조상과 내가 예수를 믿지 않을 때 산에서 고사 지낼 때 들어온 귀신, 바다에서 고사 지낼 때 들어온 귀신, 기우제 지낼 때 들어온 귀신 등 주님 이외의 우상을 숭배한 죄를 통해 들어온 귀신은 예수 이름으로 명하노니 떠나갈지어다."

○ "미신 행위를 한 죄를 통해 들어온 가문에 대물림된 귀신은 예수 이름으로 명하노니 떠나갈지어다."

○ "권세를 위하여 동족이나 혈족을 살해한 죄를 통해 들어온 대물림의 귀신은 예수 이름으로 명하노니 떠나갈지어다."

○ "많은 처첩을 거느림으로 쌓은 음욕의 죄를 통해 들어온 귀신은 예수 이름으로 명하노니 떠나갈지어다."

○ "권력을 이용하여 남의 것을 착취하고 억울하게 한 죄를 통해 들어온 귀신은 예수 이름으로 명하노니 떠나갈지어다."

○ "자살한 조상들의 죄를 통해 들어온 자살 귀신은 예수 이름으로 명하노니 떠나갈지어다."

○ "이기심으로 부모나 동기간을 외면한 죄를 통해 들어온 귀신은 예수 이름으로 명하노니 떠나갈지어다."

○ "남을 억울하게 죽게 한 죄를 통해 들어온 귀신은 예수 이름으로 명하노니 떠나갈지어다."

○ "서류를 위조하여 남의 토지를 빼앗은 죄를 통해 들어온 귀신은 예수 이름으로 명하노니 떠나갈지어다."

○ "과음과 주벽의 습관이 있었던 조상의 죄를 통해 들어온 귀신은 예수 이름으로 명하노니 떠나갈지어다."

○ "도박으로 인하여 가산을 탕진한 죄를 통해 들어온 귀신은 예수 이름으로 명하노니 떠나갈지어다."

○ "폭력으로 남을 괴롭힌 조상의 죄를 통해 들어온 귀신은 예수 이름으로 명하노니 떠나갈지어다."

○ "폭언으로 다른 사람의 마음을 아프게 한 죄를 통해 들어온 귀신은 예수 이름으로 명하노니 떠나갈지어다."

○ "게으름으로 남에게 물질적, 시간적으로 해를 끼친 조상의 죄를 통해 들어온 귀신은 예수 이름으로 명하노니 떠나갈지어다."

○ "습관적 거짓말을 한 죄를 통해 들어온 귀신은 예수 이름으로 명하노니 떠나갈지어다."

○ "낭비벽과 사치와 허영으로 인한 죄를 통해 들어온 귀신은 예수 이름으로 명하노니 떠나갈지어다."

○ "고부간의 갈등으로 불화한 죄를 통해 들어온 귀신은 예수 이름으로 명하노니 떠나갈지어다."

○ "남을 모함하고 이간질 한 죄를 통해 들어온 귀신은 예수 이름으로 명하노니 떠나갈지어다."

○ "남편이나 아내를 버리고 자식을 버린 죄를 통해 들어온 귀신은 예수 이름으로 명하노니 떠나갈지어다."

○ "재물, 학식, 미모, 권력을 통하여 교만을 쌓은 죄를 통해 들어온 귀신은 예수 이름으로 명하노니 떠나갈지어다."

○ "열등감으로 자포자기했거나 실망한 죄를 통해 들어온 귀

신은 예수 이름으로 명하노니 떠나갈지어다.”

○ “남을 업신여기고 천대한 죄를 통해 들어온 귀신은 예수 이름으로 명하노니 떠나갈지어다.”

○ “탐욕과 인색 했던 죄를 통해 들어온 귀신은 예수 이름으로 명하노니 떠나갈지어다.”

○ “옹고집 속에 살아온 죄를 통해 들어온 귀신은 예수 이름으로 명하노니 떠나갈지어다.”

○ “유흥에 빠졌던 죄를 통해 들어온 귀신은 예수 이름으로 명하노니 떠나갈지어다.”

○ “음담패설을 즐긴 죄를 통해 들어온 귀신은 예수 이름으로 명하노니 떠나갈지어다.”

○ “낙태한 죄를 통해 들어온 귀신은 예수 이름으로 명하노니 떠나갈지어다.”

○ “지나친 농담으로 말이 진실하지 않았던 죄를 통해 들어온 귀신은 예수 이름으로 명하노니 떠나갈지어다.”

○ “무위도식하며 살아온 조상의 죄를 통해 들어온 귀신은 예수 이름으로 명하노니 떠나갈지어다.”

둘째, 저주하던 악한 영들이 떠나간 곳을 말씀과 성령으로 채워야한다. 악한 영들을 떠나보내기 위한 기도만 할 것이 아닙니다. 이제 떠나보내고 말씀과 성령으로 채워야 합니다. 성령으로 기도해야 합니다. 영과 진리로 예배를 드려야 합니다. 자신은 걸어 다니는 성전이라는 의식을 가지고 자신 안에 임재하신 하나님께 기도해야 합니다. 반드시 마태복음 12장 43-45절 말씀을 바르게 이해하고 자신의 심령관리를 해야 합니다.

"더러운 귀신이 사람에게서 나갔을 때에 물 없는 곳으로 다니며 쉬기를 구하되 쉴 곳을 얻지 못하고 이에 이르되 내가 나온 내 집으로 돌아가리라 하고 와 보니 그 집이 비고 청소되고 수리되었거늘 이에 가서 저보다 더 악한 귀신 일곱을 데리고 들어가서 거하니 그 사람의 나중 형편이 전보다 더욱 심하게 되느니라. 이 악한 세대가 또한 이렇게 되리라"(마 12:43-45). 말로만이 아니고 실제적인 살아계시는 성령의 권능을 마음 안에 채워야 합니다. 교회 생활이 중요함으로 가계의 저주로 고통을 당하는 성도는 성령의 역사가 강한 영적인 교회에 다니는 것도 좋습니다.

○ "나는 믿음을 실천하며 또 입으로 시인하여 구원에 이름을 알고 있다. 그러므로 나는 아브라함의 복이 나의 것임을 시인한다. 나는 저주 아래 있지 않고 복을 받았다(창 12:2)."

○ "나는 들어와도 복을 받고 나가도 복을 받는다. 또 하나님께서 앞으로 더욱 복 주실 것이다(신 28:6)."

○ "하나님 아버지, 제 인생에 작용했던 모든 저주에서 저와 가족을 자유하게 해 주심을 믿고 감사드립니다."

○ "예수의 이름으로 나에게 물질의 영(순종의 영, 존귀의 영, 축복의 영, 회복의 영)이 역사할지어다. 이제 우리 가정과 교회와 사업장에 재정적 기적이 일어날지어다. 재정적으로 복 주심을 감사드리며 하나님께 영광 돌립니다."

○ "예수 이름으로 (나)에게 생명력 있는 믿음이 있음을 선포

한다. 나에게 생명력 있는 믿음이 생겨날지어다."

○ "예수 이름으로 우리 집은 믿음 있는 가정으로 주의 사랑, 평안, 기쁨, 복이 넘치며 생명과 건강과 명예를 보장받는 가정이 될지어다."

○ "예수 이름으로 나의 자녀들은 믿음이 충만하여 하나님의 영광을 위해 살며, 자녀들의 소원이 주님의 소원되어 앞 길이 가문 대대로 열릴지어다."

○ "예수 이름으로 내가 만나는 사람마다 물질을 얻을 수 있는 능력이 생산될지어다. 복의 통로가 될지어다."

○ "주님, 내 입술에, 내 손에, 내 얼굴에, 내 생각 속에 성령의 기름을 부으소서! 영안이 밝아져서 하나님을 대면하게 하소서"

○ "주님! 모든 이들이 나의 얼굴을 볼 때 주님의 형상으로 보이게 하옵소서. 하나님의 말씀을 선포할 때 하나님의 살아역사하심이 증명되게 하소서"

○ "예수 이름으로 나의 혈관에 순환하는 썩은 피는 예수님의 생명의 피로 수혈될지어다."

○ "예수 이름으로 나의 기억, 생각, 마음, 의식, 무의식, 감정, 의지, 습관, 오장육부 속에 있는 더럽고 세상적인 것은 다 제거되고 예수님의 것으로 채워질지어다. 내 마음에 파수꾼이 세워질지어다. 이 모든 말씀 예수님의 이름으로 기도합니다. 아멘!"

다른 상세한 가계의 저주를 끊는 방법은 "가계의 고통을 끊고 축복받는 비결" 과 "가계 저주와 영원히 이별하는 길" "대적기도로 문제 해결하는 비밀"책을 활용하시기를 바랍니다.

3부 가계가 축복받는 선포기도 비결

13장 자녀들의 형통과 축복을 위한 선포기도

(엡 6:4)"또 아비들아 너희 자녀를 노엽게 하지 말고
오직 주의 교훈과 훈계로 양육하라"

1. 태중상처 치유 위한 선포기도. 필자가 지금까지 성령치유 사역을 하다가 보니 태중에서의 상처로 인하여 고통을 당하는 분들이 많습니다. 태중의 상처가 평소에는 잠복하여 있다가 스트레스를 받으면 고개를 들고 나와서 영육으로 문제를 일으킵니다. 기독교 신앙은 예방 신앙이어야 합니다. 어린 시절에 치유를 해버리면 자라면서 불필요한 고통을 당하지 않는 다는 것입니다. 예수를 믿는 분들이 당하는 고통은 어떻게 보면 영적으로 무지하고 깨닫지 못하고 안일하게 대처해서 당하는 경우가 많습니다. 태중의 상처를 어린 시절에 치유를 받으면 영육 간에 강건하게 지낼 수 있습니다. 치유하는 방법은 간단합니다. 부모가 자주 안수를 하면 됩니다. 아니면 성령 충만한 목사님에게 안수기도를 받으면 태중에서 받은 상처가 성령의 권능으로 서서히 없어집니다.

저는 어린 아이들을 대상으로 안수를 잘 합니다. 어린 아이들이 안수를 받으면 첫째로 건강하게 자랍니다. 둘째로 지혜로워집니다. 셋째로 부모도 모르게 혈통으로 내려오는 영적인 문제

가 치유되어 영이 맑아집니다. 넷째로 상처와 질병이 치유가 됩니다. 상처와 영적인 문제는 어릴 적에 치유 받는 것이 제일로 좋은 방법입니다.

선포하며 치유기도는 이렇게 하면 됩니다. 아이를 앉고 머리에 손을 얹어서 기도를 합니다. 자그마한 소리로 기도를 합니다. 어머니가 해도 됩니다. 아버지가 해도 좋습니다. 성령님 임하소서. 사로잡아 주옵소서. 우리 사랑하는 아이를 축복하여 주옵소서. 하나님의 은혜로 태어나게 하신 하나님 감사합니다. 우리 아이가 강건하게 하옵소서. 지혜로운 아이가 되게 하여 주옵소서. 세상 세파를 이기는 강함을 허락하여 주옵소서. 사람을 잘 만나는 복을 허락하여 주옵소서. 형통의 복이 함께하여 가는 곳마다 잘되게 하옵소서.

"내가 나사렛 예수의 이름으로 명하노니 태중에서 들어온 상처는 치유될 지어다. 태중에서 혈통을 타고 들어온 악한 세력은 떠나갈 지어다. 대물림되는 질병의 영은 떠나갈 지어다. 지혜로워질지어다. 강건하여 질지어다. 부모에게 순종 잘하는 아이가 될지어다. 사람 잘 만나는 축복이 임할 지어다." 예수님의 이름으로 기도합니다. 아멘. 지속적으로 안수를 하세요. 어릴 때부터 영적체질이 되어서 아주 좋습니다.

2. 순종하는 자녀 되는 축복 선포기도. 하나님은 부모에게 순종 잘하는 아이를 선택하여 사용하십니다. 이는 성경을 보면 잘 알 수가 있습니다. 이삭이 부모에게 순종을 잘했습니다. 야곱도

사기꾼기질이 있었지만 어머니 말에 순종을 잘했습니다. 요셉도 아버지에게 순종을 잘했습니다. 다윗도 부모에게 순종을 잘했습니다. 사무엘도 부모에게 순종을 잘했습니다. 반면에 삼손은 부모 말에 순종을 하지 않았습니다.

하나님은 부모에게 순종 잘하는 사람을 택하여 사용하십니다. 많은 분들이 어린 아이들에 대한 하나님의 뜻을 알려고 합니다. 아이들이 할 일은 하나님의 뜻을 구하는 것이 아닙니다. 현실에서 하나님에게 예배를 잘 드리면서 성령 충만하게 지내는 것입니다. 자기에게 주어진 공부를 열심히 하는 것입니다. 그리고 부모님의 말씀에 순종하는 것입니다. 그렇게 열심히 지내다가 보면 자신에게 유난하게 잘하는 것이 있습니다. 또 자신이 하고 싶은 충동이 강하게 일어나는 분야가 있습니다. 그것이 자녀가 앞으로 인생을 살아가면서 해야 하는 하나님의 뜻입니다. 이는 요셉을 보면 알 수가 있습니다. 요셉은 꿈으로 하나님의 뜻을 알려주었습니다. 결국 꿈으로 인하여 애굽의 국무총리가 되었습니다. 다윗은 양을 잘 돌보고 악기를 잘 다루며 물맷돌을 잘 던지는 것이었습니다. 부모 말에 순종을 잘하는 것이었습니다. 결국 그것을 통하여 이스라엘의 임금까지 되었습니다. 그러기 때문에 아이들은 어려서부터 하나님의 뜻을 알려고 하는 것은 무리입니다. 그렇다고 공부를 못해서 좋은 대학에 못가니 너는 목회자가 되기 위하여 신학교를 가라, 이것은 절대로 안 될 일입니다. 반드시 하나님의 뜻에 합해야 하고 본인 또한 사명을 받아야 합니다.

아이들이 순종 잘하는 자녀가 되도록 선포기도를 하시기를 바랍니다. 선포기도는 이렇게 하시기를 바랍니다. 아이를 앉고 머리에 손을 얹어서 기도를 합니다. 자그마한 소리로 기도를 합니다. 어머니가 해도 됩니다. 아버지가 해도 좋습니다.

성령님 임하소서. 사로잡아 주옵소서. 우리 사랑하는 아이를 축복하여 주옵소서. 하나님의 은혜로 태어나게 하신 하나님 감사합니다. 우리 아이가 강건하게 하옵소서. 지혜로운 아이가 되게 하여 주옵소서. 세상 세파를 이기는 강함을 허락하여 주옵소서.

특별히 부모 말에 순종 잘하는 아이가 되게 하여 주옵소서, 요셉과 같이 부모에게 순종을 잘하는 아이가 되게 하여 주옵소서. 어려서 부모에게 순종하는 습관을 들여서 어른이 되어 하나님에게 순종하여 쓰임 받게 하옵소서. 사람을 잘 만나는 복을 허락하여 주옵소서. 형통의 복이 함께하여 가는 곳마다 잘되게 하옵소서. "내가 나사렛 예수의 이름으로 명하노니 우리 아이에게 순종의 영이 임할지어다. 요셉과 같이 순종 잘하는 아이가 될지어다. 예수 이름으로 명하노니 아이에게 역사하는 불순종의 영은 떠나갈지어다. 불순종의 영은 떠나갈지어다. 마음에 상처는 치유될 지어다. 심령이 옥토가 될지어다. 심성이 착한 아이가 될지어다. 하나님의 말씀에 순종 잘하는 아이가 될지어다. 형통의 복이 임할 지어다. 지혜로워질지어다. 영육으로 강건하여 질지어다. 사람 잘 만나는 축복이 임할 지어다." 예수님의 이름으로 기도합니다. 아멘. 지속적으로 안수를 하세요. 어릴 때부터 영적

체질이 되어서 아주 좋습니다.

3. 지혜로운 자녀 되는 축복 선포기도. 아이들이 성령으로 충만하면 지혜로워집니다. 어려서부터 안수를 받아 마음에 상처와 혈통으로 대물림되는 문제가 치유되면 지혜로워집니다. 성령으로 충만하면 마음이 안정이 되기 때문에 공부를 잘합니다. 아이들이 상처가 있으면 산만하고 집중하지 못하므로 공부를 하지 못합니다. 어려서 안수를 자주 함으로 산만하게 하는 상처가 떠나가니 아이가 안정을 찾는 것입니다. 많은 부모님들이 아이가 산만하다고 걱정을 합니다. 이는 걱정한다고 해결될 문제가 아닙니다. 이미 태중에서부터 상처를 받아 심신이 안정되지 못한 연고입니다. 제가 지금까지 성령치유 사역을 하면서 체험한 바로는 태중에서 상처를 받은 아이들이 산만했습니다. 반드시 하나님의 역사가 일어나야 산만한 것들이 치유가 됩니다. 그래서 어려서부터 안수를 받는 것입니다. 부모님이 안수를 하는 것입니다. 이것이 최고의 치유방법입니다. 선포기도는 이렇게 하시기를 바랍니다. 아이를 안고 머리에 손을 얹어서 선포기도를 합니다. 자그마한 소리로 기도를 합니다. 어머니가 해도 됩니다. 아버지가 해도 좋습니다. 성령이 충만한 목사님이면 더욱 좋습니다. 그런데 큰 교회 목사님들이 아이까지 안수 기도할 수가 없습니다. 그러나 작은 교회 목사님은 할 수가 있습니다. 성령님 임하소서. 사로잡아 주옵소서. 우리 사랑하는 아이를 축복하여 주옵소서. 하나님의 은혜로 이 세상에 태어나게 하신 하나님 감

사합니다. 우리 아이가 강건하게 하옵소서. 안정한 심령이 되게 하여 주옵소서. 집중하고 몰입을 잘하게 하여 주옵소서. 사람을 잘 만나는 복을 허락하여 주옵소서. 형통의 복이 함께하여 가는 곳마다 잘되게 하옵소서. "내가 나사렛 예수의 이름으로 명하노니 아이에게 집중하고 몰입을 잘하는 영이 임할지어다. 아이에게 역사하는 산만하게 하는 영은 떠나갈지어다. 태중에서 받은 상처는 치유될 지어다. 산만하게 하는 영은 떠나갈지어다. 안정한 심령이 될지어다. 혈통의 대물림은 끊어질지어다. 심령이 옥토가 될지어다. 심성이 착한 아이가 될지어다. 형통의 복이 임할 지어다. 지혜로워질지어다. 영육으로 강건하여 질지어다. 사람 잘 만나는 축복이 임할 지어다." 예수님의 이름으로 기도합니다. 아멘. 지속적으로 안수를 하세요. 어릴 때부터 영적체질이 되어서 아주 좋습니다.

4. 강건한 자녀 되는 축복 선포기도. 하나님의 자녀는 영육으로 강건해야 합니다. 하나님이 함께하는 자녀는 강건합니다. 구약에 나오는 믿음의 사람들은 모두 강건했습니다. 요셉을 생각하여 보시기를 바랍니다. 요셉이 형들의 시기로 구덩이에 빠졌다가 형 유다의 제안으로 구덩이에서 나와서 은 삼십에 팔려서 애굽으로 갔습니다. 애굽에서 시위대장 보디발의 집에서 종살이를 했습니다. 종살이 하면서 병들어 고생했다는 말씀의 기록이 없습니다. 요셉은 종살이 할 때나 감옥에 있을 때 건강했다는 것입니다. 하나님이 함께하는 사람은 강건합니다.

제가 지금까지 성령치유 사역을 하면서 임상적으로 경험한 바로는 태중에서 상처를 받은 아이들이 병 치레를 자주했습니다. 태중에서 놀램의 상처를 받은 아이들이 심장이 약하여 병 치례를 하는 것입니다. 이를 예방하기 위하여 어려서부터 안수를 자주 받는 것입니다. 안수를 받으면 상처가 치유되면서 심장이 강해집니다. 제가 지금까지 체험한 바로는 어린아이가 안수를 자주 받으니까, 영육으로 강건하여 지더라는 것입니다. 이런 방법으로 안수를 합니다.

아이를 안고 머리에 손을 얹어서 기도를 합니다. 자그마한 소리로 기도를 합니다. 어머니가 해도 됩니다. 아버지가 해도 좋습니다. 성령이 충만한 목사님이면 더욱 좋습니다. 그런데 큰 교회 목사님들이 아이까지 안수 기도할 수가 없습니다. 그러나 작은 교회 목사님은 할 수가 있습니다. 성령님 임하소서. 사로잡아 주옵소서. 우리 사랑하는 아이를 축복하여 주옵소서. 하나님의 은혜로 이 세상에 태어나게 하신 하나님 감사합니다. 우리 아이가 강건하게 하옵소서. 안정한 심령이 되게 하여 주옵소서. 영육으로 강건하게 하옵소서. 집중하고 몰입을 잘하게 하여 주옵소서. 사람을 잘 만나는 복을 허락하여 주옵소서. 형통의 복이 함께하여 가는 곳마다 잘되게 하옵소서.

"내가 나사렛 예수의 이름으로 명하노니 아이에게 영육으로 강건한 축복이 임할지어다. 아이에게 역사하는 질병의 영은 떠나갈지어다. 태중에서 받은 상처는 치유될 지어다. 태중에서 받은 두려움의 상처는 치유되고 그 때 들어온 악한 영은 떠나갈지어다. 심장에 있는 두려움의 상처는 떠나갈 지어다. 심장이 강심장이 될지어다. 오장 육부 사지백체가 강건하여 질지어다. 정신도 건강할 지어다. 머리에 산소가 잘 공급되고 피가 잘 순환될지어다. 위장이 튼튼해질지어다. 안정한 심령이 될지어다. 집중하고 몰입을 잘하는 아이가 될지어다." 예수님의 이름으로 기도합니다. 아멘. 지속적으로 안수를 하세요. 어릴 때부터 영적체질이 되어서 아주 좋습니다.

5. 성령 충만한 자녀 되는 축복 선포기도. 제가 지난 세월 성령치유 사역을 하다가 내린 결론은 어린 시절부터 성령으로 충만한 믿음생활을 해야 한다는 것입니다. 어려서부터 영적체질이 되어야 한다는 것입니다. 성령으로 세례를 받아 상처를 치유하고, 자아를 부수고, 혈통의 문제를 치유하여 영적으로 밭을 만드는 것입니다. 어린 시절의 신앙생활은 어른이 되어도 영향을 미칩니다. 어렸을 때 성령을 체험하여 영적인 체질이 되면 어른이 되어도 그와 같은 믿음생활을 하기 때문입니다. 어려서 성령을 체험하고 상처를 치유하면 건강에도 좋습니다.

일부 성도들이 아이들이 그저 교회에 나가는 것으로 만족을 하는 경우가 많습니다. 그러나 그렇지 않습니다. 아이가 부모의 보살핌으로 순탄하게 자랄 때는 아무런 문제가 없는 것 같습니다. 그러나 나타나지 않았을 뿐이지 문제는 아이의 심령 안에 잠재해 있을 수 있습니다. 잠재해 있는 문제는 취약시기가 되면 고개를 들고 나타납니다. 고개를 들고 나타나기 전에 성령으로 세례를 받고 치유를 해버리는 것입니다. 그러면 어른이 되어도 강건하게 지낼 수가 있습니다.

이런 방법으로 안수를 합니다. 아이를 안고 머리에 손을 얹어서 기도를 합니다. 자그마한 소리로 기도를 합니다. 어머니가 해도 됩니다. 아버지가 해도 좋습니다. 성령이 충만한 목사님이면 더욱 좋습니다. 그런데 큰 교회 목사님들이 아이까지 안수 기도할 수가 없습니다. 그러나 작은 교회 목사님은 할 수가 있습니다. 성령님 임하소서. 사로잡아 주옵소서. 우리 사랑하는 아이를 축복하여 주옵소서. 하나님의 은혜로 이 세상에 태어나게 하신 하나님 감사합니다. 우리 아이가 강건하게 하옵소서. 어려서부터 성령으로 충만하게 하옵소서. 안정한 심령이 되게 하여 주옵소서. 영육으로 강건하게 하옵소서. 집중하고 몰입을 잘하게 하여 주옵소서. 사람을 잘 만나는 복을 허락하여 주옵소서. 형통의 복이 함께하여 가는 곳마다 잘되게 하옵소서. "내가 나사렛 예수의 이름으로 명하노니 아이에게 성령으로 충만한 역사가 일어날지어다. 아이에게 역사하는 상처는 치유될지어다. 아이에게 잠재하여 있는 질병의 영은 떠나갈지어다. 태중에서 받은 상처는 치유될 지어다. 태중에서 받은 두려움의 상처는 치유되고 그 때 들어온 악한 영은 떠나갈지어다. 심장에 있는 두려움의 상처는 떠나갈 지어다. 심장이 강심장이 될지어다. 오장 육부 사지 백체가 강건하여 질지어다. 정신도 건강할 지어다. 머리에 산소가 잘 공급되고 피가 잘 순환될지어다. 위장이 튼튼해질지어다. 안정한 심령이 될지어다. 집중하고 몰입을 잘하는 아이가 될지어다." 예수님의 이름으로 기도합니다. 아멘. 지속적으로 안수를 하세요. 어릴 때부터 영적체질이 되어서 아주 좋습니다.

6. 사람 잘 만나는 자녀 되는 축복 선포기도. 하나님은 하나님의 사람을 통하여 역사하십니다. 그러므로 사람을 잘 만나는 것은 축복 중에 축복입니다. 저는 아이들을 안수 할 때 **빼놓지** 않는 것이 사람을 잘 만나게 해달라고 기도합니다. 사람을 잘 만나야 합니다. 날마다 아이를 축복하세요. 사람 잘 만나는 아이가 되게 해달라고 말입니다.

이런 방법으로 안수를 합니다. 아이를 안고 머리에 손을 얹어서 기도를 합니다. 자그마한 소리로 기도를 합니다. 어머니가 해도 됩니다. 아버지가 해도 좋습니다. 성령이 충만한 목사님이면 더욱 좋습니다. 그런데 큰 교회 목사님들이 아이까지 안수 기도 할 수가 없습니다. 그러나 작은 교회 목사님은 할 수가 있습니다. 성령님 임하소서. 사로잡아 주옵소서. 우리 사랑하는 아이를 축복하여 주옵소서. 하나님의 은혜로 이 세상에 태어나게 하신 하나님 감사합니다. 우리 아이가 강건하게 하옵소서. 어려서부터 성령으로 충만하게 하옵소서. 특별히 사람을 잘 만나는 복을 허락하여 주옵소서. 형통의 복이 함께하여 가는 곳마다 잘되게 하옵소서.

"내가 나사렛 예수의 이름으로 명하노니 아이에게 사람 잘 만나는 축복이 임할 지어다. 성령의 인도를 받는 하나님의 사람을 만나는 복이 임할지어다. 학교에서는 선생님을 잘 만나고 친구 잘 만나는 복이 임할 지어다. 형통의 복을 받은 하나님의 사람을 만날지어다. 하나님을 두려워하는 사람을 만날지어다. 배우자를 만나는데 하나님을 두려워하고, 형통의 복이 함께하는 사람을 만날 지어다. 성령으로 충만한 사람을 만날지어다. 천사들아 좋은 친구를 만나도록 도울 지어다." 예수님의 이름으로 기도합니다. 아멘. 지속적으로 안수를 하세요. 어릴 때부터 영적체질이 되어서 아주 좋습니다.

7. 형통한 자녀 되는 축복 선포기도. "형통"이라는 단어에 대하여, 영어성경에는 "성공"이라고 기록되어 있습니다. 즉, 형통은 성공과 번영, 그리고 부요라는 뜻입니다. 다윗은 15세에 기름부음을 받았지만, 왕이 되기까지 죽음의 위협을 받고 굶주림과 추위에 떨었습니다. 살아남기 위해 미친 사람흉내까지 내며 도망을 다녀야 했습니다. 이렇게 수많은 어려움과 고난을 겪은 그는, 나이 30세가 되어 유다의 왕이 되었습니다. 왕이 된 다윗은 과거를 회상하며 지금까지는 고통과 고난의 길이었지만, 앞으로는 하나님께서 형통의 길을 허락해 주셔서, 모든 일이 잘 되고 번영할 수 있도록 "이제 형통하게 하소서"라고 하나님께 간구했습니다.

그러자 하나님께서 다윗과 함께 하셔서 다윗 왕가는 점점 강해져 가고, 사울왕가는 점점 약해져갔습니다. 그는 하나님께 간구한 대로 형통케 되었습니다. 그래서 그가 다스리는 동안에는 이스라엘 역사상 가장 넓은 영토를 차지했고, 태평성대를 이루며 이스라엘 최고의 전성기를 이루었습니다. 어려움 가운데 있어도, 다윗처럼 하나님께 형통의 복을 구하면, 하나님께서 앞으로 우리의 삶에 막힘이 없도록 인도하실 것입니다. 그러므로 형통의 복을 구하는 모두가 되시기 바랍니다.

느헤미야는 우상을 숭배한 이스라엘이 멸망한 후, 페르시아 제국에 포로로 잡혀와 왕궁의 고위 관료로 있었습니다. 그는 항상 하나님을 경외하였고, 형통하게 해달라고 기도했습니다. 느헤미야 1:11절을 보면, "주여! 구하오니 귀를 기울이사 종의 기도와 주의 이름을 경외하기를 기뻐하는 종들의 기도를 들으시고 오늘 종이 형통하여 이 사람 앞에서 은혜를 입게 하옵소서 하였나니 그 때에 내가 왕의 술 관원이 되었느니라"고 고백하고 있습니다. 그가 하나님 앞에 형통하기 위해서 기도했더니, 하나님께서 페르시아 제국의 관원이 되게 하셨습니다.

기도가 얼마나 중요한지 모릅니다. 기도하지 않고, 절망 가운데 사는 사람과 믿음을 갖고 기도하는 사람의 삶은 천지차이입니다. 하나님께서 기도하는 사람을 도와주시기 때문입니다. 마찬가지로 하나님을 믿고 섬기는 가정과 하나님을 믿지 않고, 섬기지 않는 가정의 경제력과 생활수준, 마음의 태도의 차이는 천지차이입니다. 하나님을 믿고 기도하는 자에게 형통함과 하늘의 축복이 있음을 믿으시기 바랍니다. 우리 자녀들이 형통한 자녀가 되어야 합니다. 축복하며 대적기도하십시오.

이런 방법으로 안수를 합니다. 아이를 안고 머리에 손을 얹어서 기도를 합니다. 자그마한 소리로 기도를 합니다. 어머니가 해도 됩니다. 아버지가 해도 좋습니다. 성령이 충만한 목사님이면 더욱 좋습니다. 그런데 큰 교회 목사님들이 아이까지 안수 기도 할 수가 없습니다. 그러나 작은 교회 목사님은 할 수가 있습니다. 성령님 임하소서. 사로잡아 주옵소서. 우리 사랑하는 아이를 축복하여 주옵소서. 하나님의 은혜로 이 세상에 태어나게 하신 하나님 감사합니다. 우리 아이에게 형통의 은총을 허락하여 주옵소서. 어려서부터 성령으로 충만하게 하옵소서. 인생의 고비고비마다 하나님의 역사하심으로 형통하게 하옵소서. 특별히 사람을 잘 만나는 복을 허락하여 주옵소서. 형통의 복이 함께하여 가는 곳마다 잘되게 하옵소서. "내가 나사렛 예수의 이름으로 명하노니 아이에게 형통의 복이 임할 지어다. 형통의 복이 함께하는 사람을 만날 지어다. 성령으로 충만한 사람을 만날지어다. 어려움 중에도 잘 풀리는 축복이 임할 지어다." 예수님의 이름으로 기도합니다. 아멘. 지속적으로 안수를 하세요. 어릴 때부터 영적체질이 되어서 아주 좋습니다.

8. 왕따 당하지 않는 자녀 되는 축복 선포기도. 우리나라의 한 연구기관에서 왕따 당하는 원인을 이렇게 분석했습니다. "저소득층 자녀, 거칠게 양육된 아이, 공격적 성향을 가진 아이일수록 왕따를 당할 위험이 높다는 연구 결과가 나왔다. 아동 10명 중 한 명 이상은 사회화가 시작되는 나이가 되자마자 또래들로부터 학대를 받고 따돌림을 당한다." 며 "이른 시기에 따돌림의 대상이 된 아이들은 이후로도 이 같은 일이 반복되는 경우가 많았

다"고 밝혔다. 생후 17개월 때 공격적 성향을 보였던 아이들은 취학 연령이 되었을 때 왕따의 대상이 될 확률이 높게 나타났다. 공격적 성향은 성장환경에서 기인하는 부분이 큰 것으로 보인다. 부모에게 학대를 받은 아이, 부모가 자주 싸우는 집 아이, 저소득층 가정의 아이일수록 상습적 따돌림을 당하는 비율이 높았다.

또한, 왕따를 당하는 아이들은 정신적 충격에서 비롯된 우울증, 외로움, 자신감 상실, 허약한 신체, 알코올이나 약물 중독, 잦은 결석, 낮은 성적, 자해 성향 등의 증세를 겪게 되는 경우도 많았다. 취학 아동 또래에서 나타나는 왕따 현상은 신체적 공격과 언어적 모욕, 사교 관계 단절 등으로 나타났다. 왕따 현상을 막기 위해서는 "아이들과 부모 모두를 대상으로 한 조기 예방교육이 필요하다는 사실이 드러났다"고 설명했다.

한 학생이 왕따 문제에 대해서 제시한 의견입니다. "우리 반에 '간질'이라는 병을 앓고 있어서 추하다며 왕따를 당하는 여자 아이가 있다. 그래서 왕따를 당하는 원인을 알아보고 썼다. 아이들이 왕따를 당하지 않게 하기 위해서 썼다. 왕따를 당하는 아이들을 중심으로 조사해 보고 썼다. 첫째, 아이들은 뚱뚱한 아이들을 싫어한다. 다른 반에 뚱뚱하다는 이유로 왕따를 당하는 아이가 있다. 그 아이가 살을 좀 **빼던지**. 아이들이 그 아이를 이해해 줘야겠다. 둘째, 아이들은 몸이 안 좋고 병이 걸린 아이들을 싫어한다. 우리 반에 '간질'이라는 병을 앓고 있는 아이가 있는데 아이들은 그 애만 보면 마구 욕을 하고 피한다. 회장이나 부회장이 아이들에게 인기가 많으니 그렇게 하지 못하게 말리거나 그 아이를 달래준다. 그리고 꼭 회장단이 아니더라도 된다. 셋째, 말투가 나쁜 아이 성격이 나쁜 아이를 아이들은 싫어한다. 요즘에는 여자애들이 그런 아이를 보고 '싸가지' 없다는 둥. 여러 가지 이유로 싫어하고 왕따를 시키려고 한다. 그 아이는 말투와 성격을 좀 고치거나, 여자아이들이 왕따를 시키는 것만은 자제한다. 넷째, 집이 가난한 아이들을 싫어한다.

집이 가난한 아이들이 거지라고 아이들에게 놀림을 많이 받는다. 그래서 그 아이들은 학교도 잘 안 나오고, 아이들에게 왕따의 대상이 된다. 누구나 거지나, 왕따가 될 수 있으므로 그 아이를 놀리거나 왕따를 시키지 않는다. 입장을 바꾸어 생각해 본다. 지금까지 왕따를 당하지 말자에 대한 원인과 증명, 해결방법을 썼다. 해결 방법으로는 뚱뚱한 아이는 살을 좀 빼고, 성격이 나쁜 아이는 좀 고치고, 집이 가난하다고 놀리는 아이는 자신도 그렇게 될 수가 있으므로 놀리지 않으며, 몸이 아프거나, 병을 알고 있는 아이를 놀리는 아이를 다른 아이들이 말리거나, 선생님께서 주의를 좀 준다. 그렇게 해서라도 왕따를 조금이라도 당하지 않아야겠다. 친구 간에 왕따를 시키는 일이 없어서 친구사이에 사랑하고 친하게 지냈으면 좋겠다."

이런 방법으로 안수를 합니다. 아이를 안고 머리에 손을 얹어서 기도를 합니다. 자그마한 소리로 기도를 합니다. 어머니가 해도 됩니다. 아버지가 해도 좋습니다. 성령이 충만한 목사님이면 더욱 좋습니다. 성령님 임하소서. 사로잡아 주옵소서. 우리 사랑

하는 아이를 축복하여 주옵소서. 우리 아이에게 성령으로 충만
하게 하여 주옵소서. 성령의 권능으로 상처가 치유되게 하옵소
서. 혈통으로 대물림되는 영육의 문제를 해결하여 주옵소서. 사
람을 잘 만나게 하옵소서. 학교에서나 세상에서 왕따 당하지 않
도록 도와주옵소서. 천군천사가 동행하게 하옵소서. 눈동자 같
이 지켜 보호하여 주옵소서. 항상 주의 날개 안에 품어주옵소서.
특별히 사람을 잘 만나는 복을 허락하여 주옵소서. 형통의 복이
함께하여 가는 곳마다 잘되게 하옵소서. "내가 나사렛 예수의
이름으로 명하노니 우리 아이에게 사람 잘 만나는 복이 임할 지
어다. 도와주며 바른길로 인도할 수 있는 사람을 만날 지어다.
마음에 상처는 치유될 지어다. 혈통으로 내려오는 영육의 문제
는 치유될 지어다. 어디를 가나 형통한 사람을 만날지어다." 예
수님의 이름으로 기도합니다. 아멘. 지속적으로 안수를 하세요.
어릴 때부터 영적체질이 되어서 아주 좋습니다.

9. 기도하는 자녀 되는 축복 선포기도. 기도는 하나님이 주시
기로 계획하신 축복을 실어 나르는 도구입니다. 그러기에 자녀
가 귀하면 귀한만큼 자녀가 누릴 축복을 기대하며 기도에 승부
를 걸어야 합니다.

　기도의 성자라고 불리는 바운즈는 기도는 하나님이 주시기로
계획하신 축복을 실어 나르는 도구라고 말합니다. 그러니 자녀
가 귀하면 귀한만큼 부모는 그들이 누릴 축복을 기대하며 기도
에 승부를 걸어야 하지 않을까요. 자녀에게 하나님의 축복을 실

어 날라야 하지 않을까요.

여기서 분명한 사실이 하나 있습니다. 아무나 자녀교육의 1인자가 될 수 없으나 누구나 자녀를 위한 기도의 1인자는 될 수 있다는 것입니다. 이것은 부모라면 누구나 욕심내어야 할 도전입니다. 사실 기독교 역사를 보거나, 우리 주변에 있는 사람들을 보아도 기도의 최고봉을 정복하는 자야말로 최고로 좋은 부모였습니다.

유태인들은 어머니가 없는 아이는 손잡이가 없는 문과 같다고 말합니다. 한 사람의 인생에 어머니란 존재는 너무나 소중한 인생 자원이라는 뜻입니다. 그래서 서양 격언에 한 명의 훌륭한 어머니는 백 명의 교사보다 낫다고 말하지 않았던가. 비단 어머니만 그럴까? 아버지 역시 자녀들의 인생을 이끌어 갈 엄청난 자원입니다.

소망이 없던 탕아 어거스틴이 돌아오기까지는 그의 어머니 모니카가 흘린 눈물의 기도가 있었습니다. 아들이 방황하던 시절, 모니카는 암브로시우스 감독으로부터 눈물로 기도한 자녀는 결코 망하지 않는다는 말을 들었습니다. 그 말이 모니카의 뇌리에 인박혔습니다. 그녀는 그 말을 약속으로 붙잡고 방탕한 길을 헤매는 아들의 이름을 부르며 밤낮 눈물로 하나님께 매달렸습니다. 자녀를 향한 어머니의 기도는 지칠 줄 몰랐습니다. 포기하지 않은 모니카의 기도는 기어코 탕자 어거스틴을 성인(聖人)으로 만들었습니다.

자녀를 사랑하는가? 자녀가 축복의 길을 걸어가기 원하는가?

사랑하는 자녀가 하나님이 주시는 비전을 붙잡고 목표를 향해 달려가기 원하는가? 혹시 어긋난 길을 걸어가고 있는 자녀가 있는가? 그래서 마음이 답답하고 매사에 낙이 없는가? 그러나 아직까지 속단하기는 이릅니다. 포기하기에는 자녀란 존재가 너무 소중합니다.

이제 당신이 해야 할 일이 있습니다. 다른 일은 못하더라도, 이것만은 꼭 해야 하는 일입니다. 그것은 바로 자녀를 위해 최고의 기도 봉을 정복하는 일입니다. 당신이 자녀를 위해 최고의 부모는 못 될 수 있습니다. 그러나 최고의 기도 자는 될 수 있습니다. 은밀한 골방에서 흘리는 기도의 눈물은 절대 외면당하지 않습니다. 교회 한 모퉁이에서 드리는 부모의 기도는 지금 하늘 보좌를 향해 올라가고 있습니다.

이 책은 기도하지 않는 당신을 반드시 기도하는 부모로 만들 것입니다. 기도하는 당신으로 하여금 기쁨과 감동의 날을 경험하게 할 것입니다. 나중에 라는 말은 후회만 낳을 뿐, 지금 당장 있는 그곳에서 자녀를 위해 눈물을 뿌리며 기도하라. 반드시 기쁨의 단을 거둘 것입니다. 자녀의 인생이 당신의 기도로 인하여 형통할 것입니다.

자녀들에게 기도하는 법을 가르치시기를 바랍니다. 기도를 어렵게 가르치지 말고, 쉽게 알려주세요. 호흡을 들이쉬고 내쉬면서 하나님 사랑합니다. 하나님 감사합니다. 하나님 도와주세요. 하나님 용서하여 주세요. 문제가 있을 때는 하나님 어떻게 해야 합니까? 이렇게 간단하게 하여 지속적으로 기도하게 하세요.

이런 방법으로 안수를 합니다. 아이를 안고 머리에 손을 얹어서 기도를 합니다. 자그마한 소리로 기도를 합니다. 어머니가 해도 됩니다. 아버지가 해도 좋습니다. 성령이 충만한 목사님이면 더욱 좋습니다. 성령님 임하소서. 사로잡아 주옵소서. 우리 사랑하는 아이를 축복하여 주옵소서. 우리 아이에게 성령으로 충만하게 하여 주옵소서. 우리 아이가 어려서부터 하나님에게 기도하는 자녀가 되게 하옵소서. 무시로 하나님에게 기도하게 하옵소서. 매사를 처리할 때 하나님의 뜻을 알고 순종하게 하옵소서. 형통의 복이 함께하여 가는 곳마다 잘되게 하옵소서. "내가 나사렛 예수의 이름으로 명하노니 우리 아이에게 기도의 영이 임할 지어다. 기도문이 열릴 지어다. 성령으로 충만해질지어다. 어디를 가나 형통한 사람을 만날지어다." 예수님의 이름으로 기도합니다. 아멘. 지속적으로 안수를 하세요. 어릴 때부터 영적체질이 되어서 아주 좋습니다.

10. 복의 근원되는 자녀 되는 축복 선포기도. 주여! 제게 이런 자녀가 되게 하소서 약할 때에 자기를 아는 강한 힘과, 두려울 때에 자신을 잃지 않는 용기를 가지고, 정직한 패배에 부끄러워하지 않고 태연하게 하며, 겸손하고 온유할 수 있는 자녀를 주시옵소서.

생각해야 할 때에 고집하지 말게 하시고, 저들로 하여금 마땅히 앞서야 할 때에 뒤서지 않게 하시며. 당신과 자신을 아는 것이 지식의 근원임을 알게 하소서.

바라옵건대 그를 요행과 안일의 길로 인도하지 마시고, 고난과 도전에 대하여 분투 항거할 줄 알도록 인도하여 주시옵소서. 그리하여 폭풍 속에서도 용감히 싸울 줄 알고, 패자에게 긍휼을 베풀도록 가르쳐 주소서.

마음은 깨끗하며, 목표는 높게 하시고, 남을 정복하기 전에 자신을 다스리게 하시며, 웃음과 배움과 동시에 울음을 잊지 않으며, 미래를 지향하는 동시에 과거를 잊지 않도록 하옵소서.

이 모든 것을 주신 후에 기도 하옵나니, 겸하여 유머를 알게 하시어 인생을 엄숙히 살아감과 동시에 삶을 즐길 줄 아는 마음과 자기 자신을 너무 중대하게 여기지 말게 하시고, 겸손을 주사 참으로 위대함은 소박한 것에 있음을 항상 기억하게 하시고, 참 지혜에 대하여 마음을 열며, 참된 힘에 대하여 온유하게 하소서. 그리하여 나, 그의 어버이는 '나의 헛된 생을 살지 아니 하였노라.'고 속삭이게 하소서, 아멘.

선포기도를 하세요. 성령이여 임하소서. "내가 나사렛 예수의 이름으로 명하노니 우리 아이에게 형통의 복이 임할 지어다. 복의 근원이 될지어다. 폭풍 속에서도 당황하지 않는 담대한 사람이 될지어다. 다윗과 같이 강하고 담대한 사람이 될지어다. 요셉과 같이 형통한 사람이 될지어다. 하나님과 교통하는 사람이 될지어다. 성령으로 충만해질지어다. 어디를 가나 사람을 잘 만나는 복이 임할 지어다." 예수님의 이름으로 기도합니다. 아멘. 지속적으로 안수를 하세요. 어릴 때부터 영적체질이 되어서 아주 좋습니다.

11.중2병을 예방하고 치유하는 선포기도. 어느 중2학생을 둔 어머니에게 필자가 조언한 내용입니다. 상황은 기말시험을 치렀는데 성적이 반 토막이 되어서 필자에게 데리고 와서 안수기도를 받으면서 드러난 상황입니다.

할렐루야! 충만한 교회 강 목사입니다. 아들 때문에 걱정이 많을 것 같아서 알려드립니다. 아까 핸드폰 문자로 간단하게 알려드렸지만 아들은 마음에 스트레스가 많은 상태라고 이해하시면 정확합니다. 하루 이틀 쌓인 것이 아니고, 태중에서부터 가지고 태어난 것들도 있습니다. 모계, 부계 모두 영향을 미친 것이라고 인정해야 해결이 됩니다.

그렇게 지내다가 점점 나이가 먹어 가면서 공부 스트레스, 친구들과의 스트레스, 부모님들의 훈계 등을 해소하지 못하고 쌓아두어서 일어나는 현상입니다. 듣기 거북스러울 지라도 사실로 인정해야 해결책이 나옵니다. 마음에 쌓인 스트레스를 해소하려고 자전거를 탈 때 살살 타지 못하고 페달을 강하고 빠르게 밟다가 넘어져서 팔목도 부러지고, 무릎도 까지고 한 것입니다.

모든 정황들을 종합하면 마음 안에 쌓인 스트레스로 인한 것입니다. 마음의 스트레스는 집중을 못하게 잡념을 일으키고 가만히 앉아있지 못하게 하는 것이 특징이 있습니다. 짜증이 심하고 조그마한 말에도 받아들이지 못하고 순간 속에서 분노가 나오기도 합니다. 그러니 집중을 하지 못해서 공부가 되지 않는 것입니다.

초등학교 때는 쉽기 때문에 문제가 되지 못합니다. 그러나 중학생이 되면 점점 집중력을 필요하기 때문에 다른 학생들보다 뒤 처지게 됩니다. 상처가 집중하지 못하고 산만하게 하기 때문입니다. 시간이 경과되면 될 수록 상황이 좋아지지 않습니다.

이를 해결하려면 마음을 안정되게 해야 합니다. 그런데 세상 방법으로는 마음을 안정시킬 방법이 없습니다. 그래서 예수님이 계신 것입니다. 성령의 역사로 잠재의식에 형성된 스트레스를 현실로 드러나게 하여 밖으로 배출시키는 것입니다. 내면의 상처를 정화하고 배출해야 합니다. 그런데 잠간 잠간 안수 받고 기도해서는 아들의 잠재의식의 상처가 현실로 드러나서 배출되지를 않습니다. 잠재의식을 정화하는데 성령께서 지배하고 장악하시는 시간이 필요합니다.

폰 문자로 알려드린 바와 같이 토요일 날 집중정밀내적치유가 있습니다. 기도해보시고 몇 번 받도록 하여 잠재식의 스트레스를 정화시켜보세요. 그러면 여러 가지로 눈에 보이는 가시적인 효과가 있을 것입니다. 아까 가지고 가신 책(몸속 독소 배출하면 천국 된다) 중에 1-2장만 읽어보면 이해가 될 것입니다. 지금 상태로는 시간이 경과되면 될수록 상황은 좋아지지 않습니다.

말로 타이르고 윽박지르고 혼낸다고 한다고 성적인 올라가지 못합니다. 아들도 공부하고 싶다는 것을 알아야 합니다. 그런데 막상 책상에 앉으면 집중이 되지 않는 것입니다. 많은 분들이 중

2병이라고 하는 것은 모두 잠재의식에 스트레스가 과하여 발생합니다. 모든 학생이 그런 것이 아니고 혈통적으로 상황이 좋지 않은 상황에서 아이를 임신하여 엄마 뱃속에서부터 가지고 나온 것들입니다. 미리미리 성령으로 정화를 시켰으면 쉽게 해결이 될 것인데 내면세계와 영적으로 무지하여 방치한 결과입니다. 영적치유를 하여 마음을 안정시키면 해결이 쉽게 됩니다.

이 학생의 부모는 필자의 조언대로 저희 교회 집회에 3번 참석하여 안수와 치유를 받고 중2병을 극복하고 회복되어 지금 좋은 고등학교에 들어가 공부를 잘하고 있습니다. 이와 같이 중2병은 성령으로 충만하여 내면의 상처를 치유 받아야 합니다.

선포기도는 이렇게 하시기를 바랍니다. "예수님의 이름으로 명령한다. 우리 아이를 괴롭히는 상처는 정체를 밝힐지어다. 집중하지 못하게 하는 상처는 치유가 될지어다. 가계 혈통을 타고 역사하면서 아이를 공격하는 더러운 상처는 물러갈지어다. 머리에 산소와 피가 정상적으로 순환될지어다. 머리가 맑아지고 기억력이 좋아질지어다. 마음을 열고 하나님의 은혜 안에 들어갈지어다. 성령으로 충만하여 마음의 속에 상처는 치유될지어다. 친구들의 머리가 될지어다. 공부를 잘하여 나날이 성적이 향상될지어다. 공부를 잘하여 원하는 고등학교에 들어갈지어다. 좋은 대학에 들어가 가문의 영광이 될지어다. 하나님의 영광을 나타내는 아들이(딸이) 될지어다." "예수님의 이름으로 기도합니다. 아멘" 중2병으로 고통당하는 부모님은 주변에 성령이 충만한 교회나 목회자를 찾아서 해결 받는 것이 유익할 것입니다.

14장 부부생활이 행복해지는 선포기도

(벧전 3:7)"남편들아 이와 같이 지식을 따라 너희 아내와 동거하고 그를 더 연약한 그릇이요 또 생명의 은혜를 함께 이어받을 자로 알아 귀히 여기라 이는 너희 기도가 막히지 아니하게 하려 함이라 또는 그 아내를 더 연약한 그릇 같이 여겨 지식을 따라 동거하고"

하나님은 가정 천국을 이루기를 원하십니다. 가정은 하나님을 예배하기 위하여 하나님이 최초로 만든 교회입니다. 창세기 2장 24절에 "이러므로 남자가 부모를 떠나 그의 아내와 합하여 둘이 한 몸을 이룰지로다"라고 했습니다. 하나님은 만물을 창조하시고, 인간을 지으시되, 남녀로 만드셔서 가정을 이루어 함께 살도록 하셨습니다. 즉 가정 제도를 창조하신 것입니다. 왜 인간이 이렇게 가정을 이루며 살도록 만드셨을까? 이것은 우주 속의 큰 비밀입니다. 성경에는 사람이 독처 하는 것이 좋지 않다고 했습니다. 창세기 2장 18절에 "여호와 하나님이 이르시되 사람이 혼자 사는 것이 좋지 아니하니 내가 그를 위하여 돕는 배필을 지으리라 하시니라" 하나님께서 아담을 지어 놓으시고 난 다음 아담이 혼자 사는 것이 좋지 않다. 혼자 사는 것을 하나님이 기뻐하지 아니하시고 좋지 않다고 했습니다. 왜냐하면 하나님께서 돕는 배필을 지어서 남자와 여자가 교제와 협력과 대화를 통해서 인생을 살도록 만들어 놓은 것입니다. 그러므로 인간은 별도리 없이 부부가 서로 교제하고 협력하고 대화하며 살도록 부부를 만들어 놓으신 것입니다.

창세기 2장 21절로 22절에 "여호와 하나님이 아담을 깊이 잠들게 하시니 잠들매 그가 그 갈빗대 하나를 취하고 살로 대신 채우시고 여호와 하나님이 아담에게서 취하신 그 갈빗대로 여자를 만드시고 그를 아담에게로 이끌어 오시니" 그것으로 하와를 만든 것입니다. 그래서 우리는 결혼의 의미를 잘 아셔야 합니다.

첫째, 가족부부가 성령으로 하나 되어야 한다. 많은 크리스천들과 목회자들이 예수만 믿으면 가족이 하나가 되는 줄로 착각을 하는 경우가 많습니다. 예수님을 어떤 유형의 사람들이 십자가에 달았는지 깨달아야 합니다. 하나님을 모르는 사람들이 예수님을 십자가에 달아서 돌아가시게 하지 않았습니다. 마찬가지로 예수만 믿으면 하나가 되지 못할 수도 있다는 것입니다. 살아 역사하시는 성령으로 하나가 되어야 합니다. 하나님은 영이시오, 생명이시기 때문에 성령으로 하나가 되어야 합니다. 성령으로 하나가 된다는 것은 가족이 모두 성령으로 세례를 받았다는 말입니다. 그리고 성령의 지배와 인도를 받고 있다는 말입니다. 무조건 예수만 믿고 교회만 다니는 것을 말하지 않습니다. 반드시 가족 모두가 살아서 역사하시는 성령으로 하나가 되어야 합니다.

예를 들어 설명한다면 남편 목사님은 성령으로 세례를 받아 성령의 지배와 인도를 받습니다. 그런데 사모님은 태어날 때부터 관념적이고 보수적인 신앙의 틀에서 자랐다고 한다면 이 부부는 하나가 되었다고 볼 수가 없습니다. 자연스럽게 자녀들도 사모님의 관념적이고 보수적인 신앙의 틀 안에서 믿음생활을 할 수가 있습니다. 평상시 아무런 문제가 없이 평안할 때는 문제가 되지 않습니다. 자녀가 문제를 일으킨다든지 목사님이 시름시름 아프다든지 할 때 문제가 생깁니다.

영적으로 문제를 해결해야 되는데 사모님이 영적인 것을 이해하지 못하고 세상 사람들과 똑같은 방법으로 문제를 해결하려고 합니다. 성령으로 세례 받아 성령의 역사로 문제를 해결해야 하나 인간적으로 문제를 해결하려고 집중합니다. 성령의 역사에 관심이 없으니 성령이 역사할 수 없어서 현실적인 문제가 해결이 되지 않습니다. 사모님은 예수를 믿을 때 성령으로 세례를 받았다고 생각하기 때문에 성령으로 세례를 안중에도 없는 것입니다. 그래서 문제가 해결이 될 수가 없고 이것저것을 다해 보며 상당한 연단의 기간을 거친 다음에 사모님이 인정하시고 살아있는 성령으로 세례를 받고 성령의 역사가 일어나야 해결이 된다고 깨닫게 됩니다. 이때서야 이 부부는 예수님으로 성령으로 하나가 되기 시작하는 것입니다. 이론으로 하나가 되는 것이 아니고 성령의 실제적인 역사로 하나 되는 것입니다.

분명하게 예수님으로 하나가 되려면 성령의 지배가운데 자신의 가계의 혈통을 진단하고 정화해야 합니다. 가계에 흐르는 영적인 문제는 필히 회개하고 성령으로 정화하는 작업을 해야 합니다. 성령으로 세례를 받고 한번은 필히 해야 합니다. 많은 목회자와 성도들이 예수를 믿으면 전인격이 성령의 전이 되는 줄로 알고 있는데 그렇지 못합니다. 성령으로 깨달아 인정하고 정화하는 만큼씩 하나님의 영역이 되는 것입니다. 가계는 성령의 지배가운데 본인의 친가와 외가, 또는 배우자의 친가와 외가, 가계의 뿌리의 혈통을 다각적으로 점검하여 대물림의 영이 무엇이 있고, 어떤 연관이 있는지 성령님의 인도를 받아야 합니다. 가계의 혈통을 절대 무시해서는 안 됩니다. 나중에 덤터기를 만날 수가 있습니다. 예수를 믿고 성령으로 세례 받고 한 두번은 직접적으로 해결해야 합니다.

성령의 역사에 의한 치유는 부부가 함께 치유 받는 것이 유익합니다. 왜냐하면 문제가 있는 사람은 이상이 없을 수가 있습니다. 그런데 반대로 문제가 없다고 생각하는 사람의 영적인 문제로 상대편에 문제가 발생할 수가 있다는 것입니다. 예를 든다면 부인에게 여러 문제가 있는데 부인에게는 영적인 문제가 없고, 오히려 남편에게 문제가 있어 부인이 고통을 당할 수가 있다는 것입니다.

그리고 공동으로 동일하게 들려있을 수도 있습니다. 이러한 보이지 않는 영적인 문제로 남편이 건강하면 부인이 시름시름 아프기도 하고, 부인이 건강하면 남편이 시름시름 아프기도 합니다. 지금 세상에는 알게 모르게 악한 영에게 고통을 당하는 사람이 많습니다. 이렇게 악한 영에게 고통을 당하는데 어찌 자신 안이 강해질 수 있겠습니까? 가족 모두가 살아있는 성령의 역사를 따라가며 영적인 눈을 열어야 합니다. 가족 구성원 각자 자신 안 성전에서 성령의 권능이 흘러나와서 가정이 성전(천국)이 되어야 합니다.

둘째, 가정들이 깨어지는 이유는 이렇습니다.

1)어느 치유 단체의 부부문제에 대해 설문한 결과입니다. 설문한 결과 배우자에 대한 문제가 가장 많았으며 이를 분석해 보면 이렇습니다.

① 1위: 성적인 문제: 과다. 과소. 어느 신혼 여인 1년에 부부관계를 3번도 못했다고 하소연하는 신부도 있습니다.

② 2위: 경제 문제: 남자가 재정의 권한을 가지고 생활을 한다는 것입니다. 필자가 어느 부부문제를 토론하는 프로에 보니 어느 가장은 자신이 시장까지 다 봐다가 준답니다. 부인에게 맡기지 못하고 청구하면 돈을 분다고 합니다. 반면에 부인이 재정권을 가진 부부의 불화 원인은 적게 벌어 오거나 못 벌어오므로 문제가 발생한다는 것입니다.

③ 3위: 무시당합니다. 못 배웠다고 무시하고, 여자라고 무시하고, 멍청하다고 무시하고, 아는 남녀 공통 사항입니다.

④ 4위: 무관심입니다. 어느 신혼 신부이야기를 빌리자면 한 달에 한번 오는 데 자신에게는 관심도 없고 컴퓨터 게임에 열중한다는 것입니다.

⑤ 5위: 말을 함부로 하는 것입니다. 무시하는 말을 막하거나, 친정을 무시하고, 시댁을 무시하는 말을 하여 자존심을 상하게 한다는 것입니다.

⑥ 6위: 이해 부족입니다. 서로의 성별의 차이를 이해 못한다는 것입니다. 성도들은 남녀의 차이를 알고 이해해야 합니다. 그래서 힘으로 누르려고 한다는 것입니다.

⑦ 7위: 신앙문제입니다. 부부가 서로 종교가 다르거나 믿지 않고, 믿음이 없고, 믿음 생활을 방해하는 것입니다. 성령의 역사를 인정하지 않고 말씀 중심의 관념적인 신앙이 될 때 부부간에 불화가 일어나는 것입니다. 성령으로 하나가 되어야 합니다.

⑧ 8위: 자존심을 상하게 하는 것입니다. 무시하는 말을 아무 곳에서나 한다는 것입니다.

⑨ 9위: 열등감입니다. 배움에 대한, 겉으로 나타나는 인물에 대한, 다른 사람의 남편보다, 옆집 부인보다 못하다는 것입니다. 즉 남과 비교한다는 것입니다. 부부간에 이런 문제 때문에 부부생활에 상당한 문제가 발생하는 것입니다. 이점 잘 아시고 서로 이해하며 서로 도와주려고 하면서 행복한 가정을 이루려고 노력해야 합니다. 세상에 어느 부부도 100% 만족을 누리고 사는 부부는 없다는 것을 알아야 합니다.

2) 혈통에 대물림되는 죄의 유전 때문일 수도 있습니다. "그 것들에게 절하지 말며 그것들을 섬기지 말라 나 네 하나님 여호 와는 질투하는 하나님인즉 나를 미워하는 자의 죄를 갚되 아버 지로부터 아들에게로 삼사 대까지 이르게 하거니와(출20:5)" 예수를 믿었다고 예외가 아니라는 것을 알아야 합니다. 어머니 가 당하던 고통을 딸이 당하고, 아버지가 당하던 고통을 아들이 당합니다. 세대의 영입니다. 대물림되는 영입니다. 질병, 성격, 중독 등등. 여기 계시는 분들 잘 생각해 보세요. 거의 맞습니다. 말씀과 성령으로 찾아서 빨리 해결해야 합니다.

2)자라난 환경 속에서 받은 상처 때문일 수도 있습니다. 그래 서 내적치유가 중요합니다. 필자는 결혼을 앞둔 모든 처녀 총각 은 정상적인 내적치유 코스를 두 번 이상 통과하고 결혼을 해야 한다고 강력하게 주장하고 있습니다.

3)서로 성격이 맞지 않은 이유일 수도 있습니다. 성격문제는 결혼 전에 잘 알아서 맞추어 나갈 수가 있으면 결혼을 하고 그 렇지 못하면 시작을 말아야 합니다.

4)실망되고 불만스러운 결혼 생활 때문일 수도 있습니다. 남 녀모두 결혼을 하면 남자는 왕같이 대접을 받고, 여자는 여왕처 럼 대접을 받을 줄 알고 결혼을 했으나 서로의 마음에 여유가 없으니 서로 사랑을 받으려고만 하니 문제가 발생하는 것입니 다. 원만한 결혼생활을 하려면 서로 주려고 하는 것입니다.

5)요즘처럼 경제의 어려운 시대를 맞아 경제적인 요인 때문

에 불화를 겪는 경우도 있습니다. 경제문제가 어려우면 부부가 다투는 일이 빈번해진다는 통계가 있습니다.

6)자녀들의 문제나 시가나 처가 등 주위 친척들과의 갈등 때문일 수도 있습니다.

7)이해하지 못하는 영적인 생활 때문에 올 수도 있습니다. 부인이 저녁이면 기도한다고 나가서 새벽에나 들어온다면 자신은 어떠하겠습니까? 하루 이틀도 아니고 계속된다면 문제가 발생할 수가 있습니다. 어느 남편이 저에게 하는 말, 죽여 버리고 싶었다고 합니다. 남편들의 입장도 생각해보아야 합니다. 지혜롭게 신앙생활을 해야 합니다. 제가 어느 기도원에서 일어나는 이야기를 들었습니다. 그 기도원에 들어가기만 하면 결혼 한지 얼마 되지 않는 자매도 이혼을 한답니다. 이것은 그 기도원에 이혼의 영이 흐르는 것입니다. 이 기도원이 밤에 철야 기도를 한다고 열시부터 새벽 5시까지 잡아 놓는다고 합니다.

그래서 제가 그 기도원 원장의 가정생활에 대하여 물어 보았습니다. 그랬더니 역시 기도원 원장도 별기중이라고 했습니다. 여러분 무시하지 마시기를 바랍니다. 그래서 영적 분별력이 있어야 합니다. 신앙생활도 지혜롭게 해야 합니다. 또한 목회자분들도 지혜로워야 합니다. 가정생활을 정상적으로 하게 하면서 믿음 생활을 하게 해도 얼마든지 할 수가 있는 것입니다.

8)갖가지 주위의 시험과 유혹 때문에 가정이 불행에 빠지는 경우도 많이 있습니다. 그래서 행복한 결혼 생활을 유지하기가

얼마나 어려운지 어느 작가는 결혼 생활을 다음과 같이 묘사하였습니다.

20대에는 행복의 꿈에 부풀어서 신이 나서 살고…

30대에는 서로에 대해 실망을 느끼며 환멸을 참으며 살고…

40대에는 모든 것을 포기하고 마지못해 체념하며 살고…

50대에는 서로 없어서는 안 되니까, 의지하는 마음으로 살고…

60대에는 서로 안 됐다 생각되어 가엾어서 살고…

70대에는 지금까지 참고 살아준 것만 해도 고마워서 산다고 합니다.

과연 우리의 부부 생활은 어떠한가? 지금까지 우리는 불행했던 부부의 행복을 회복하기 위해 정신(심리) 치료나 가족 치료의 도움을 받기도 하고 가정의 문제 해결을 위해 갖가지 노력을 다 기울여 왔습니다. 물론 이러한 치유의 과정이 없어서는 안 될 것입니다. 그러나 우리 크리스천 가정의 보다 더 근본적인 문제는 성경적 부부 관계의 회복에 있는 것입니다. 이러한 성경적 부부 관계의 회복이 없이는 마치 예수님이 마 7:24-27절에서 말씀하신 모래 위에 지은 집과 같기 때문입니다. 여러분 부족을 말씀과 성령으로 채우셔서 행복한 부부가 되려고 노력을 하시기를 바랍니다.

셋째, 가정생활에 나타나는 마귀의 저주의 증상들.

어느 중년 부인의 경우입니다. 시집을 가서 3년 만에 남편이 심장 마비로 죽었습니다. 그래서 2년 후 다른 남자를 만나 재혼을 하였습니다. 그런데 얼마 후 남편이 가슴이 답답하다고 하여 병원진단을 하여 보니 심장병이라, 그 당시에는 교회를 다니던 때라 능력 있는 목사님에게 안수를 받아 낫겠다고 찾아와서 남편을 안수를 하니 아무런 역사도 잃어나지 않아 부인을 오라고 하여 안수를 하니 입에서 귀신이 하는 말 들켰다. 전 남편도 심장병으로 내가 죽였는데 이번 남편도 조금만 있으면 죽였을 것인데 원통하다. 하면서 한동안 발작을 하더니 축사되었습니다. 남편 병이 낫고 건강하게 장수하며 잘살았다는 간증이야기입니다. 이와 같이 예수를 믿고 직분을 받고 믿음생활을 잘하는 대도 마귀의 역사가 남아있습니다. 성령의 임재가운데 찾아내어 끊어내시고 축사하시기를 바랍니다.

어느 여 집사의 경우 친정어머니가 친정아버지의 알코올 중독 때문에 고생하며 지냈는데, 어느 날 자신의 남편이 서서히 술을 즐기더니 알콜 중독입니다. 정말 답답한 노릇입니다. 미리알고 대처해야 합니다. 우리는 예방 신앙이어야 합니다. 이는 모계로 알콜 중독의 영이 대물림되어 죄 없는 남편들에게 붙어서 문제를 일으킨 것입니다. 의지를 가지고 대물림을 절단하는 영적인 치료를 해야 예방됩니다. 혹시라도 자신의 친정아버지가 알 콜 중독이었는데, 지금 자신의 남편이 알콜 중독이라면 딸의 남편도 알 콜 중독이 될 수 있는 확률이 75%이상이 됩니다. 빨리 서둘러서 예방하시기를 바랍니다.

넷째, 가정에 많이 흐르는 영육의 문제들.

1)심적 정서적인 쇠약과 파손: 정신병, 우울증, 조울증, 화병들을 들 수가 있습니다. 몇 년 전에 부인이 정신질환으로 인사불성이 되어 찾아와 도저히 부인을 축사할 수 없는 상황이라, 남편을 불러 대리 축사를 하자고 성령의 임재를 요청하고 축사를 했더니 귀신이 발작하여 한동안 싸우다가 축사를 했더니 부인이 정신이 온전하여졌습니다.

2)반복되는 질병 -특히 유전적인 병으로 의사들이 원인을 찾을 수 없음.

3)여성의 문제들 -불임, 습관 유산, 월경 불순, 심한입덧, 등.

4)결혼실패 - 이혼, 별거, 중혼 등.

5)재정적인 빈곤, 가난, 채무증가 등등.

6)우연한 사고의 경향. 차사고, 불사고, 물 사고, 암벽사고 등.

7)가족 중의 부자연스러운 죽음의 역사. 홀아비, 홀어미 등.

8)자녀들의 문제가 발생함, 질병, 연약, 도벽, 강도, 강간, 폭행, 등.

어떤 고통은 과거로부터 계속 움직여 내려온 악한 그 무엇인가 일 수 있습니다. 그것은 깊은 어두운 그늘과 같습니다. "까닭 없는 저주는 참새가 떠도는 것과 제비가 날아가는 것 같이 이루어지지 아니하느니라(잠26:2)" 그래서 이렇게 볼 때 성도들이 문제를 당하는 것은 분명한 영적인 원인이 있다는 것입니다.

그러므로 마귀의 역사를 우연히 만났다 할지라도 결국은 그 원인을 요구합니다. 원인을 찾아 치유해야합니다. 가만히 당하고만 있을 수 없다는 것입니다. 우리는 가정에 유전되는 가정의 잡초를 찾아 예수 이름으로 끊어내고 몰아내야 합니다. 그래서 후대에는 이런 고통에서 해방을 받게 해야 합니다.

다섯째, 가정과 부부 자녀의 문제의 원인을 하나하나 알아봅시다. 가계에 대물림되는 잘못된 죄악의 유전에 영향입니다. "그것들에게 절하지 말며 그것들을 섬기지 말라 나 네 하나님 여호와는 질투하는 하나님인즉 나를 미워하는 자의 죄를 갚되 아버지로부터 아들에게로 삼사 대까지 이르게 하거니와(출 20:5)" 여러 영적 전쟁 전문가들이 주장하는 바와 같이 조상 안에 있는 귀신들이 가문을 통해 후손들에게 전수됩니다. 이런 영들을 세대에 역사하는 영이라고 부릅니다. 이런 영들은 조상들이 사탄과 맺은 어떤 계약, 헌신, 맹세 때문에, 혹은 후손에 대한 저주의 말 때문에 악한 영들은 법적 권리를 획득해 혈통을 통해 들어왔습니다.

1) 선조들의 특정한 죄악이 유전됩니다. ① 하나님 외에 다른 신을 섬긴 경우. 이방종교. ② 사술에 종사하거나 무당을 했거나 마녀술을 행함. ③ 무당을 가까이 하거나 무당에게 복을 빌 경우. ④ 비밀 집단들에 참여. -비 성경적인 모임들에 참여. ⑤ 하나님의 것을 도적질하고 속임 등을 통하여 들어온 악령의 영향 등.

2) 친가나 외가의 가족들에게 역사한 사단의 역사를 찾아라. ① 우상숭배를 하지는 않았는지. ② 술장사나 술 재조하는 일을 하지 않았는지. ③ 성을 이용한 유흥업을 한 조상은 없는지. ④ 무당이나 중은 없었는지. ⑤ 남의 여인을 가로채지는 않았는지. ⑥ 중혼한 조상은 없었는지. ⑦ 이혼한 조상은 없었는지. ⑧ 가정불화가 심하게 있지는 않았는지. ⑨ 혈기나 분노가 심하지 않았는지. ⑩ 거짓말을 잘하는 이는 없었는지. 등등. 이런 것들을 성령의 임재 하에 찾아서 회개하고 절단하고 고통을 야기하던 악한 영을 몰아내고 자유 함으로 채워야합니다.

3)이러한 죄악을 회개하고 끊어내지 않으면 대물림되는 마귀의 역사로 나타날 수 있습니다. ① 마귀의 역사는 인생의 어떤 부분을 파괴시키기 위해 다른 악령들과 함께 역사하여 서서히 근원적으로 질서와 균형을 깨트리며 비정상적인 삶을 살게 합니다. ⓐ 마음의 파괴 - 정신질환의 영, 정신분열증, 광기, 혼란 등. ⓑ 육체적 파괴 - 병마, 질환, 연약함, 자살 등. ⓒ 질병이 반복됨 유전적인 질병과 병명과 원인을 찾지 못하는 중병. ⓓ 가족의 파괴 사고, 반항, 알코올, 도박, 마약, 미움, 분쟁, 이혼 등. ⓔ 자연스럽지 못한 죽음의 연속으로 나타나기도 합니다.

② 부부관계의 불화로 나타나기도 합니다. 부부불화는 진적으로 상처에 의한 마귀의 역사입니다. ⓐ 끊임없는 말다툼, 상대방에 대한 짜증, 이유 없는 부부 싸움, 미움, 원망, 배우자를 다른 사람과 비교하여 비하 등등. ⓑ 가정파괴와 이별은 마귀

역사의 결과입니다. ⓒ 과거 결혼 전에 교제하던 사람이 자꾸 떠오르고 현재 배우자와 비교되는 마음은 부정(不貞)에 대한 고통이므로 하나님께 회개하고 기도로 마귀의 역사를 끊어야 합니다. ⓓ 부부생활에 심한 지장이 있는 사람들 중 많은 경우 그들의 부모나 조부모가 이혼했거나 중혼(重婚)한 경우를 흔히 찾아 볼 수 있습니다. ③ 성적 타락, 품행 탈선, 언어 타락 등도 마귀의 역사일 경우가 많습니다. ④ 영적 타락 등도 마귀의 역사입니다. 이와 같은 불행에서 해방 받기 위하여 조상의 죄악을 찾아서 회개하고 불행의 줄을 끊어야합니다. 혼탁한 가정은 영적인 면에서도 혼탁합니다. 그래서 가족들이 동일 종교를 갖는 경우가 극히 드물고 이단에 쉽게 빠지거나 우상을 지독하게 섬기는 경우가 많습니다.

여섯째, 선조와 부모의 죄를 열거하며 회개하고 끊어내라. 하나님은 우리가 행한 대로 보응하십니다. "여호와여 주께서 그들의 손이 행한 대로 그들에게 보응하사. 그들에게 거만한 마음을 주시고 그들에게 저주를 내리소서, 주께서 진노로 그들을 뒤쫓으사 여호와의 하늘 아래에서 멸하소서(애3:64-66)" 내 죄과를 후손에게 감당시킵니다. "주는 은혜를 천만인에게 베푸시며 아버지의 죄악을 그 후손의 품에 갚으시오니 크고 능력 있으신 하나님이시요 이름은 만군의 여호와시니이다(렘 32:18)" "주의 복을 받은 자들은 땅을 차지하고 주의 저주를 받은 자들은 끊어지리로다(시 37:22)"

1)조상의 죄악을 파악하여 회개하라. "이제 종이 주의 종들인 이스라엘 자손을 위하여 주야로 기도하오며 우리 이스라엘 자손이 주께 범죄한 죄들을 자복하오니 주는 귀를 기울이시며 눈을 여시사 종의 기도를 들으시옵소서 나와 내 아버지의 집이 범죄하여 주를 향하여 크게 악을 행하여 주께서 주의 종 모세에게 명령하신 계명과 율례와 규례를 지키지 아니하였나이다(느 1:6-7)" 선조의 죄를 위한 회개 기도는 선조를 대신 하여 회개하는 것이 아니라, 그들이 지은 죄 때문에 회개하는 것입니다. 선조들의 죄악으로 인하여 자신에게 마귀가 침입하여 역사하기 때문에 찾아서 해결하는 것입니다. 회개의 기도는 사단이 선조의 죄를 통하여 우리들에게 역사할 수 있는 법적 근거를 끊기 위한 목적입니다.

2)마귀에 의한 부부관계의 악의 대물림을 찾아 끊어 내야 합니다. 나에게 임한 사단의 가정과 자녀 부부관계의 대물림을 끊으시기를 바랍니다.

① 부부불행의 대물림을 끊으면 악령들이 작용할 수 있는 법적 권리를 박탈해 버리게 됩니다.

② 법적인 근거들을 멸한 뒤에 주 예수의 이름으로 귀신들을 쫓아내라.

③ 대물림을 끊으면 상황에 따라서 끊음과 함께 바로 회복, 치유, 변화를 경험하는 경우가 있으며, 또 시간이 점차 지나면

서 고통을 끊은 효력이 나타납니다. 부부 금슬이 좋아지고, 가정이 평안해지고 가출한 자녀가 돌아오고 반항심이 많던 아이가 순종을 잘합니다.

'나는 예수의 이름으로 나와 가족 위에 내린 모든 고통은 끊어질지어다. 가난, 이혼, 부부불화, 자녀문제, 중혼, 방랑벽의 모든 대물림은 끊어질지어다. 나의 성적상태, 감정과 의지, 대인관계에 영향을 주는 대물림은 끊어질지어다.' '나의 부부생활, 가족, 자녀와 대인관계에 내린 모든 마귀의 역사는 끊어질지어다. 반항심, 호색, 강간, 정신이상, 광기, 혼란의 고통은 끊어질지어다. 예수님의 보혈로 어두움의 장막을 다 벗겨내노라. 나는 이제 하나님의 은총에 들어가노라.'

일곱째, 악을 대물림하는 악한 마귀, 귀신을 쫓아내야 한다. 내가 나사렛 예수 이름으로 명하노니 '나의 부부생활, 가족, 자녀와 대인관계에 영향을 미치는 귀신은 떠나갈지어다. 반항심, 호색, 강간의 영은 떠나갈지어다. 부부불화를 일으키는 악한 영은 떠나갈지어다. 부부가 이혼하게 하는 영은 떠나갈지어다.

여덟째, 지속적으로 선포하며 기도하라. 내가 예수 이름으로 명하노니 나의 가정에 백년 회로 하는 부부 금슬의 축복이 임할지어다. 우리 가문에 부부 금슬이 좋아 자자손손 백년 회로 하는 축복의 영이 임할 지어다.

1. 부부화목위한 선포기도. 사람이 평생 살면서 가장 오래 함께하는 관계가 부부사이입니다. 부부사이에는 비밀이 없습니다. 세상이 다 괴롭힌다 해도 배우자가 내 편이라면 그는 능히 세상을 이길 수 있습니다. 그러나 세상에서 아무리 큰 성공을 이루었다 해도 배우자에게서 인정받지 못하고 무시를 당한다면 그 삶은 너무나 비참한 삶입니다. 문제는 부부 사이를 이간하여 불화를 일으키는 영이 있다는 것입니다. 무조건 상대방에게 문제가 있다고 몰아붙이지만 마시고 한 차원 깊게 영적으로 사고를 해야 합니다. 예수를 믿는 우리는 사람을 미워하거나 대적하면 안 됩니다. 부부간을 이간하는 악한 영을 대적해야 합니다.

대적하며 선포기도는 이렇게 하세요. 성령님 임하소서. 충만해지면 마음에서 나오는 소리로 기도하세요. 저의 전인격을 사로잡아 주옵소서. 내가 예수님의 이름으로 명하노니 우리 부부 사이에 역사하면서 불화를 일으키는 불화의 영은 떠나갈지어다. 예수님의 이름으로 명하노니 우리 부부사이에 역사하면서 불화를 일으키는 불화의 영은 떠나갈지어다. 예수님의 이름으로 명하노니 우리 부부사이에 역사하면서 불화를 일으키는 불화의 영은 떠나갈지어다. 예수님의 이름으로 부부 불화의 영이 떠난 곳에 부부 금슬을 좋게 하는 영이 임할지어다. 예수님의 이름으로 부부 불화의 영이 떠난 곳에 부부 금슬을 좋게 하는 영이 임할지어다. 닭살 부부가 되게 하는 영이 임할지어다. 예수님의 이름으로 기도했습니다. 아멘.

2. 친족이 축복받는 선포기도. 우리가 주변에 보면 친척들의 영향으로 고통을 당하는 경우가 많습니다. 친척들이 믿음 생활하는 것을 방해합니다. 말을 이상하게 하여 상처를 받게 합니다. 부부간에 이간하여 부부싸움을 하도록 유도합니다. 가만히 보고 당하기만 하지 말아야 합니다. 말씀과 성령으로 원인을 찾아 대적하며 싸워야 합니다. 찾아보면 분명하게 역사하는 영이 있다는 것입니다.

대적하며 선포기도는 이렇게 하세요. 성령님 임하소서. 충만해지면 마음에서 나오는 소리로 기도하세요. 저의 가정을 사로잡아 주옵소서. 내가 예수님의 이름으로 명하노니 친척들을 통하여 우리 가정과 부부를 분란하게 하는 영은 떠나갈지어다. 예수님의 이름으로 명하노니 친척들을 통하여 우리 가정과 부부를 분란하게 하는 영은 떠나갈지어다. 예수님의 이름으로 명하노니 친척들을 통하여 우리 가정과 부부를 분란하게 하는 영은 떠나갈지어다. 예수님의 이름으로 우리 가정과 부부를 분란하게 하는 영이 떠난 곳에 화평의 영이 임할지어다. 예수님의 이름으로 우리 가정과 부부를 분란하게 하는 영이 떠난 곳에 화평의 영이 임할지어다. 나의 가정에 유화의 영이 임할지어다. 예수님의 이름으로 기도했습니다. 아멘.

3. 부부 금슬 축복 선포기도. 지금 이 세상은 너무나 음란하고 악합니다. 세상은 음란을 죄로 여기지 않습니다. 음란한 짓

을 하는 이들은 부끄러운 줄도 모르고 그것을 자랑스럽게 떠벌리고 다닙니다. 남편과 아내는 아름다운 한 팀입니다. 부부들이 세상에서 승리하기 위하여 서로를 위해 기도해야 합니다. 밤늦게 돌아오지 않는 남편을 생각하며 불안하고, 걱정이 되는 아내는 그 시간에 걱정하지 말고 악한 영들의 세력을 결박하십시오. 유혹과 음란의 영을 대적하고 결박하고 대적하십시오, 당신의 기도는 능력이 있으며 그 기도는 악한 영들로부터 남편을 지켜줄 것입니다.

대적하며 선포기도는 이렇게 하세요. 성령이여 임하소서. 성령의 임재가 깊어지면 명령하세요. 충만해지면 마음에서 나오는 소리로 기도하세요. "우리 남편을 유혹하는 더러운 영은 예수 이름으로 명하노니 떠나갈지어다." "우리 부인을 유혹하는 음란의 귀신은 예수 이름으로 명하노니 떠나갈지어다." "음란의 귀신이 떠난 자리에 성령의 능력이 임할지어다. 하나님을 두려워하는 영이 임할지어다." "음란의 귀신이 떠난 자리에 부부 금슬이 좋게 하는 영이 임할지어다. 하나님을 두려워하는 영이 임할지어다." "천사들아 우리 남편을 보호할지어다." "천사들아 곧장 집으로 들어오도록 인도할지어다." 예수님의 이름으로 기도했습니다. 아멘. 호흡 기도를 지속적으로 하면서 대적하고 명령하세요. 그러면 하품이나 기침이나 재채기를 통해서 걱정하게 하는 영들이 떠나갑니다.

15장 행복한 부부되기 위한 선포기도

(막10:7-9)"이러므로 사람이 그 부모를 떠나서 그 둘
이 한 몸이 될지니라 이러한즉 이제 둘이 아니요 한 몸
이니, 그러므로 하나님이 짝지어 주신 것을 사람이 나누
지 못할찌니라 하시더라"

1. 부부사이에 이간하는 악의 세력에 대한 선포기도. 저는 항
상 이렇게 말합니다. 하나님이 성령의 권능을 주신 것은 첫째는
자신을 치유하여 영적인 존재가 되라고 권능을 주신 것입니다.
둘째는 가정을 치유하여 하나가 되게 하라는 것입니다. 그리고
다른 사람을 도우라는 것입니다. 자기도 바르게 되지 않았는데
경거망동하지 말라는 것입니다. 이렇게 되어야 바르게 사역을
할 수가 있기 때문입니다. 마귀가 이것을 알고 어찌하든지 부부
간을 이간하려고 공격하는 것입니다.

사람이 평생 살면서 가장 오래 함께하는 관계가 부부사이입
니다. 부부사이에는 비밀이 없습니다. 세상이 다 괴롭힌다 해
도 배우자가 내 편이라면 그는 능히 세상을 이길 수 있습니다.
그러나 세상에서 아무리 큰 성공을 이루었다 해도 배우자에게
서 인정받지 못하고 무시를 당한다면 그 삶은 너무나 비참한
삶입니다. 이렇게 중요한 부부관계를 파괴하는 악령을 대적하
십시오.

이렇게 선포기도를 하시기 바랍니다. 성령이여 임하소서. 성령의 임재가 깊어지면 명령하세요. "부부간을 이간하는 악한 영은 예수 이름으로 명하노니 떠나갈지어다." "부부간을 이간하는 귀신은 예수 이름으로 명하노니 떠나갈지어다." "부부간을 이간하는 귀신이 떠난 자리에 부부화목의 영이 임할지어다." 호흡 기도를 지속적으로 하면서 자신의 부부의 상태를 그리면서 지속적으로 명령하세요. 그러면 하품이나 기침이나 재채기를 통해서 떠나갑니다.

2. 부부간에 비난하게 하는 세력을 향한 선포기도. 성령의 역사는 허물을 덮어줍니다. 반대로 마귀 역사는 서로에게 책임을 전가하고 비난을 합니다. 부부간에 서로 비난을 한다면 벌써 마귀가 역사하는 것입니다. 어떠한 대인관계에서도 마찬가지이지만 특히 가정 안에서는 배우자에게도 자녀에게도 절대로 서로에 대해서 비난을 해서는 안 됩니다. 상대를 비난한다면 자신은 마귀의 도구요. 마귀의 종이라는 것을 명시해야 합니다. 상대방이 사랑스럽게 보이지 않으며 하는 짓이 꼴 보기 싫은 사람은 자신의 입에서 나오는 말이 대부분 비난이나 정죄라는 것을 알아야 합니다.

이렇게 선포기도 하시기 바랍니다. 성령이여 임하소서. 성령의 임재가 깊어지면 명령하세요. "부부간에 역사하며 서로 비난하게 하는 악한 영은 예수 이름으로 명하노니 떠나갈지어다." "부부간에 역사하며 서로 책임 전가하게 하는 악한 영은 예수 이름으로 명하노니 떠나갈지어다." "부부간에 서로 비난하게 하는 귀신은 예수 이름으로 명하노니 떠나갈지어다." "부부간에 역사하며 비난하게 하는 귀신이 떠난 자리에 은혜의 영이 임할지어다. 화평의 영이 임할 지어다" 호흡 기도를 지속적으로 하면서 자신의 부부의 상태를 그리면서 지속적으로 명령하세요. 그러면 하품이나 기침이나 재채기를 통해서 떠나갑니다.

3. 서운하게 생각하게 하는 세력에게 선포기도. 자주 서운함에 빠지는 사람은 서운함의 영을 결박하십시오. 제가 지금까지 말씀과 성령으로 치유사역을 하다가 보니 상처가 많은 사람이 아주 사소한 것으로 상처를 받습니다. 사람에게 서운한 마음이 자주 든다는 것은 영적인 만족이 없다는 것입니다. 한마디로 성령이 충만하지 못하다는 것입니다. 상처가 많으면 영적인 만족을 얻기가 어렵습니다. 상처가 많은 분들이 사람에게 은혜를 받으려고 합니다. 사람에게 은혜를 받으려다가 상처를 더 받는 것입니다. 사람은 너나 나나 모두 미완성입니다. 사람에게 만족을 얻을 수가 없습니다.

우리는 하나님에게 만족을 얻으려고 해야 합니다. 사람들은 상대방의 작은 배려의 부족, 상대방이 자기의 마음을 알아주지 않는다는 상상으로, 상대방이 자신에게 무관심하다며 서운해

합니다. 이는 영적 에너지가 부족해서 그렇습니다. 그 부족함을 사람에게서 찾기 때문에 그렇습니다. 하지만 그 영혼의 갈망은 오직 하나님만이 채워줄 수 있을 뿐입니다.

이렇게 선포기도 하시기 바랍니다. 성령이여 임하소서. 성령의 임재가 깊어지면 명령하세요. "부부간에 역사하며 서운하게 생각하게 하는 악한 영은 예수 이름으로 명하노니 떠나갈지어다." "부부간에 서운하게 생각하게 하는 귀신은 예수 이름으로 명하노니 떠나갈지어다." "부부간에 역사하며 서운하게 생각하게 하는 귀신이 떠난 자리에 평안의 영이 임할지어다. 권능의 영이 임할 지어다" 호흡 기도를 지속적으로 하면서 자신의 상태를 그리면서 지속적으로 명령하세요. 그러면 하품이나 기침이나 재채기를 통해서 떠나갑니다. 그리고 사람에게 자꾸만 받고 싶고 기대고 싶을 때 오직 주님이 채우시도록 기도하십시오.

4. 이기주의가 되게 하는 세력을 향한 선포기도. 육신에 속한 사람은 원래 자기만을 위하는 이기주의가 강합니다. 자기 의가 강한 사람들은 언제나 자신은 옳고 다른 사람은 틀렸다고 하며 자신이 억울한 피해자라고 합니다. 자기 의가 강한 사람들은 자신을 별로 돌아보지 않으며 반성을 하지 않습니다. 자기 의처럼 무서운 것이 없습니다. 세리와 창기도 구원을 받았으나 자기 의가 가득한 사람은 구원 받기도 변화되기도 어렵습니다. 자기 의를 십자가에 못 박아야 합니다.

원래 예수님은 다른 사람을 돕고 희생하십니다. 마귀는 자기밖에 모릅니다. 자기에게 경배하라고 하는 것입니다. 우리는 자기만을 위하고 자기만을 알아주기를 원하는 이기주의 영을 대적하여 몰아내야 합니다.

이렇게 선포기도 하시기 바랍니다. 성령이여 임하소서. 성령의 임재가 깊어지면 명령하세요. "부부간에 역사하며 자신만 알게 하는 이기주의 영은 예수 이름으로 명하노니 떠나갈지어다." "부부간에 자신만 알게 하는 이기주의 귀신은 예수 이름으로 명하노니 떠나갈지어다." "부부간에 역사하며 자신만 알게 하는 이기주의 귀신이 떠난 자리에 예수님의 마음이 임할지어다. 남을 배려할 줄 아는 은혜의 영이 임할 지어다" 호흡 기도를 지속적으로 하면서 자신의 상태를 그리면서 지속적으로 명령하세요. 그러면 하품이나 기침이나 재채기를 통해서 떠나갑니다. 그리고 자꾸 자기 위주로 생각하고 받고 싶을 때 예수님을 생각하며 배려하는 마음으로 채우시도록 기도하십시오.

5. 배우자 유혹하는 영을 향한 선포기도. 지금 이 세상은 너무나 음란하고 악합니다. 세상은 음란을 죄로 여기지 않습니다. 음란한 짓을 하는 이들은 부끄러운 줄도 모르고 그것을 자랑스럽게 떠벌리고 다닙니다. 남편과 아내는 아름다운 한 팀입니다. 부부들이 세상에서 승리하기 위하여 서로를 위해 기도해야 합니다. 밤늦게 돌아오지 않는 남편을 생각하며 불안하고, 걱정이

되는 아내는 그 시간에 걱정하지 말고 악한 영들의 세력을 결박하십시오. 유혹과 음란의 영을 대적하고 결박하고 대적하십시오, 당신의 기도는 능력이 있으며 그 기도는 악한 영들로부터 남편을 지켜줄 것입니다.

이렇게 선포기도 하시기 바랍니다. 성령이여 임하소서. 성령의 임재가 깊어지면 명령하세요. "우리 남편을 유혹하는 더러운 영은 예수 이름으로 명하노니 떠나갈지어다.""우리 부인을 유혹하는 음란의 귀신은 예수 이름으로 명하노니 떠나갈지어다.""음란의 귀신이 떠난 자리에 성령의 능력이 임할지어다. 하나님을 두려워하는 영이 임할 지어다""천사들아 우리 남편을 보호할 지어다.""천사들아 곧장 집으로 들어오도록 인도할 지어다" 호흡 기도를 지속적으로 하면서 대적하고 명령하세요. 그러면 하품이나 기침이나 재채기를 통해서 걱정하게 하는 영들이 떠나갑니다. 그리고 밤이 늦도록 돌아오지 않는 배우자를 생각할 때 걱정스럽고 의심하는 생각이 자신을 주장할 때 마음으로 예수님을 찾아 평안으로 채우시도록 기도하십시오.

6. 가정을 장악하려는 악의 세력을 향한 선포기도. 결혼한 부부는 한 몸으로 누구도 간섭을 해서는 안 됩니다. 그런 현실적으로 보면 그렇게 못합니다. 주로 시댁이나 친정 식구들과 관련된 문제로 자유롭지 못한 가정이 많습니다. 그러나 외부의 간섭과 지배에서 완전히 벗어나야 그것이 온전한 가정입니다. 가정

이 천국이 되려면 오직 주님만이 지배하셔야 합니다.

지혜로운 남성은 어머니가 자신의 가정에 대해서 아내에 대해서 이야기 할 때 이렇게 말할 수 있어야 합니다. "어머니, 제 아내에 대해서 부족한 부분만 보고 평가하지 말아주세요. 그리고 이것저것 챙기시고 알려주시는 것도 좋지만 자립심을 기르도록 해주셨으면 좋겠습니다. 간섭하시고 일러주는 것을 줄였으면 좋겠습니다. 그녀가 혼자의 힘으로 세상을 살아가도록 본인의 지혜와 잠재력을 길러가도록 해주세요." 지혜로운 여성은 어머니가 남편에 대해서 말할 때 이렇게 이야기해야 합니다. "어머니 제 남편에 대해서 부정적으로 말하지 마시고 좋은 면을 보고 긍정적으로 좋게 말해주세요. 그리고 저의 자녀교육에 대해서 저에게 일임하여 주셨으면 합니다. 우리 아이들은 하나님께서 저에게 맡기신 자녀입니다. 제가 하나님에게 기도하며 자녀 교육을 하도록 양보하여 주세요. 하나님이 저에게 맡기신 자녀이기 때문에 책임이 저에게 있다고 생각합니다." 이것은 불효가 아닙니다. 남자와 여자는 결혼을 하면 경제적 정신적으로 부모를 떠나서 완전히 독립하는 것이 성경적인 것이며 옳은 것입니다. 부모도 자녀가 떠나갔으면 그들에 대한 관심을 내려놓고 자신의 삶에 몰두해야 합니다.

이렇게 선포기도 하시기 바랍니다. 성령이여 임하소서. 성령의 임재가 깊어지면 명령하세요. "우리 가정을 장악하여 부부간 불화를 조장하려는 더러운 영은 예수 이름으로 명하노니 떠나갈지어다.” “우리 가정에 역사하여 장악하고 간섭하라고 충동하는 귀신은 예수 이름으로 명하노니 떠나갈지어다.” “가정을 장악하고 간섭하려는 귀신이 떠난 자리에 성령의 은혜가 임할지어다. 화평의 영이 임할 지어다” “천사들아 우리 가정을 지켜 보호할지어다.” 호흡 기도를 지속적으로 하면서 대적하고 명령하세요. 그러면 하품이나 기침이나 재채기를 통해서 가정을 장악하고 간섭하려는 영들이 떠나갑니다. 성령의 역사가 가정에 충만하도록 기도하십시오. 찬양을 하십시오.

7. 상대방에게 있는 악한 세력을 향한 선포기도. 하나님은 에베소서 6장 12절에서 “우리의 씨름은 혈과 육을 상대하는 것이 아니요 통치자들과 권세들과 이 어둠의 세상 주관자들과 하늘에 있는 악의 영들을 상대함이라” 하셨습니다. 상대방이 가지고 있는 나쁜 것들은 모두 영적인 존재들입니다. 성격도 그 사람 것이 아닐 수가 있습니다. 마귀가 뿌려놓은 것이라는 것입니다. 마귀만 떠나가면 유순한 사람이 된다는 것입니다. 고로 사람을 미워하지 말고 나쁜 영들을 대적하십시오. 대적하여 몰아내기 위해서는 상대방이 가지고 있는 지옥의 영을 분별해야 합니다.

행복한 가정을 이루기 위해서는 문제가 상대방에게 있는 것이 아니고, 자기 자신 안에 있다는 인식이 필요합니다. 앞에서도 말씀드렸지만, 하나님은 우리에게 은사를 주시는 것은 자신을 치유하라고 주시는 것입니다. 먼저 자신 안에 있는 악한 영, 악한 기운을 대적하고 선포하고 소멸시킨 다음, 상대방의 안에 있는 악한 영, 악한 세력도 역시 대적하고 결박하여 소멸시켜야 합니다.

이렇게 선포기도 하시기 바랍니다. 성령이여 임하소서. 성령의 임재가 깊어지면 명령하세요. "우리 남편에게 있는 혈기의 영은 예수 이름으로 명하노니 떠나갈지어다." "우리 부인에게 역사하는 분노의 귀신은 예수 이름으로 명하노니 떠나갈지어다." "나의 남편에게 역사하는 혈기의 귀신이 떠난 자리에 온유의 은혜가 임할지어다. 평안 영이 임할 지어다" "평안의 영이 우리 남편을 주장할지어다." 호흡 기도를 지속적으로 하면서 대적하고 명령하세요. 그러면 하품이나 기침이나 재채기를 통해서 좋지 못한 성품의 영들이 떠나갑니다. 성령의 역사가 자신에게 충만하도록 기도하십시오. 찬양을 하십시오.

8. 아이가 아플 때 선포기도. 제가 지금까지 치유사역을 하면서 체험한 바로는 아이가 약하고 병치레를 잘하는 것은 태중에서 상처가 있기 때문입니다. 그래서 저는 어려서부터 성령으로 충만한 목회자의 안수기도를 받으라고 권면을 합니다. 안수를 자주 받으면 태중에서 상처가 치유됩니다. 상처가 치유되니 아이가 강건해 지는 것입니다. 기독교 신앙은 예방 신앙이 되어야 합니다. 아이들은 영혼이 아직 안정되어 있지 않고 약하기 때문

에 영적인 공격에 아주 취약합니다. 그래서 악한 기운의 접근에 아주 민감하게 반응합니다. 예를 들어 분노와 미움의 영을 많이 가지고 있는 사람이 집에 온다던가, 화를 잘 내는 사람, 걱정 근심 두려움이 많은 사람이 집에 머물다 가면 그 날 밤 아이가 갑자기 열이 나는 수가 있습니다. 그러한 기운이 아이에게 영향을 미쳤기 때문입니다. 그럴 때는 아이가 놀라지 않도록 조용히 아이에게 손을 얹고 차분하게 악한 영을 결박시키고 대적한 다음에 주님의 임재와 평안이 임하기를 기도하면 아이가 바로 좋아집니다. 부부간에 불화가 있는 경우에 아이들이 질병이 잘 걸리는 이유도 이와 같은 이유입니다. 부부가 싸웠는데 아이가 열이 나고 고통스러워하는 것을 주변에서 종종 보실 것입니다.

이렇게 선포기도 하시기 바랍니다. 아이를 안으시고 성령이여 임하소서. 성령의 임재가 깊어지면 명령하세요. "우리 아이에게 역사하는 두려움의 영은 예수 이름으로 명하노니 떠나갈지어다." "우리 아이에게 역사하는 공포의 귀신은 예수 이름으로 명하노니 떠나갈지어다." "나의 아이에게 역사하던 영이 떠난 자리에 평안의 은혜가 임할지어다. 평안 영이 임할 지어다" "평안의 영이 우리 아이를 주장할지어다. 평안해질 지어다" 이렇게 기도하면 금방 좋아지는 것을 느낄 것입니다.

호흡 기도를 지속적으로 하면서 대적하고 명령하세요. 열이 올라서 고통당하는 아이는 이렇게 기도하세요. "성령이여 임하소서. 우리 아이의 열은 떨어질지어다. 열은 떨어지고 평안할지어다. 열은 떨어질지어다. 평안하여 질지어다. 배 아프고 두통을 일으키는 근원은 깨끗하게 치유될지어다." 그러면 열이 떨어지고 아이에게 평안의 영이 임하게 될 것입니다. 이를 위해서 부모들은 평소에 자기 관리를 하고 어린아이 주변에서 타투는 일을 삼가 하세요. 다른 질병의 대적기도 기도 비결은 "신유은사와 고질병 순간치유" 를 참고하세요.

9. 가족의 영적 방해 세력을 향한 선포기도. 마귀는 사람을 통하여 자신의 목적을 이루어 갑니다. 물론 하나님도 사람을 통하여 역사를 하십니다. 마귀는 어찌하든지 주변 사람을 이용하여 믿음의 성장을 방해합니다. 사람들은 흔히 생각하기를 부부 중의 어느 한쪽이 은혜를 받고 영적 감동을 얻으며 영적으로 눈을 뜨고 예민해진다면 그 배우자가 아주 좋아할 것이라고 생각합니다. 하지만 그것은 순진한 생각입니다. 오히려 좋았던 부부관계가 이상해지는 경우가 많습니다. 그것은 은혜가 있는 곳에는 반드시 방해하는 영들의 공격이 있기 때문입니다. 한쪽이 은혜를 받으면 한쪽이 그것을 소멸하려는 시도가 시작됩니다. 아무것도 아닌 일을 가지고 시비를 겁니다. 이럴 때는 가족을 미워해서도 안 되고 화를 내서도 안 됩니다. 그럴 때는 오직 상대방을 사랑하면서 조용히 기도하고, 그 배후에 역사하는 악한 영을 결박시키십시오. 우리는 영적인 문제를 해결할 때는 반드시 영적인 방법을 사용해야 문제가 해결이 됩니다.

이럴 때는 이렇게 선포기도 하시기 바랍니다. 성령이여 임하소서. 성령의 임재가 깊어지면 명령하세요. "우리 남편을 이용하여 나를 혈기 내게 하는 영은 예수 이름으로 명하노니 떠나갈 지어다. 결박될 지어다" "우리 부인에게 역사하는 귀신은 예수 이름으로 명하노니 떠나갈지어다. 결박될 지어다"

상대방이 성령으로 충만하면 떠나가라고 명령하고, 불신자라면 결박하시기를 바랍니다. "나의 남편에게 조종하여 나를 괴롭게 하는 귀신이 떠난 자리에 온유와 평안의 영이 임할지어다. 평안 영이 임할 지어다" "평안의 영이 우리 남편을 주장할 지어다." 호흡 기도를 지속적으로 하면서 대적하고 명령하세요. 성령의 역사가 자신에게 충만하도록 기도하십시오. 찬양을 하십시오.

10. 아이를 칭얼대게 하는 악의 세력에게 선포기도. 마귀는 강한 자가 아니면 약한 자에게 붙어서 역사합니다. 우리는 이를 분별할 수 있는 분별력을 개발해야 합니다. 어린아이에게 붙어서 칭얼대며 끊임없이 이것저것을 요구하며 사람을 피곤하게 하는 것은 악한 영의 영향입니다. 이것을 처리하는 것은 아주 중요합니다. 이때에는 이렇게 하시기를 바랍니다. 가만히 머리에 손을 얹고 아이에게 붙어서 칭얼대게 하는 영은 "예수 이름으로 명하노니 떠나갈 지어다. 칭얼대게 하는 영은 떠나갈지어다. 정상적으로 요구하게 하는 영이 역사할 지어다." 왜냐하

면 아이가 자신이 원하는 것을 얻을 때의 방식이 지금부터 결정되기 때문입니다. 아이들이 칭얼거리고 투정을 하며 짜증을 낸다고 그들의 요구를 관철하는 습관이 되면 안 됩니다. 나중에 어른이 되어서도 그런 방법으로 자신이 원하는 것을 얻으려 할 것이기 때문입니다. 그래서 세 살 버릇이 여든까지 간다고 하는 것입니다. 아이들은 자기가 원하는 것이 있을 때 밝고 맑게 웃으면서 그들의 소원을 요구하는 습관이 되어야 합니다. 그래야 어른이 되어서도 웃고 즐거워하며 자신의 소원을 이루어갈 것입니다.

아이들을 어려서부터 정상적으로 요구하는 버릇을 들이는 것이 좋습니다. 버릇이 잘못되면 어른이 되어 배우자가 고생을 할 수도 있습니다. 무엇보다도 아이에게 붙어서 역사하는 영을 대적기도로 떠나가게 해야 합니다. 이는 그렇게 어렵지 않습니다. 아이에게 영향을 미치는 영은 침입한지 얼마 되지 않았기 때문에 정체가 폭로되면 쉽게 떠나가는 것이 보통입니다. 그래서 저는 항상 이렇게 강조를 합니다. 아이들을 어려서부터 성령체질화가 되게 하라는 것입니다. 어려서 신앙생활이 어른이 되어도 연결이 되기 때문입니다.

11. 가족에게 선포기도(영적 전쟁)을 가르치라. 아이들에게 지금 자기가 하는 행동이 악한 영이 장난을 치는 것이라고 알려주는 것입니다. 부모가 관심을 가지고 잘 설명하며 이해를 시키

면 악한 영의 행동을 분별하는 능력이 개발이 됩니다. 아이들은 어느 정도만 훈련이 되면 영의 느낌에 대해서 잘 알게 되고 악한 영들이 장난을 치는 것을 쉽게 느낍니다. 그들은 불순종하고 지나치게 까불거나 욕심을 부리거나 동생과 싸우거나 서로 화를 내거나 세상적인 오락이나 즐거움에 빠지고 나면 영이 답답해지고 막히는 것을 금방 느낍니다.

그들은 어른들보다 훨씬 더 영이 맑고 아름답고 예민합니다. 믿음의 삶과 영적 성장은 하루아침에 이루어지는 것이 아니라, 평생을 걸어가야 하는 마라톤과 같은 것입니다. 우리가 사는 한 항상 삶에는 마귀의 유혹이 있고, 영적인 전쟁이 있으며, 악한 영들과의 부딪침이 있습니다. 영적 전쟁을 아이들에게 가르치는 것, 그것은 아주 중요한 것입니다. 그것은 아이들의 신앙과 영성과 미래에 아주 놀라운 유익을 안겨줄 것입니다. 저는 항상 이렇게 말합니다. 영적인 지식과 체험을 하는 것은 평생 인생을 살아가면서 재산이라고 합니다.

세상 아무 곳에서나 얻을 수 없는 산지식이고 체험입니다. 아이들에게 영적전쟁 하는 방법을 지속적으로 알려주세요. 아이들의 영은 맑기 때문에 평생기억을 하게 됩니다.

12. 부모 자녀 간 갈등하게 하는 세력을 향한 선포기도. 지금 세상에는 부모-자녀간의 갈등으로 인하여 사회문제로 대두되고 있습니다. 우리 예수를 믿는 성도들은 부모-자녀간의 갈등

을 성경적인 방법으로 해소해야 합니다.

선포기도는 이렇게 해야 합니다. 치유를 받으려면 먼저 성령으로 세례를 받아야 합니다. 성령으로 세례를 받은 후에 내적치유를 해야 합니다. 내적치유를 하여 성령이 장악을 해야 선포기도가 효과가 있습니다. 대적기도는 이렇게 하시기 바랍니다. 성령이여 임하소서. 성령의 임재가 깊어지면 명령하세요. "우리 가정에 역사하며 부모와 자녀를 이간하는 더러운 영은 예수 이름으로 명하노니 떠나갈지어다." "우리 가정에 역사하며 부모와 자녀를 분리시키는 귀신은 예수 이름으로 명하노니 떠나갈지어다." 선포기도 할 때 막연하게 우리 가정에 역사하며 부모와 자녀를 분리시키는 영은 떠나가라. 하는 것보다 구체적인 문제를 거명하며 대적기도를 하는 것이 훨씬 효과가 있습니다. "우리가정에 부부간 의견 충돌을 일으키는 더러운 영은 떠나가라." "우리 가정에 역사하며 부모와 자녀 사이에 의견 충돌을 일으키는 더러운 영은 예수 이름으로 명하노니 떠나가라."

이렇게 하라는 말입니다. "우리 가정에 역사하며 의견충돌을 일으키던 귀신이 떠난 자리에 성령의 은혜가 임할지어다. 서로 양보하는 영이 임할 지어다. 서로 이해하는 영이 임할 지어다" 지속적으로 보증의 역사가 나타날 때까지 의지를 가지고 대적기도를 해야 합니다. 가정을 하나 되지 못하게 하는 악한 영은 밖에 있는 것이 아니고 모두 사람 안에서 역사한다는 것을 명심해야 합니다. 호흡 기도를 지속적으로 하면서 대적하고 명령하세요. 그러면 하품이나 기침이나 재채기를 통해서 불안의 영들이 떠나갑니다. 성령의 역사가 항상 자신과 가정에 충만하도록 기도하십시오. 깊은 영의 기도와 찬양을 하십시오.

13. 가정불화 일으키는 악의 세력에 대한 선포기도. 하나님은 세상의 모든 가정들이 행복하기를 원하십니다. 가정의 불화는 최초 에덴동산에서부터 불화가 시작이 되었습니다. 불신자의 가정 뿐 만아니라, 예수를 믿는 가정도 불화가 만연하고 있습니다. 제가 그동안 치유 사역을 하면서 체험한 바로는 부모가 상처가 많은 경우 가정불화가 심했습니다. 상처로 인하여 악한 영의 역사가 가정을 장악하여 불화가 일어나게 하는 것입니다. 가정불화는 가족 모두가 영적인 것을 인정하고 하나가 되어야 해결이 됩니다.

가족 구성원들이 모두 자신들에게 문제가 있다는 것을 인정하고 말씀과 성령으로 치유 받으려고만 한다면 치유되는 것은 시간문제입니다. 그러나 이기주의가 되어 서로에게 문제가 있다고 한다면 해결은 되지 안 습니다. 제일 좋은 방법은 가족치유입니다. 가족 전체가 한마음이 되어 치유를 받는 것입니다. 그러면 좀 더 빨리 행복한 가정이 될 수가 있습니다. 무엇보다도 가장이 심각성을 깨닫고 앞장설 때 치유는 빨리 됩니다.

치유를 받으려면 먼저 성령으로 세례를 받아야 합니다. 성령으로 세례를 받은 후에 내적치유를 해야 합니다. 내적치유를 하여 성령이 장악을 해야 선포기도가 효과가 있습니다.

선포기도는 이렇게 하시기 바랍니다. 성령이여 임하소서. 성령의 임재가 깊어지면 명령하세요. "우리 가정에 역사하며 가정불화를 일으키는 더러운 영은 예수 이름으로 명하노니 떠나갈지어다." "우리 가정에 역사하며 가정불화를 일으키는 귀신은 예수 이름으로 명하노니 떠나갈지어다."

대적기도를 할 때 막연하게 우리 가정에 역사하며 가정불화를 일으키는 영은 떠나가라. 하는 것보다 구체적인 가정불화를 거명하며 대적기도를 하는 것이 훨씬 효과가 있습니다. "우리 가정에 의견 충돌을 일으키는 더러운 영은 떠나가라." "우리 가정에 역사하며 서로에게 책임을 전가하게 하는 더러운 영은 예수 이름으로 명하노니 떠나가라." 이렇게 하라는 말입니다. "우리 가정에 불화를 일으키던 귀신이 떠난 자리에 성령의 은혜가 임할지어다. 유화 작용을 하는 영이 임할 지어다"

지속적으로 변화가 나타날 때까지 의지를 가지고 대적기도를 해야 합니다. 가정불화를 일으키는 악한 영은 밖에 있는 것이 아니고 모두 사람 안에서 역사한다는 것을 명심해야 합니다. 호흡 기도를 지속적으로 하면서 대적하고 명령하세요. 그러면 하품이나 기침이나 재채기를 통해서 불안의 영들이 떠나갑니다. 성령의 역사가 항상 자신과 가정에 충만하도록 기도하십시오. 깊은 영의 기도와 찬양을 하십시오.

16장 가계가 재정에 축복받는 선포기도

(고후 8:9)"우리 주 예수 그리스도의 은혜를 너희가
알거니와 부요하신 이로서 너희를 위하여 가난하게 되
심은 그의 가난함으로 말미암아 너희를 부요하게 하려
하심이라"

하나님은 하나님을 믿는 우리에게 복을 주시는 분이십니다.
하나님은 우리가 아브라함의 복을 받으면서 살아가기를 원하십
니다. 예수님을 믿는 하나님의 자녀가 가난하게 사는 것이 하나
님의 뜻이 아니라, 부자로 사는 것이 하나님의 뜻입니다. 그런
데도 왜 믿는 우리가 물질의 문제로 고통을 당합니까?

이 글을 읽으면서 우리 모두 가문에 가난의 대물림이 왜 흐르
고 있는지를 영안을 열어 바르게 진단하시기를 바랍니다. 그리
고 말씀과 성령의 역사로 물질의 문제가 치유 되고 하나님의 소
원대로 모두 부자가 되시기를 바랍니다. 가정과 가문이 가난의
영으로부터 해방 받고 복 받기를 바랍니다.

첫째, 가난을 청산하기 위하여 어떻게 해야 할까요?

1) 절대로 하나님의 자녀가 가난한 것은 하나님의 뜻이 아니
라는 것을 믿고 가난을 자신의 대에서 청산하기 위해 의지적인
노력을 해야 합니다. 먼저 가난의 원인이 어디에 있는지를 살펴
봐야 합니다. 나는 아무런 잘못도 없다고 조상 탓과 하나님만

탓하지 말고 말씀과 성령으로 바르게 진단하여 원인을 발견하는 대로 조치를 취해야 합니다. 하나님과의 관계(영의 통로)가 열리면 가난은 떠나가는 것입니다. 가난은 하나님의 뜻이 아니기 때문입니다.

2) 그 나라와 그 의를 먼저 구하는 것입니다. 그리하면 하늘나라를 위하여 구할 때 이 모든 것을 네게 더하시리라 하셨습니다. 모든 방향을 하나님을 영화롭게 하는데 맞추고 하나님의 영광을 위하여 물질을 구하면서 가난을 청산하려고 해야 합니다. 그러므로 우리 예수 믿는 사람은 먼저 하늘나라를 구하고, 우리의 구원자이신 예수 그리스도를 구하는 것은 당연한 이치인 것입니다. 그러므로 하늘나라와 하늘 의를 구하면서 우리의 생각이 달라져야 되는 것입니다. 예수를 믿고 성령으로 체험하여 영에 속한 사람은 하나님만을 생각하게 되어 있습니다.

그런데 우리의 생각이 전통적으로 가시와 엉겅퀴로 꽉 들어차있고 마음이 패배의식, 가난의식으로 꽉 들어차 있으면 하나님께서 그 부정적인 마음을 통하여 절대로 복을 내리실 수가 없습니다. 왜 복을 내리지 못할까요? 육에 속해있기 때문입니다. 하나님은 육에 속한 사람과 통할 수가 없기 때문입니다.

3) 성령으로 거듭난 하나님의 자녀답게 가난의식이나 패배의식에서 놓여남을 받고 하나님의 은혜 속에 있어야 됩니다. 지킬만한 것보다 네 마음을 지키라 생명의 근원이 이에서 남이라고 말하고 있는 것입니다. 그러므로 우리의 마음을 완전히 청소하고 마음이 긍정적으로 되기 위해서 예수 그리스도의 은혜를 알

아야 됩니다. 고린도후서 8장 9절을 보면 "우리 주 예수 그리스도의 은혜를 너희가 알거니와 부요하신 이로서 너희를 위하여 가난하게 되심은 그의 가난함으로 말미암아 너희를 부요하게 하려 하심이라." 라고 말씀하셨습니다. 예수님이 하늘의 그 말로 다할 수 없는 부요를 버리시고 육체를 입고 인간생활로 내려오신 것은 인간 세계 속에서 저주를 받아 가난에 허덕이는 우리를 부요케 만들기 위함이셨다고 말씀하고 있는 것입니다.

예수님은 우리를 영적으로 부요케 만드실 뿐만 아니라, 우리의 현실적인 생활 또한 부요케 만들기 위해서 이 땅에 오셨다고 말씀하셨습니다. 그러므로 예수를 구주로 모신 사람들은 마음속에 부요의식을 꽉 채워 놓아야 되는 것입니다. 그렇지 않고 나는 늘 못산다, 나는 늘 가난하다는 생각으로 채워놓는다면 그리스도의 모든 사역의 목적을 파괴해 버리고 마는 것입니다. 이 사람은 하나님의 음성을 듣지 못하고 믿지 못하기 때문에 하나님이 역사하실 수가 없는 것입니다.

그러므로 복을 받고 못 받는 것은 다 자기의 탓입니다. 예수님은 부요하신 자로서 우리를 위해서 가난하게 되셨다고 하셨습니다. 그것은 저의 가난하심으로 인하여 우리를 부요케 하려 하심이라고 말씀하고 있는 것입니다.

하나님은 아브라함과 이삭과 야곱에게 창대한 물질적 복을 주셨습니다. 하나님의 뜻은 그리스도 예수를 믿는 우리가 이 땅에 사는 동안에 이 아브라함의 복이 우리에게 미치기를 원하시고 계신 것입니다. 그러므로 우리의 생각을 바꾸어야 합니다.

우리는 아브라함의 자손들이므로 아브라함의 복을 누리고 살아야만 되는 것입니다. 우리의 마음속에 가난의식이나 저주의식을 완전히 그리스도의 은혜로 다 내쫓아 버려야만 되는 것입니다. 만약에 마귀가 저주하여 가난이 대물림되고 있다면 가난을 대물림하는 원수 마귀 귀신을 성령의 임재 가운데 예수 이름으로 끊고 몰아내야 합니다. 그리고 우리는 십일조의 언약을 굳세게 부여잡는 사람이 돼야 됩니다.

4) 십일조를 꼭 드려야 합니다. 말라기 3장 8-12절에서 말씀하고 있습니다. "사람이 어찌 하나님의 것을 도둑질하겠느냐. 그러나 너희는 나의 것을 도둑질하고도 말하기를 우리가 어떻게 주의 것을 도둑질하였나이까, 하는 도다. 이는 곧 십일조와 봉헌물이라 너희 곧 온 나라가 나의 것을 도둑질하였으므로 너희가 저주를 받았느니라. 만군의 여호와가 이르노라 너희의 온전한 십일조를 창고에 들여 나의 집에 양식이 있게 하고 그것으로 나를 시험하여 내가 하늘 문을 열고 너희에게 복을 쌓을 곳이 없도록 붓지 아니하나 보라 만군의 여호와가 이르노라 내가 너희를 위하여 메뚜기를 금하여 너희 토지 소산을 먹어 없애지 못하게 하며 너희 밭의 포도나무 열매가 기한 전에 떨어지지 않게 하리니 너희 땅이 아름다워지므로 모든 이방인들이 너희를 복되다 하리라 만군의 여호와의 말이니라."

이와 같이 우리가 하나님께 십일조의 언약을 반드시 지킬 때 하나님께서는 하늘의 복을 반드시 주시겠다고 약속하신 것입니다. 십일조를 드리는 것은 자신의 소유가 모두 하나님의 소유

이기 때문에 감사함으로 드리는 것입니다. 옛 사람이던 나는 예수를 믿으면서 십자가에서 죽고, 부활하신 예수로 태어나 예수 인생을 살고 있기 때문에 감사함으로 드리는 것입니다. 직장에 가서 일을 해도 예수로 하기 때문에 돈도 예수님이 버신 것입니다. 예수님이 버신 것이라도 대행권자인 나에게 주시는 것이므로 거기에 십일조를 드리는 것은 당연한 것입니다.

십일조를 드리지 못하는 사람은 아직 모든 소유가 자기의 것이기 때문에 십일조를 드리지 못하는 것입니다. 모든 소유가 자기의 것이므로 하나님이 보호하실 수가 없는 것입니다. 그러므로 우리는 하나님이 나에게 주신 권세를 가지고 가난의 대물림을 내 대에서 청산하고 재정의 복을 받아서 하나님의 나라 확장에 물질을 사용하는 성도가 되어야 합니다.

그것이 하나님의 뜻입니다. 하나님은 예수를 믿는 우리가 다 잘되기를 소원하고 계십니다. 그런데도 대대로 가난의 대물림으로 인해 고통을 당한다면 말씀과 성령으로 바르게 진단하여 조치를 취해야 하는 것입니다.

막연하게 가만히 앉아서 내가 예수님을 믿으므로 예수님이 가난을 떠나보내 줄 것이라는 안일한 생각을 버리시기를 바랍니다. 적극적으로 불같은 성령을 체험하고 성령의 권세와 예수 이름으로 가난의 원인을 찾아 끊고 몰아내야 합니다.

둘째, 말씀과 성령으로 가난의 증상을 진단합시다. 하나님은 복을 주시는 하나님이십니다. 우리에게 닥친 짧은 기간의 가난은 하나님의 연단이라고 볼 수 있지만 늘 가난한 것은 마귀의 저주가 분명합니다. 성령의 지배 가운데 글을 읽으면서 진단하여 보시기를 바랍니다.

1) 늘 물질 문제로 어려움과 고통을 당합니다. "너희가 많이 뿌릴지라도 수확이 적으며 먹을지라도 배부르지 못하며 마실지라도 흡족하지 못하며 입어도 따뜻하지 못하며 일꾼이 삯을 받아도 그것을 구멍 뚫어진 전대에 넣음이 되느니라(학 1:6)" 재물에 하나님의 보호가 없기 때문에 마귀가 역사하여 구멍 뚫린 전대가 되는 것입니다.

2) 채무가 자꾸 늘어만 갑니다. "여호와께서 너를 위하여 하늘의 아름다운 보고를 여시사 네 땅에 때를 따라 비를 내리시고 네 손으로 하는 모든 일에 복을 주시리니 네가 많은 민족에게 꾸어 줄지라도 너는 꾸지 아니할 것이요(신 28:12)" 하나님이 함께하면 꾸어 줄지라도 꾸지 않는 자가 됩니다. 당신이 만약에 채무가 자꾸 늘어만 간다면 당신에게는 지금 하나님의 보호가 약하고 마귀의 지배가 강한 것입니다. 원인을 찾아 치유해야 합니다.

3) 벌기는 잘 버는데 저축되지를 않습니다. "너 하늘아 이 일로 말미암아 놀랄지어다 심히 떨지어다. 두려워할지어다. 여호와의 말씀이니라. 내 백성이 두 가지 악을 행하였나니 곧 그들이 생수의 근원되는 나를 버린 것과 스스로 웅덩이를 판 것인데 그것은 그 물을 가두지 못할 터진 웅덩이들이니라(렘 2:12-13)" 마귀가 역사하니 물질이 자꾸 새는 것입니다. 원인을 찾아

서 적극적으로 해결해야 합니다.

4) 사고나 질병으로 물질이 자꾸 새어나갑니다. "너희가 많이 뿌릴지라도 수확이 적으며 먹을지라도 배부르지 못하며 마실지라도 흡족하지 못하며 입어도 따뜻하지 못하며 일꾼이 삯을 받아도 그것을 구멍 뚫어진 전대에 넣음이 되느니라(학 1:6)" 마귀가 역사하여 사고나 질병이 발생토록 하면서 물질이 새게 하는 것입니다. 원인이 없는 문제는 없습니다. 말씀과 성령으로 원인을 찾아서 해결해야 합니다. 그냥 두면 계속적으로 마귀가 더 강하게 역사합니다.

5) 사업이나 장사나 직장 생활이 잘 되는 일이 없습니다. "네가 악을 행하여 그를 잊으므로 네 손으로 하는 모든 일에 여호와께서 저주와 혼란과 책망을 내리사 망하며 속히 파멸하게 하실 것이며(신 28:20)" 하나님의 자녀가 하는 사업은 곧 하나님의 사업입니다. 그렇기 때문에 하나님의 자녀가 하는 일은 안 되려야 안 될 수가 없습니다. 만약에 잘 되지 않는다면 분명하게 원인이 있습니다. 성령님에게 문의하여 원인을 찾아 사업이나 직장 생활을 방해하는 세력들을 예수 이름으로 박살내시기를 바랍니다.

6) 꿈에 조상이나 부모가 거지 행색을 하고 나타납니다. 어느 여 집사님이 저에게 이런 상담을 했습니다. "목사님 얼마 전에 한 꿈을 꾸었는데 돌아가신 우리 시아버지가 거지가 되어 나타났습니다. 우리 방문을 열고 들어오려는 것을 보고 꿈에서 깨었습니다." 그래서 제가 이렇게 대답 해주었습니다. "그것은 조상

으로부터 전이되는 거지의 영입니다. 집사님의 가정 경제 형편이 지금 어떻습니까?", "예! 목사님 말씀이 맞습니다. 우리 지금 거지가 되었습니다. 남에게 빌어다가 먹고 사는 형편입니다." "집사님! 빨리 영적인 전쟁을 하십시오. 조상 대대로 전이되는 가난의 영과 일전을 하셔서 몰아내시기를 바랍니다. 그렇지 않으면 가난이 떠나가지 않습니다." 그 후 집사님이 한 일 년 동안 거지의 영과 영적 전쟁을 한 결과 지금은 모든 물질의 문제가 풀리고 잘 지내십니다.

우리는 이것을 알아야 합니다. 꿈에 거지 모습으로 나타난 시아버지는 진짜 시아버지가 아닙니다. 대대로 빌어먹게 하던 거지의 영이 시아버지 모습으로 나타난 것입니다. 왜냐하면 미혹하기 위해서 그러는 것입니다. 자손들에게 환영을 받으면서 활동하려고 그러는 것입니다. 죽은 사람의 영은 천국이 아니면 지옥에 가있습니다. 나오지 못합니다. 당신은 무속 같은 이론에 속지 마시기를 바랍니다. 이것은 성경에 어긋나는 잘못된 이단의 이론입니다. 절대로 현혹되지 마시기를 바랍니다. 절대로 죽은 사람의 영은 세상에 나올 수가 없습니다.

누가복음 16장 23-26절에 보면 이렇게 기록되어 있습니다. "그가 음부에서 고통 중에 눈을 들어 멀리 아브라함과 그의 품에 있는 나사로를 보고 불러 이르되 아버지 아브라함이여 나를 긍휼히 여기사 나사로를 보내어 그 손가락 끝에 물을 찍어 내 혀를 서늘하게 하소서 내가 이 불꽃 가운데서 괴로워하나이다. 아브라함이 이르되 얘 너는 살았을 때에 좋은 것을 받았고 나사로는 고난을 받았으니 이것을 기억하라 이제 그는 여기서 위로를 받고 너는 괴로움을 받느니라. 그뿐 아니라. 너희와 우리 사이에 큰 구렁텅이가 놓여 있어 여기서 너희에게 건너가고자 하되 갈 수 없고 거기서 우리에게 건너올 수도 없게 하였느니라 (눅 16:23-26)" 한번 죽어 천국이나 지옥에 가있는 영은 세상에 절대로 왔다 갔다 할 수가 없습니다. 꿈에 나타난 시아버지는 타락한 천사가 가장하고 나타난 것입니다. 만약에 이런 경우에 처한 분이 계시다면 강하게 영적인 투쟁을 하시기를 바랍니다. 그래야 가난의 문제가 풀립니다. 제가 지금까지 치유사역을 하면서 깨달은 것은 모든 문제에는 이유가 있다는 것입니다. 이유와 원인을 찾아 해결하면 문제는 해결되는 것입니다. 하나님은 성도에게 복을 주시는 하나님이십니다.

셋째, 가난의 원인에 대한 성경적 진단

1) 하나님을 멀리하고 우상을 숭배하므로 가난하게 삽니다.

① 오므리의 아들 아합의 아내 이세벨이 우상을 숭배하여 이스라엘에 기근이 찾아왔습니다. "유다의 아사 왕 제삼십팔년에 오므리의 아들 아합이 이스라엘의 왕이 되니라 오므리의 아들 아합이 사마리아에서 이십이 년 동안 이스라엘을 다스리니라 오므리의 아들 아합이 그의 이전의 모든 사람보다 여호와 보시기에 악을 더욱 행하여 느밧의 아들 여로보암의 죄를 따라 행하는 것을 오히려 가볍게 여기며 시돈 사람의 왕 엣바알의 딸 이세벨을 아내로 삼고 가서 바알을 섬겨 예배하고(왕상 16:29-31)"

이로 인하여 온 나라 백성이 3년 기근으로 고생하게 됩니다. 한 나라의 왕의 아내가 우상을 숭배하니 온 나라에 기근이 찾아왔습니다. 이로 보아 알 수 있는 것은 조상의 삶이 자손들에게 반드시 어떤 종류의 영향 즉 죄의 결과를 끼친다는 것입니다. 인류의 조상 아담과 하와의 범죄를 통해 전 인류는 죄인이 되었습니다. "한 사람의 범죄로 말미암아 사망이 그 한 사람을 통하여 왕 노릇 하였은즉 더욱 은혜와 의의 선물을 넘치게 받는 자들은 한 분 예수 그리스도를 통하여 생명 안에서 왕 노릇 하리로다(롬 5:17)"

그러나 당신은 걱정하지 마시기를 바랍니다. 우리는 예수 그리스도를 믿는 하나님의 자녀들입니다. 예수를 믿는 자는 "예수 그리스도를 통하여 생명 안에서 왕 노릇 하리로다."라고 말씀하고 있기 때문입니다.

② 다른 사람들에게 고통을 주어도 기근을 당합니다. 기브온 족속과의 계약을 어긴 사울 때문에 다윗 때에 전 민족이 3년 동안 기근을 당하였습니다. 사무엘하 21장에 보면 다윗의 시대에 해를 거듭하여 3년 기근이 있으므로 다윗이 여호와 앞에 간구합니다. 그러니까 여호와께서 이르시되 "이는 사울과 피를 흘린 그의 집으로 말미암음이니, 그가 기브온 사람을 죽였음이니라."라고 말씀하십니다. 그래서 다윗이 기브온 사람을 불러 그들에게 물어봅니다. "내가 너희를 위하여 어떻게 하랴 내가 어떻게 속죄하여야 너희가 여호와의 기업을 위하여 복을 빌겠느냐?"라고 합니다. 그러니까 기브온 사람들이 다윗 왕께 아룁니다.

"우리를 학살하였고 또 우리를 멸하여 이스라엘 영토 내에 머물지 못하게 하려고 모해한 사람의 자손 일곱 사람을 우리에게 내어 달라고 합니다. 그러면 여호와께서 택하신 사울의 고을 기브아에서 우리가 그들을 목매어 달겠나이다."라고 합니다. 그러니까 다윗 왕이 그렇게 하겠다고 합니다.

그래서 사울의 후손 일곱을 기브온 사람의 손에 넘기니 기브온 사람이 그들을 산 위에서 여호와 앞에 목을 매어 달았습니다. 그들 일곱 사람이 동시에 죽으니까 하늘에서 비가 내리기 시작했다고 기록되어 있습니다(삼하21:9-10). 그러므로 성도가 다른 사람의 마음에 상처를 주어도 기근을 당할 수가 있습니다. 그러므로 모든 사람들과 함께 거룩함과 화평함을 좇아 살아야 합니다.

2) 하나님에 대한 불신앙과 불순종: 재정적인 고통, 압박과 가난 등 짧은 기간의 궁핍은 하나의 연단이라고 할 수 있지만, 항상 가난한 것은 마귀가 역사하는 고통일 수가 있습니다. "너희가 많이 뿌릴지라도 수확이 적으며 먹을지라도 배부르지 못하며 마실지라도 흡족하지 못하며 입어도 따뜻하지 못하며 일꾼이 삯을 받아도 그것을 구멍 뚫어진 전대에 넣음이 되느니라(학 1:6)", "또 네 광주리와 떡 반죽 그릇이 저주를 받을 것이요 네 몸의 소생과 네 토지의 소산과 네 소와 양의 새끼가 저주를 받을 것이며(신 28:17-18)"

3) 조상들이 이웃이나 하나님에게 심어 놓은 것이 없을 경우도 있습니다. "이것이 곧 적게 심는 자는 적게 거두고 많이 심는

자는 많이 거둔다 하는 말이로다(고후 9:6)" 될 수 있으면 많이 심으시기를 바랍니다.

4) 게을러서 오는 결과일 수도 있습니다. "우리가 너희와 함께 있을 때에도 너희에게 명하기를 누구든지 일하기 싫어하거든 먹지도 말게 하라 하였더니(살후 3:10)" 게으름도 마귀의 역사일 수가 있습니다. 원인을 찾아서 해결하시기를 바랍니다.

넷째, 가난의 저주를 끊기 위한 적극적인 방법

1) 조상의 죄악을 파악하여 회개하라. 물질의 어려움은 조상들의 우상숭배와 불순종으로 오는 경우가 많습니다. 성령으로 물질의 문제의 근원을 찾아서 회개해야 합니다. 많은 분들이 죄는 조상들이 짓고 다 죽어 세상을 떠났는데 왜 내가 그분들의 죄악을 회개해야 되느냐고 의구심을 갖습니다. 그러나 "우리는 선조의 죄를 대신해서 회개하는 것이 아니고, 선조의 죄 때문에 회개하는 것입니다." 선조의 죄를 통하여 마귀가 합법적으로 들어와 저주하기 때문에 마귀를 몰아내기 위하여 죄를 회개하는 것입니다. "이제 종이 주의 종들인 이스라엘 자손을 위하여 주야로 기도하오며 우리 이스라엘 자손이 주께 범죄한 죄들을 자복하오니 주는 귀를 기울이시며 눈을 여시사 종의 기도를 들으시옵소서 나와 내 아버지의 집이 범죄하여 주를 향하여 크게 악을 행하여 주께서 주의 종 모세에게 명령하신 계명과 율례와 규례를 지키지 아니하였나이다(느1:6-7)" 이와 같은 회개의 기도는 사탄이 선조의 죄를 통하여 우리들에게 저주할 수 있는 법

적 근거를 끊기 위한 목적입니다.

"하나님, 저는 이 시간 성령님의 인도와 지배로 저의 선조 부모의 불의를 회개하고 용서를 빕니다. 조상들의 죄가 삼사대까지 이르도록 저주를 초래하게 한 저 스스로와 조상들의 모든 죄들을 회개합니다. 모든 불순종, 반항, 우상숭배, 점과 우상에게 복을 빈 죄, 무당에게 굿을 한 죄를 회개합니다(그런데 회개할 때 이렇게 한꺼번에 하는 것이 아니라, 구체적으로 한 가지씩 찾아서 회개해야 합니다). 주 예수 그리스도를 통한 하나님의 용서와 죄 씻음을 구합니다. 아버지께서 그리스도의 이름으로 조상의 죄를 사해 주심을 믿고 감사드리며, 예수 그리스도의 이름으로 기도드립니다. 아멘."

2) 마귀에 의한 가난의 대물림을 끊어야 한다. 나에게 임한 사탄의 물질의 고통을 끊어라. 가난의 고통을 끊어라. ① "갈라디아서 3장 13절에 의하여 나는 예수의 희생으로 가난의 저주에서 속량되었다. 나와 나의 자손들에게 임한 가난 마귀의 저주는 끊어질지어다. 예수 이름으로 명하노니 가난의 영의 줄은 끊어질지어다." ② "나는 예수의 이름으로 나와 가족 위에 내린 가난의 저주를 끊노라! 가난, 궁핍, 부채의 모든 마귀의 역사는 끊어질지어다. 예수 이름으로 명하노니 부채를 늘어나게 하는 마귀의 저주의 줄은 끊어질지어다."

3) 가난을 대물림하는 악한 마귀, 귀신을 쫓아내야 한다. ① "나의 경제상태, 대인관계, 가난, 궁핍, 부채, 환난의 영은 예수의 이름으로 명하노니 내게서 떠나갈지어다!" ② 우리는 단호

하게 마귀를 향하여 꾸짖어야 합니다. 그러한 권세가 우리에게 있습니다. 마귀는 우리의 힘으로 어찌할 수 없는 영적 존재이지만 사망 권세를 이기신 예수 그리스도의 이름 앞에서는 무력한 존재입니다. 그 이름을 힘입어 믿음으로 사탄을 꾸짖고 명할 때 마귀는 물러갑니다. ③ 마귀에게 단호하게 명령하라. "내가 예수의 이름으로 명하노니 가난의 영은 떠나갈지어다. 채무의 영은 떠나갈지어다. 지금까지 가지고 간 재물을 다 돌려놓고 떠나갈지어다."

4) 지속적으로 물질축복위한 선포기도를 하라는 것입니다.
이렇게 선포기도 하시기 바랍니다. 성령이여 임하소서. 성령의 임재가 깊어지면 명령하세요. 달라고 하지 말고 선포하고 명령하세요. "우리가정에 역사하며 물질이 세어나가게 하는 영은 떠나갈 지어다." "우리 가정에 재정에 축복이 임할지어다." "나에게 내가 원하는 직장이 생겨날지어다." "우리 가정은 하나님의 축복을 받는 가정이 될 지어다." "우리 집안의 가난의 영은 물러갈지어다." "우리 집안에 재정에 축복이 임할지어다." "우리 남편의 손에 돈을 버는 능력이 임할 지어다" "돈아 와라." "내가 예수 그리스도 이름으로 명하노니" "우리 사업장은 성장할지어다. 나날이 성장할 지어다. 매출과 수입이 늘어날지어다." "내가 예수 그리스도 이름으로 기도하오니 우리 가정에 재정의 축복이 임할지어다. 아브라함의 복이 임할지어다. 재정이 풍성해 질지어다." 이렇게 지속적으로 선포하며 선포기도 하시기를 바랍니다.

17장 환란풍파를 잠잠하게 하는 선포기도

(마11:28-30)"수고하고 무거운 짐진자들아 다 내게로 오라 내가 너희를 쉬게 하리라. 나는 마음이 온유하고 겸손하니 나의 멍에를 메고 내게 배우라 그러면 너희 마음이 쉼을 얻으리니 이는 내 멍에는 쉽고 내 짐은 가벼움이라 하시니라"

하나님은 우리가 축복을 받으면서 살아가기를 원하십니다. 그런데 예수를 믿으면서도 영육의 고통이 사라지지 않는 다면 원인을 찾아 치유하여야 합니다. 그리하여 우리의 삶에서 예수를 누려야 합니다. 예수를 누리지 못하고 있다면 원인을 말씀과 성령으로 찾아서 치유해야 합니다.

저는 오래전 한 성도님의 간증을 듣고 큰 충격을 받았습니다. "목사님 저는 중년을 지나 이제 노년기를 앞두고 있는 사람입니다. 저는 대대로 우상을 숭배하는 집안에서 태어났고 집안 전통에 따라 저도 우상을 숭배하며 성장했습니다. 그러나 아내의 전도로 교회에 나와 하나님을 믿게 되었습니다. 그런데 불행하게도 집에 화재가 나서 아내와 저는 중상을 입고 병원에 입원을 하게 되었습니다. 그래도 저는 신앙으로 시련을 극복하겠다고 생각하고 열심히 기도했습니다. 그런데 퇴원할 때 아내가 치료받다가 죽었다는 것을 알게 되었습니다.

그럼에도 저는 신앙을 포기하지 않고 열심히 살아보려고 사업을 시작했습니다. 그러나 손대는 사업마다 실패하고 부도를 내었고 급기야 이일로 감옥에 구속이 되었습니다. 저는 수감 생활 중에도 끊임없이 회개하며 기도했습니다. 형기를 마친 후에 갖은 애를 쓰고 살아가는데 이번에는 또 교통사고가 나서 입원을 했습니다. 겨우 치료를 받고 퇴원하니 이게 또 웬 말입니까? 그렇게 말을 잘 듣던 아이가 가출해 버리고 말았습니다. 목사님, 예수님을 믿기가 왜 이렇게도 힘이 듭니까? 예수님을 안 믿자니 지옥 갈 것이 두렵고 도대체 하나님은 어떤 분이시며 저는 어떻게 하면 좋겠습니까?”

이 성도님이 당하는 고통이 하나님이 주었다고 생각합니까? 불이 나서 아내를 잃어버리고 사업을 해서 도산을 하고 감옥에 들어가고 감옥에서 나오니까 또다시 교통사고로 부상을 입고 입원을 하게 되고 입원하고 나오니까 잘 순종하던 자식이 가출해서 나가 버리고 엉망진창입니다. 누가 이렇게 했을까요? 하나님이 이렇게 했을까요? 성경에는 도적이 오는 것은 도적질하고 죽이고 멸망시키는 것뿐이요, 인자가 오는 것은 생명을 얻되 풍성히 얻게 함이라고 말씀하신 것입니다. 예수님은 말씀하기를 사랑하는 자여 네 영혼이 잘됨같이 네가 범사에 잘되며 강건하기를 내가 간구하노라고 말씀한 것입니다. 이 성도님은 자신의 힘으로 믿음생활을 한 것입니다. 한마디로 예수를 믿을 때 옛사람이 죽지 않은 것입니다. 이 성도님은 자기 힘으로 인생을 살아가려고 했기 때문에 마귀의 저주를 만났습니다. 이 성도님이 예수를 믿고 기도는 했지만, 혈통을 타고 역사하는 악한 영을 쫓아내는 것을 몰랐습니다. 교회에 들어오자마자 성령으로 세례를 받고, 성령으로 충만받아 성려의 역사로 치유를 받으며 자신 안에 성전에 주인으로 계시는 예수 이름으로 세대에 역사하는 악한 영을 쫓아내었다면 이 성도님의 개인과 가정과 생활을 엉망으로 만든 마귀의 저주에서 해방될 수 있었을 것입니다. 그렇기 때문에 오늘 제가 치유의 말씀을 전하는 것입니다.

우리가 교회에 나오고 예수 믿고 정상적인 삶을 살고 있는데도 불구하고 마귀의 저주가 들이 닥칠 때는 성령으로 원인을 찾아서 악한 영을 쫓아내어야만 되는 것입니다. 악한 영이 쫓겨나가면 가정에 마귀의 풍랑이 잠잠해지는 것입니다. 악한 영을 그대로 두고 아무리 우리가 신앙생활 하려고 해도 절대로 평안이 다가오지 않는 것입니다.

첫째, 예수를 믿으면서도 영적으로 무지하여 당하는 고통들

1) 예수를 믿으면서도 영적으로 평안하지 못하고 영적인 병으로 고생합니다. 문제의 근원은 아담과 하와의 불순종으로 왔습니다. 하나님의 말씀을 의심하다가 마귀의 미혹에 속아서 금단과를 먹은 것입니다. 이 죄악으로 인하여 아담 안에서 태어나는 모든 사람은 하나님 진노아래 있는 것입니다(창3:1-6). 예수를 믿고 교회에 들어와서 바른 복음을 체험하지도 못하고 성

령으로 치유 받지도 못하니 문제가 떠나가지를 않고 내면에 내재되어 있습니다. 또 예수를 믿으면서 영적으로 무지하고, 영적인 세계를 잘 몰라서 성령으로 세례 받지 않고 성령으로 충만하지 못하여 관념적인 신앙생활을 하면서 하나님을 섬긴다는 사람들이 보이는 세상을 섬기니 영적으로 병이 드는 것입니다. 하나님 안에 속하고, 하나님 안에서 자유를 얻어야 할 사람들이 영적인 면에 눈이 어두워 사단에게 미혹당해 사단의 일을 즐기고 있으니 영적으로 완전히 병이 든 것입니다. 그러다 보니 환상이 보이고, 환청이 들리고, 악몽으로 잠을 자지 못하는 분들이 많습니다. 이게 전부다 악한 영의 역사입니다. 악한 영은 인간에게 구원을 줄 수 없습니다. 악한 영은 인간에게 축복을 주지도 못합니다. 그리고 악한 영은 인간의 생명을 다스릴 수도 없습니다.

내가 신학대학원에 다닐 때 이런 일이 있었습니다. 동기생이 학부 사학년에 다니는 자매하고 결혼을 했습니다. 결혼을 하고 보니 자매의 어머니가 무당이더랍니다. 결혼을 한 다음에 안 사실이라 그냥 지냈습니다. 영적인 지식이 없는 터라 특별한 영적 조치를 취하지 않고 지냈습니다. 그러다가 임신을 하여 아이를 출산했습니다. 아이를 출산하고 나서 보니 아기가 항문이 없는 것입니다. 여기 저기 알아보다가 수술을 했는데 얼마 있지 않아 아이가 죽었습니다. 이렇게 예수를 믿고 신학을 하여도 무당의 영이 대물림되어 항문이 없는 아이를 출산하게 된 것입니다. 만약에 내가 그때 이런 영적인 지식이 있었더라면 말씀과 성령의 역사로 대물림을 끊게 했을 것입니다. 지금 생각하면 참으로 안타까운 일입니다. 저의 경험으로는 이런 분들은 삼년은 무속의 영과 영적인 전쟁을 해야 해방이 됩니다. 알고 대비하여 예수를 믿으면서도 영육의 고통을 당하지 말아야 합니다.

2) 정신적으로도 병들었습니다. "수고하고 무거운 짐 진 자들아 다 내게로 오라 내가 너희를 쉬게 하리라. 나는 마음이 온유하고 겸손하니 나의 멍에를 메고 내게 배우라 그리하면 너희 마음이 쉼을 얻으리니(마11:28-29)" 예수를 믿는다고 하면서도 마음의 안식이 없습니다. 다른 말로 하면 평안이 없습니다. 늘 염려하고 불안에 떱니다. 그래서 가슴이 답답해서 미치겠다고 말하는 사람들이 많습니다. 치유 받으러 오셔서 가슴을 치는 분들이 많습니다. 그러니 모든 것을 믿지를 못합니다. 보통 큰 병이 아닙니다. 믿는 자의 자녀가 조울증으로 우울증으로 정신병으로 고통을 당합니다.

지금 교회에는 이런 성도들이 다수가 있습니다. 필자가 그동안 치유사역을 하면서 상담한 사람들만 해도 수십 명이 넘습니다. 이분들을 상담하면서 느낀 것은 모든 분들이 영적인 면에 무지하여 어렸을 때 적절한 영적치유를 하지 않아서 당한다는 것입니다. 모두 예방이 가능한대 조치를 취하지 않아서 당하는 것입니다. 예수를 믿었다고 정신적인 문제에서 해방되는 것은 아닙니다. 필히 영적조치를 해야 예방이 가능 하다는 것입니다.

3) 육신적으로도 병들었습니다. "그 흩어진 사람들이 두루

다니며 복음의 말씀을 전할새 빌립이 사마리아 성에 내려가 그리스도를 백성에게 전파하니 무리가 빌립의 말도 듣고 행하는 표적도 보고 한마음으로 그가 하는 말을 따르더라. 많은 사람에게 붙었던 더러운 귀신들이 크게 소리를 지르며 나가고 또 많은 중풍병자와 못 걷는 사람이 나으니 그 성에 큰 기쁨이 있더라(행8:4-8)" 예수를 믿으면서도 병명도 모르고 병원을 다니는 사람이 있습니다. 이상한 질병으로 계속 몸이 아픈 분들도 있습니다. 그런가하면 불치병이 그 집안에 계속되는 경우도 있습니다. 그러다 보니 가산을 탕진하기 마련입니다. 심지어 예수를 아주 잘 믿는 직분 자들도 불치의 병으로 고생을 합니다. 왜 이런가? 근본을 해결하지 못해서 그렇습니다. 근본은 우리의 옛 사람, 아담이 죽지 않았다는 것입니다. 우리가 예수를 믿을 때 옛 사람(아담)이 죽고 예수로 다시 태어나야 하는데 그렇지 못하여 아담이 여전히 주인노릇을 하고 있으니까, 아담의 주인인 마귀가 우리의 육체(아담)을 통하여 저주하는 것입니다.

4) 생활적으로도 병든 사람도 많습니다. 일어나야 할 시간과 누워 자야 할 시간을 모릅니다. 한 마디로 늘 누워있는 것입니다. 다른 사람들은 다 일어났는데 혼자 누워있습니다. 다른 사람들은 출근하는데 혼자 출근도 못하고 누워있습니다. 다른 사람들은 하루 종일 움직이는데 혼자 이불을 깔고 있습니다. 그런가하면 생활이 너무 무질서하여 일을 제대로 못하는 분들도 있습니다. 무엇이 중요한지를 모릅니다. 이것도 했다가 저것도 했

다가 하는데 되는 일이 하나도 없습니다. 무엇이든지 지속하지 못하고 변덕을 부리기도 합니다. 그래서 그 사람 뒤를 따라가는 것도 피곤하고 힘이 드는 경우도 많습니다. 또 늘 화병으로 만성 두통으로 불면증으로 고생을 합니다. 필자가 얼마 전에 토요일 날 1:1로 치유하는 시간을 몇 개월 동안 국민일보 광고를 내고 한 적이 있습니다. 그때 권사님들이 다수 오셨습니다.

모두 울화병이 있는 분들이었습니다. 그래서 제가 권사님들에게 부모님들은 어떻게 지내다가 천국에 가셨느냐고 물어보니 모두 자기와 같이 고생하시다가 천국에 가셨다는 것입니다. 그래서 혈통의 대물림에 대하여 질문을 했더니 대다수가 알지를 못했습니다.

단, 알고 있는 것은 열심히 예배드리고, 새벽기도 잘하고, 십일조 잘 드리고 구역예배 빠지지 않고 잘 드리고, 성경공부 잘하면 되는 줄 알았는데 나이가 들고 보니 자신의 친정어머니와 똑같은 질병으로 고생을 한다는 것입니다. 지금 성도님들이 이렇게 영적인 면에 무지합니다. 그러니까 얼마든지 미리 해결할 수 있는 질병들을 미리 해결하지 못하고 질병이 깊어진 다음에 해결하려 하니 치유가 되지 않는 것입니다.

이렇게 지내다가 나이가 먹으면 주변 사람들에게 짐이 됩니다. 나아지는가 싶더니 다시 좋지를 못합니다. 문제는 이런 문제들이 가계에 대물림되는 것들이 많다는 것입니다. 우리가 예수를 믿고 교회에 나와 성령으로 세례를 받고 성령충만 받아 가

계에 흐르는 대물림을 말씀과 성령으로 밝히 드러내고 절단하
며 몰아내는 적극적인 치유를 해야 합니다.

5) 이러다 보니 생활에 많은 문제가 노출됩니다. 그래서 참다
못해 돌출행위를 하기도 합니다. 집을 뛰쳐나가기도 하고, 사람
을 폭행하기도 합니다. 괴성을 지르면서 발악을 하는 성도들도
많습니다. 집에서 감시를 당하면서 살아가는 사람들이 있습니
다. "귀신이 저를 잡아 졸지에 부르짖게 하고 경련을 일으켜 거
품을 흘리게 하며 심히 상하게 하고야 겨우 떠나가나이다. 당신
의 제자들에게 내어쫓아 주기를 구하였으나 저희가 능히 못하
더이다. 예수께서 대답하여 가라사대 믿음이 없고 패역한 세대
여 내가 얼마나 너희와 함께 있으며 너희를 참으리요 네 아들을
이리로 데리고 오라 하시니 올 때에 귀신이 거꾸러뜨리고 심한
경련을 일으키게 하는지라 예수께서 더러운 귀신을 꾸짖으시고
아이를 낫게 하사 그 아비에게 도로 주시니(눅9:39-42)"

누군가가 조금만 비위를 건드리면 고함을 지르면서 발작을
합니다. 어떤 사람은 주먹으로 땅을 치기도 하고 머리로 벽을
박기도 합니다. 마치 거라사 인의 지방의 군대 귀신들린 사람같
이 말입니다. "배에서 나오시매 곧 더러운 귀신 들린 사람이 무
덤 사이에서 나와 예수를 만나니라. 그 사람은 무덤 사이에 거
처하는데 이제는 아무도 그를 쇠사슬로도 맬 수 없게 되었으니
이는 여러 번 고랑과 쇠사슬에 매였어도 쇠사슬을 끊고 고랑을
깨뜨렸음이러라. 그리하여 아무도 그를 제어할 힘이 없는지라.

밤낮 무덤 사이에서나 산에서나 늘 소리 지르며 돌로 자기의 몸을 해치고 있었더라(막 5:2-5)" 그것도 모자라 어떤 사람들은 방황하면서 사고를 칩니다. 부모님이 걱정하고 염려할 만한 일을 골라서 하는 청년도 있습니다. 이상한 짓을 해서 부모에게 걱정을 끼치는 사람도 있습니다.

본드, 마약, 음란, 컴퓨터, 저녁에 나가 방황하고, 꼭 부모님들이 걱정할 일만하여 심기를 불편하게 합니다. 결국 그렇게 지내다가 비참한 죽음을 당하기도 합니다. 저는 주변에서 권사님의 자녀가 장로님의 자녀가 정신적이고 영적인 문제를 일으키다가 비참하게 세상을 떠났다는 이야기를 많이 들었습니다.

6) 이유 없이 사고가 자주 일어납니다. 사업을 잘하다가 그만 화재 사고가 나서 망합니다. 횡단보도를 걸어가다가 교통사고를 당합니다. 여름에 휴가를 갔다가 물에 의한 사고를 당합니다. 천재지변을 당하기도 합니다. 아이들이 잘 넘어지고 잘 다칩니다. 멀쩡하게 놀이터에서 놀다가 다리가 부러지는 사고를 당하기도 합니다. 아이들이 차 사고를 몇 번씩 당합니다.

잘 넘어져서 상처가 잘납니다. 걸어가다 인도로 올라온 차에 치이기도 합니다. 사업을 하려고 하면 화재사고가 나서 망합니다. 아이가 잘 놀다가 침대에서 떨어져 낙상사고가 납니다. 생각하면 도저히 일어날 수 없는 이해하지 못하는 사고가 자주 일어납니다.

7) 부부간에 의견대립이 아주 심합니다. 같이 붙어 있기만 하

면 싸웁니다. 처다 보기만 하면 속에서 울분이 올라옵니다. 남편의 손이 닿으면 섬뜩한 기분이 들기도 합니다. 결혼한 지 삼년이 넘어도 임신이 되지 않습니다. 서로 보기 싫어 원수가 되어 마지못해 살아갑니다.

8) 학교나 직장에서 따돌림을 당합니다. 따돌림을 당하는 당사자가 문제가 있는데 엉뚱한 사람들에게 욕하고 핑계를 댑니다. 내가 지금까지 치유사역을 하면서 체험한 바로는 초등학교 시절과 중학교 시절에 왕따를 당한 아이들이 고등학교 일학년이 되면 정신적인 문제가 발생한다는 것입니다. 한두 명을 두고 말하는 것이 아닙니다. 거의 모든 아이들이 정신적인 문제가 발생하여 정상적인 생활을 하지 못했습니다. 우리는 예방 신앙을 해야 합니다. 어려서부터 성령을 체험하게 하여 영육의 문제를 치유해야 합니다.

9) 가족에 질병이 끊이지를 않습니다. 한 사람이 낳으면 다른 사람이 아픕니다. 저는 문제가 있는 집사의 두 딸을 치유한 경험도 있습니다. 큰딸은 심장병으로 수술을 했습니다. 그래서 정상적인 생활을 하지 못합니다. 작은 딸은 정신적인 문제가 발생하여 정상적인 생활을 못하는 것입니다. 모두 초기에 예방 신앙을 했으면 당하지 않는 문제입니다. 우리 모두 말씀과 성령으로 영적인 눈을 엽시다.

시화병원에 입원한 남편 병 수발하던 집사가 남편이 퇴원하니 부인이 입원을 했습니다. 그것도 교회를 열심히 다니는 집사가 말입니다. 그런데 내가 이분들의 신앙생활 상태를 확인하여 보았습니다. 모두 보수적인 교회에서 말씀중심으로 열심히 신앙생활을 하고 있었습니다. 그런대도 당하고 사는 것입니다. 영적으로 무지하기 때문입니다.

둘째, 어떻게 치유 받을 수 있는 가?

1) 보혈의 능력을 믿고 사용해야 합니다. 보혈의 능력은 우리에게 생명 주시고자 대신 피 흘리신 은총입니다. 보혈은 성령으로 세례를 받은 성령의 지배하에 있는 성도에게 효력이 있습니다. 바르게 알아야 합니다. 자신의 육성으로 사용하는 보혈은 효력이 없습니다(히9:12). 예수님의 보혈로 우리의 허물, 죄악을 대신 해결하셨습니다. 예수님의 피의 고통은 우리에게 나음을 얻게 하셨습니다. 자기의 피로 우리의 죄를 대신하여 영원한 속죄를 이루신 것입니다.

2) 성령으로 세례 받고 충만을 받아야 합니다. 우리 신자가 신앙생활과 봉사를 하는데 있어서 진실로 성령의 역사를 알고 확신하는 만큼, 하나님이 그리스도 안에서 우리를 위해 제공해 주신 능력의 충만함을 얻게 되는 것입니다. 하나님의 말씀은 성령의 검입니다(엡6:17). 하나님의 말씀은 성령이 뿌리는 씨요, 성령이 자라게 하는 씨앗인 것입니다. 말씀을 통해서 성령의 역사로 성취되는 것입니다. 효과적인 신앙생활의 비결은 말씀을 통해 성령의 능력을 아는 것입니다. 또 효과적인 봉사생

활의 비결은 성령의 능력 안에서 말씀을 사용하는데 있습니다. 말씀을 게을리 하면서 성령의 역사만을 중요시하면 뿌리 없는 지나친 열광주의를 가져옵니다. 그러므로 말씀과 성령의 역사가 균형을 유지해야 합니다. 말씀을 아는 것과 체험이 같이 가야 합니다.

3) 회개해야 합니다. 선조의 죄를 위한 회개 기도는 선조를 대신 하여 회개하는 것이 아니라, 그들이 지은 죄 때문에 회개하는 것입니다. 회개의 기도는 사단이 선조의 죄를 통하여 우리들에게 저주할 수 있는 법적 근거를 끊기 위한 목적입니다.

4) 용서하라. 용서는 용기이며 선택입니다. 용기를 내어 용서를 선택하세요. 용서하기로 결단해야 합니다. 용서할 마음이 생길 때까지 기다리려 한다면 언제 까지고 용서하지 못합니다. 용서는 다른 사람은 그대로 내버려두고 자신의 과거로부터 해방되고자 하는 의지적 결단이며 의식적인 선택입니다.

5) 저주의 원인을 찾고 근본을 예수 이름으로 절단해야 합니다. 자신에게 임한 사단의 저주를 끊으라는 것입니다. ① 저주를 끊으면 악령들이 작용할 수 있는 법적 권리를 박탈해 버리게 됩니다. ② 법적인 근거들을 멸한 뒤에 주 예수의 이름으로 귀신들을 쫓아내야 합니다. ③ 저주를 끊으면 상황에 따라서 끊음과 함께 바로 회복, 치유, 변화를 경험하는 경우가 있으며, 또 시간이 점차 지나면서 저주를 끊은 효력이 나타납니다.

6) 그리고 그곳에 역사하던 귀신을 축사해야 합니다. ① 환란

과 풍파의 영은 예수의 이름으로 명하노니 내게서 떠나갈지어다.! ② 저주하던 악한 마귀 귀신이 떠나간 자리에 축복의 영이 임할지어다. 절대로 비워두지 말아야 합니다. 비워두면 마귀가 다시 들어와 집을 짓게 됩니다.

7) 지속적으로 선포하며 축복해야 합니다. 이렇게 선포기도 하시기 바랍니다. 성령이여 임하소서. 성령의 임재가 깊어지면 명령하세요. 중요한 것은 성령으로 장악당하지 않은 악귀는 묶어야 합니다. "나의 가정에 환란 풍파를 일으키는 영은 예수 이름으로 명하노니 결박될지어다." "나의 가정에 환란 풍파를 일으키는 영은 예수 이름으로 명하노니 결박될지어다." 만약에 성령으로 장악이 되었다면 "나의 가정에 환란풍파를 일으키는 귀신은 예수 이름으로 명하노니 떠나갈지어다." "나의 가정에 환란풍파를 일으키는 귀신은 예수 이름으로 명하노니 떠나갈지어다."

그런데 중요한 것은 막연하게 환란과 풍파의 영이라고 하지 말고, 환란과 풍파를 일으키는 구체적인 제목을 거명하며 선포 기도를 하라는 것입니다. 예를 든다면 "우리가정에 역사하며 교통사고가 나게 하는 귀신은 예수 이름으로 명하노니 떠나가라." 이렇게 하라는 것입니다. 그리고 반대 영을 공급하여 채워야 합니다. "나의 가정에 환란풍파를 일으키는 귀신이 떠난 자리에 성령의 권능으로 채워질지어다. 축복의 영으로 채워질 지어다" 호흡 기도를 지속적으로 하면서 성령의 충만을 요청하세요. 성령으로 충만해야 환란풍파의 영이 떠나가는 것입니다. 반드시 말씀과 성령으로 채워야 합니다.

*가계에 우환질고가 있을 때는 이렇게 선포기도 하시기를 바랍니다. 하나님은 우리 믿음의 가정들이 모두 축복을 받으면서 살아가기를 원하십니다. 예수를 믿고 교회에 다니는 데도 우환과 질고가 있다면 대적해서 몰아내야 합니다. 이는 분명하게 역사하는 악한 영이 있다는 것입니다. 그냥 두고 볼일이 아닙니다. 말씀과 성령으로 원인을 찾아서 해결해야 합니다. 성령의 임재 가운데 물어보시기를 바랍니다. 원인이 무엇인지 말입니다. 알려달라고 하세요. 알려주시면 해결을 해야 합니다. 죄가 있다면 회개를 해야 합니다. 혈통에 대물림이라면 대물림의 원인을 찾아 해결하고 끊어야 합니다. 상처가 있다면 치유해야 합니다. 분명하게 원인이 있습니다. 제가 지금까지 십년이 넘도록 성령치유 사역을 한 결과 원인이 없는 문제는 없었습니다. 원인을 제거하고 대적기도를 해야 합니다. 무조건 떠나가라. 떠나가라. 한다고 떠나가지 않고 해결되지 않습니다.

대적하며 선포기도는 이렇게 하세요. 성령님 임하소서. 성령님의 지배로 성령으로 충만해지면 마음에서 나오는 소리로 기도하세요. 저의 가정을 사로잡아 주옵소서. 내가 예수님의 이름으로 명하노니 우리 가정에 역사하는 우환과 질고를 일으키는 영은 떠나갈지어다. 예수님의 이름으로 명하노니 우리 가정에 역사하는 우환과 질고를 일으키는 영은 떠나갈지어다. 예수님

의 이름으로 명하노니 우리 가정에 역사하는 우환과 질고를 일으키는 영은 떠나갈지어다. 예수님의 이름으로 우환과 질고의 영이 떠난 곳에 형통의 영이 임할지어다. 예수님의 이름으로 우환과 질고의 영이 떠난 곳에 형통의 영이 임할지어다. 나의 가정에 화평의 영이 임할지어다. 예수님의 이름으로 기도했습니다. 아멘.

8) 예배와 기도와 말씀생활을 잘하여 항상 성령으로 충만을 받아야 합니다.

① 하나님과 가까이 지내야 합니다. 하나님 안에 축복이 있습니다. 예배에 빠짐없이 참석하고 성령으로 충만해야 합니다.

② 성령으로 장악해야 합니다. 하나님도 성령으로 천지를 장악하고 천지 창조를 했습니다.

③ 주의 말씀 안에 거해야 합니다. 말씀은 우리를 보호하는 울타리입니다. 성령으로 말씀을 깨달아야 합니다.

④ 하나님에게 아낌없이 드려야 합니다. 모든 소유가 하나님의 것입니다. 영적인 법칙을 알고 적용해야 합니다.

⑤ 꿈과 믿음을 가지고 착하고 선하게 살아야 합니다. 꿈이 있는 사람과 가정, 나라는 망하지 않습니다. 우리 주변 사람들과 좋은 관계를 유지합시다. 땅에서 풀면 하늘에서 풀립니다.

⑥ 계속 입술로 선포하며 명령하세요. 우리 가문에 아브라함의 축복이 임할지어다. 대대로 하나님의 축복을 받을지어다.

18장 가계의 우상숭배가 끊어지는 선포기도

(눅16:19-31)"(25-26) 아브라함이 이르되 얘 너는 살았을 때에 좋은 것을 받았고 나사로는 고난을 받았으니 이것을 기억하라 이제 그는 여기서 위로를 받고 너는 괴로움을 받느니라. 그뿐 아니라 너희와 우리 사이에 큰 구렁텅이가 놓여 있어 여기서 너희에게 건너가고자 하되 갈 수 없고 거기서 우리에게 건너올 수도 없게 하였느니라."

오늘 우리는 하나님 앞에서 가계가 축복받기 위하여 우리의 신앙을 점검하여 보아야 합니다. 우리는 예수를 믿고 난후부터는 우상숭배를 하지 않는 것 같지만, 넓은 의미에서 외적우상이 있고, 내적우상이 있는데 내적우상이 우선적이라는 것입니다. 이러한 내적우상이 제거되어지지 아니한 결과가 금불상을 만들어 놓고 땅의 복을 구하는 것이라는 것입니다. 광야의 이스라엘은 만나로 만족하지 아니하고 애굽의 것을 구하다가 하나님의 진노를 사고 영은 파리하여 갔습니다.

그러므로 우리는 구약의 기드온처럼 우리안의 우상들을 제거하여야 합니다. 우리안의 세상의 것을 얻고자 하는, 썩을 것을 구하는, 사모하는 마음을 아예 버려야 합니다. 그렇습니다! 땅의 것은 있어도 족함이 없고 부족하여도 우리의 속사람 영에는 아무런 영향을 끼치지 못하게 됩니다. 그러므로 우리는 구원 받고 거듭난 하나님의 자녀들은 철저히 썩지 않을, 영원한 영을 위해 살아야 합니다.

첫째, 한국에서 자행되는 우상숭배

1) 조상숭배- 조상을 잘 섬겨야 한다! 는 말입니다. 이러면 여기에는 누구도 이의가 없습니다. 그러나 가만히 잘 살펴보면 이 말보다도 허황된 말도 없습니다. 거의가 조상을 잘 섬겨야 한다! 고 강변하는 자들마다, 살아생전에는 조상을 제대로 섬기지도 않은 자들입니다. 살아생전에는 제대로 밥도 안 챙겨 주다가, 죽고 나니 밥 챙겨준다고 제사를 열심히 지내는 그것이 무슨 조상 잘 섬기는 건가요? 멋도 모르고 완전히 사단의 장난에 넘어가는 것일 뿐입니다. 여기에 넘어가면 큰일입니다. 이런 제사에 무슨 활동이 벌어지느냐? 드디어 귀신 활동이 벌어집니다. 그러면 귀신은 무엇이냐? 마귀 졸개들입니다.

이게 돌아다니면서 마12:25-45절에 보면 우리의 집을 혼란시킵니다. "더러운 귀신이 사람에게서 나갔을 때에 물 없는 곳으로 다니며 쉬기를 구하되 쉴 곳을 얻지 못하고, 이에 이르되 내가 나온 내 집으로 돌아가리라 하고 와 보니 그 집이 비고 청소되고 수리되었거늘, 이에 가서 저보다 더 악한 귀신 일곱을 데리고 들어가서 거하니 그 사람의 나중 형편이 전보다 더욱 심하게 되느니라 이악한 세대가 또한 이렇게 되리라."

이래서 가정에 자녀들까지 혼란을 주는 것입니다. 이 마귀의 졸개들은 고린도전서 10장 20절에 보면 제사지내게 만들어서 혼란을 준다고 되어 있습니다. "대저 이방인의 제사하는 것은 귀신에게 하는 것이요. 하나님께 제사하는 것이 아니니 나는 너희가 귀신과 교제하는 자 되기를 원치 아니하노라" 절대로 속으면 안 됩니다. 쉽게 설명 드리면, 지금 조상 제사하는 나라들은 전부 실패했습니다. 중국, 한국, 일본, 가난한 나라들이 그랬습니다. 제사의 기원은 중국의 주공이란 사람이 아버지 죽은 날, 밥 차려서 갖다 놓은 것이 유래가 되어 전래된 것입니다. 우리나라는 과거에 가감 없이 중국의 문화를 받아 들였기 때문에 우리나라에 다 퍼졌습니다. 그리고 이것이 일본으로 건너서 넘어갔습니다.

성경에는 제사를 지내지 말라! 고 했습니다. 왜냐? 그게 귀신 섬기는 것이기 때문이라고, 고전10장 20절에 말씀하고 있습니다. 이러면 반드시 걸고넘어지는 말이 있습니다. 아니, 그러면! 조상을 안 섬기면 어떡하느냐? 너는 하늘에서 떨어졌느냐? 땅에서 솟구쳤느냐? 너는 조상 없이 났냐? 고 합니다. 그러나 무슨 귀신이 밥을 먹습니까? 그런 식으로 할 것 같으면 미국 귀신들은 다 굶어 죽었을 것입니다. 그러면 미국 귀신들은 그렇게 굶게 만들었는데 어찌 미국이 잘사느냐 입니다. 너무도 엉터리 없는 소리를 하고 있는 것입니다. 이래서 재앙과 후진국을 면하지 못하는 것입니다.

① 죽은 사람이 귀신이 되어 오는가? 못 옵니다. 오늘 본문에 분명히 나왔습니다. 너무너무 하나님 모르고도 잘 살았던 부자, 하나님이 필요 없다! 고 하던 부자, 너무 돈이 많아서 날마다 자색 옷을 입고 살았는데, 어느날 덜커덕 죽어버린 것입니다. 죽는 줄은 알았지만 그렇게 갑자기 죽을 줄을 몰랐던 것입니다. 죽었는데, 어디냐? 마귀에게 끌려서 지옥으로 갔습니다. 그런데, 거지같이 살아라! 는 것은 아니지만, 거지였던 나사로는 천국인 아브라함의 품에 가 있는 것입니다. 이때, 부자가 불타는 지옥에서 너무 목이 말라서 부탁을 하였습니다. 물 한 방울만이라도 달라! 고 합니다. 그때 뭐라고 합니까? 줄 수 없다! 는 것입니다. 저기 우리 집 앞에서 얻어먹던 나사로를 시켜서 물 한 방울만이라도 좀 달라! 고 간청합니다. 이때, 여기서는 올 수도 갈 수도 없다! 고 했습니다.

다시 말해 지옥에서는 일방통행뿐입니다. 즉 일반은총이 전혀 없는 곳입니다. 하나님이 필요 없다! 고 했기 때문에 하나님이 주시는 것은 하나도 없는 것입니다. 여기서 분명히 세상을 구원하신 예수님께서 말씀하시기를 건너가지도 못하고 오지도 못한다고 하였습니다. 불신자가 죽어서 귀신이 되어 돌아온다! 는 것은 바로 무당 이론입니다. 불신자가 귀신 되어서 돌아온다는 여기에서 모든 문제가 터지는 것입니다. 여기에서 모든 종교가 다 나오고, 모든 사고가 다 나왔습니다. 불신자가 죽어서 귀신 되어 돌아온다면, 숨겨진 살인 사건 같은 것을 해결하는 것이 무엇이 어렵겠는가? 죽은 자의 귀신을 불러내면 가르쳐 줄 것 아닌가?

그러니, 이게 말도 안 되는 소리인 것입니다. 지금 불신자가 죽어서 귀신이 되어 나타난다는 여기에서 모든 종교가 나오고, 부패도 나왔습니다. 그러나 오늘 본문에서 주님은 분명히 말씀하시기를 올 수도 없고 갈 수도 없다! 고 했습니다. 이 같은 귀신 이론에 종교 부패가 나왔습니다. 뭐라고 꼬이는가? 지금 너희 아버지가 지옥 가고 있는 중인데, 지금이라도 네가 가진 집을 팔아서 헌금하면, 천국으로 가게 됩니다. 이런 식으로 가르치는 것입니다.

그리고 천주교와 같은 단체에서는 헌금을 많이 하면, 그 공로로 인하여 하나님이 감동하셔서 지옥으로 보낼 너희 어머니를 천국으로 보내주게 된다고 하여서 돈 뜯어내는 것입니다. 이게 아주 악한 자들이 하는 행동과 같습니다. 불신자가 구원받는 데는 돈하고 아무 상관이 없습니다. 불신자가 구원받는 데는 아무 힘과도 상관이 없습니다. 예수를 믿으면 구원을 받는 것입니다. 믿는 순간 하나님의 자녀 되는 것입니다. 그것도 살아생전에 믿어야 합니다. 하늘나라는 누가 가느냐? 하나님의 자녀가 가는 곳입니다. 행위로는 천하에 구원받을 장사가 없습니다. 믿음으로 구원을 받는 것입니다. 사람이 이 땅에 살다가 죽으면, 예수를 믿은 성도는 하나님나라로! 마귀를 섬기는 자는 마귀를 가두는 지옥으로 갑니다. 마25장 41절에 보면, 지옥은 마귀를 가두는 곳입니다. 지금은 돌아다니다가 예수님이 재림하시면 완전히 가두어버리는 곳입니다. 그래서 예수님의 재림이 중요한 것입니다. 그런데 왜 지옥에 사람들이 가느냐? 마귀를 섬겼기 때문입니다.

우리는 죄도 많고, 실수도 많은데, 왜 하늘나라로 가는 건가? 예수님을 주인으로 영접하고 믿고 섬겼기 때문입니다. 그리고 죽으면 어디에 가있는가 이거 자꾸 알려고 하지 말아야합니다. 자꾸 궁금증을 가지고 알려고 하니 속는 것입니다. 죽으면 믿는 자는 천국, 안 믿는 자는 지옥으로 갑니다. 이것만 믿으면 됩니다.

② 지옥에 가 있는 자의 소원. 부자가 아브라함에게 요청합니다. 우리 집에 아무것도 모르고 살고 있는 저 다섯 형제들에게 나사로를 보내서 이 고통 받는 곳에 오지 않도록 말을 좀 해주시오! 죽은 자가 살아가서 말하면 믿고 듣지 않겠느냐는 겁니다. 지옥 간 부모님의 소원이 무엇인지 아는가요? 자손들은 그 지옥에 안 오기를 원합니다. 어떤 사람에게 예수 믿으라고 하니, 뭐라고 말하느냐? "나는 예수 믿으면 안 됩니다."라는 것입니다. 왜 안 되느냐? 물으니, 우리 어머니가 지옥 갔으므로 나도 지옥 가서 만나야 한다는 것입니다. 죄송하지만 지옥가면 어머니와 자식이 같이 있지 못합니다. 영원히 이를 갈면서 어두운데서 혼자서 고생을 하게 되는 것입니다.

이 지옥이 어떤 곳인지 모르니, 그런 소리를 하는 것입니다.

얼마나 흑암의 권세, 마귀의 권세가 나쁜 것인지, 지옥을 만들어서 거기에 마귀를 가두어버린 것입니다. 이 성경 말씀의 비밀들을 실제로 잘 알아야 됩니다. 정말로 천국과 지옥이 있는가? 세상에 예수를 믿지 않는 사람들이 말하는 것을 들으면 죽어 보아야 안다고 하지만, 예수를 믿는 우리가 영으로 성경 말씀을 보면 천국과 지옥이 분명이 있다고 말씀하고 있습니다(눅 16:19-30). 그리고 죽는 사람을 보면 천국 지옥이 있음을 알게 해줍니다. 벌써 예수를 영접한 신자가 죽을 때, 누가 오는가? 하늘의 천사가 옵니다. 그래서 천사가 온다고 말하고, 죽을 때 찬송 몇 장을 불러 달라고 요구까지 하기도 합니다. 심지어는 기도하다가 자기가 죽을 날짜까지 알고 기다리다가 천국 가는 집사님도 있습니다.

그런데 불신자가 죽으면 어떻게 됩니까? 안 가려고 온갖 발악을 다합니다. 마귀가 와서는 가자! 고 하니, 이빨을 갈고, 대소변 다보고 그럽니다. 얼굴이 일그러져서 마귀의 얼굴과도 흡사하게 됩니다. 안 가려고 발버둥을 칩니다. 그러나 성도는 얼굴이 천사같이 됩니다. 사람은 죽을 때가 되면 영안으로 그 다음 세계가 보인다고 합니다. 우리 예수를 전도합시다. 그래서 사람들을 천국으로 인도합시다.

이 부자가 지옥에 와서 너무 고생이 되어 내 형제들이 오지 않게 해달라고 하자, 누가복음 16장 29절에 "저희에게 모세와 선지자가 있으니"라고 합니다. 모세와 선지자가 무엇인가요?

성경책입니다. 예수님 당시는 신약 성경이 없었습니다. 구약인 모세 오경과 선지서가 있었습니다. 그래서 모세와 선지자들이라고 한 것입니다. 이 부자는 너무 안타까워서 혹시 죽은 나사로가 살아 나가서 말하면 듣지 않겠느냐며 간청합니다. 이때 아브라함은 말하기를 모세와 선지자의 말을 듣지 않으면 죽은 자가 살아서 나간다고 해도 권함을 받지 아니하리라고 했습니다. 하나님의 말씀을 듣고도 안 믿는 사람은 증인이 와도 안 믿어진다는 것입니다.

이 언약을 깨달은 사람에게 증거가 옵니다. 어떤 증거가 오느냐? 우리에게 이 일을 할 수 있는 큰 증거가 오는 것입니다. 그래서 흑암을 다 막을 수 있도록 답을 주시는 것입니다. 많은 성도들이 나에게 와서 이렇게 말합니다. "아니, 목사님 우리가 지금까지 40년 50년 제사지내다가 어떻게 합니까?" 간단합니다. 그 시간에 예배드리면 됩니다. 고민할 것이 없습니다.

"아니! 그래도 우리가 그 시간에 늘 절하다가 맨송맨송하게 앉아 있으면 어떻게 됩니까?" 바로 그 시간에 예배드리면 됩니다. 그 시간에 찬송 부르며, 기도하고, 성령 충만을 구하고, 예수 피를 뿌리며, 눅16장 19-30절을 읽고 죽은 자의 소원을 확인하고, 우리가 정말로 하나님께 영광 돌리고, 정말로 복음 전하는 집이 되게 해달라고 기도하는 것입니다. 그러면 그게 좋은 추도 예배가 되는 것입니다. 그게 훨씬 낫습니다. 이렇게 성령 충만하게 하려면 추도 예배를 드리고 그렇지 않으면 추도예배는 드리지 않아도 됩니다. 아무 소용이 없는 것입니다.

제사 지내면, 거기에 부모님이 오시는 게 아니라, 타락한 천사가 예배 받으러 귀신들을 몰고 오는 것입니다. 그게 사단이 속이는 것입니다. 귀신들린 사람들을 축사해 보세요. 죽은 삼촌 소리, 할아버지 소리를 다 냅니다. 이것은 그 자손들에게 환영을 받으며 침투하여 가문을 망하게 하는 가문에 역사하는 악하고 타락한 천사들이 하는 소리입니다. 그게 바로 귀신의 속임수입니다. 알고 보면 그게 굉장한 미혹이고 악한 영의 장난입니다. 분별력과 영안을 열어 깨달아야 됩니다.

제사 지내면 부모님이 실제로 오면, 왜 성경이 제사하지 말라고 말리겠습니까? 당신의 부모님이 귀신이 되어 기일에 오신다면 추도 예배나, 제사를 지내세요. 아니라고 생각하면 하지 말아야 합니다. 제사는 귀신을 불러들이는 적극적인 활동입니다. 그러므로 이 같은 사실들을 알고, 불신자들이 예수를 믿고 이 흑암 세력을 꺾는 다면 하나님은 큰 축복을 주실 것입니다.

우리는 전 세계의 문을 열고 나가서 이 같은 영적인 문제들을 해결해야 됩니다. 하나님은 이 일을 할 때에 재앙만 걷히게 하는 것이 아닙니다. 믿는 자에게 큰 응답을 주십니다. 가문에서 여자 한 사람이 제대로 깨달으면 그 여자로 인하여 온 집안이 복을 받게 됩니다. 그리고 자녀들에게 하나님의 역사가 일어나게 되어 있습니다. 자녀들과 가족들을 흑암 세력으로 끌고 가는 것을 예수 이름으로 기도해서 예수 피를 뿌리고 악의 줄을 끊어내고 몰아내 버리면 어디서 기도하든지 괜찮습니다.

2) 무당, 점쟁이, 역술인- 사람들에게 미래를 알려 주는 척하며 미혹시켜 우상 숭배하게 합니다. 앞으로 대통령이 누가 되겠느냐? 를 말하면서, 앞으로 무엇을 하면 성공하겠느냐? 는 식으로 미래를 가르쳐 주면서 미혹시키는 것입니다. 성경은 미래를 알라고 하지 않았습니다. 성경은 내일 일을 염려하지 말라고 했습니다. 성경은 방향만 제시했을 뿐입니다. 우리가 방향만 바로 잡으면 굳이 미래를 알 필요가 없습니다. 내가 며칠날 죽을 것인가? 알 필요가 없습니다. 그냥 언젠가 죽는다는 사실만 바로 알고 있으면 됩니다.

성경은 우리에게 무엇을 하라고 가르치지 않습니다. 그렇게 하면 망하게 만드는 것입니다. 성경은 우리가 바른 방향을 가도록 길을 제시했습니다. 그게 성경 말씀입니다. 그러나 사람의 미래를 알아맞히어 주는 척 하면서 사람을 몰고 들어가는 것이 사단의 전략입니다.

3) 종교로 우상 숭배하게 합니다. 사람은 원래 영적인 존재로 창조되었습니다. 그래서 영적인 만족을 찾으려고 노력하는 것입니다. 그래서 종교가 생기고 우상이 생긴 것입니다. 이것이 다 마귀가 자신에게 경배하게 하려고 쓰는 속임수입니다. 그러나 아무리 우상을 숭배하고 종교를 가지고 수양을 해도 만족은 가질 수가 없습니다. 오히려 더욱더 하나님과 관계만 멀어지고 대신 마귀에게 얽아매어 강하게 묶일 따름입니다. 인간에게 참

만족을 주는 분은 인간을 영적 존재로 창조하신 하나님에게 속하는 것입니다. 사람이 하나님에게 속했을 때 전인적인 참 만족을 얻는 것입니다.

4) 부처를 섬기는 것입니다. 내가 지금까지 치유사역을 하면서 임상적으로 체험한 바로는 부처를 섬기기 위하여 절에 재물을 내놓고 숭배한 사람의 가정치고 환란과 고통이 없는 가정이 없었습니다. 또 집안에 중이 있다면 정신적인 문제로 고생하는 사람들도 종종보아 왔습니다.

5) 산에서 고사를 지내고, 바다에서 고사를 지내고, 집에서 툭하면 고사를 지내고, 비가 안온다고 산에 올라가 고사를 지냅니다. 툭하면 고사부터 지내려고 합니다. 이 고사를 지낼 때 지역의 영들이 역사하는 것입니다. 필자가 치유 사역을 할 때 선조들이 고사를 지낼 때 들어와서 역사하는 악귀들을 많이 축사했습니다.

6) 무당을 초청하여 굿거리를 합니다. 2006년, 일산에 있는 아주 큰 교회의 안수 집사가 치유를 받으러 왔습니다. 이유는 다리부터 머리까지 오른쪽 한쪽이 저리고 아파서 견딜 수가 없다는 것입니다. 증상을 없애기 위해 오랫동안 별짓을 다했지만 치유가 되지 않자 여동생의 소개로 치유를 받으러 온 것입니다. 그런데 부인 집사역시 유방암 3기로 고생을 하다가 수술하였고, 자신의 둘째 아들 또한 간질과 정신적인 문제로 정상적인 생활을 못하는 형편이었습니다. 상담을 해보니 반 무당이셨던

할머니 때문에 자신이 어렸을 때부터 몸이 조금만 아프면 무당에게 찾아가 복을 빌었는데 무당이 어깨에 이상한 물건을 얹어놓을 때도 있었다는 것입니다. 자신의 모친도 시어머니의 영향으로 무당의 신끼가 내려서 굉장히 시달리다가 예수를 믿었다는 것입니다. 그러니까 할머니의 우상숭배가 이 집안에 4때째 내려와 고통을 주고 있는 것입니다.

저는 우선 그에게 편안하게 누우라고 하고 성령의 임재를 요청했습니다. 그리고 본인에게 우상숭배를 회개하라고 했습니다. 그러자 얼마동안 발작하기 시작했습니다. 오른쪽 머리가 깨지는 것같이 아프다고 하고, 오른쪽 팔과 다리를 막 흔들면서 발작 했습니다. 그러더니 갑자기 일어서서 무당이 굿 할 때에 손과 발을 움직이는 것 같이 행동하면서 뛰어다녔습니다. 그래서 제가 "성령님 더 강하게 역사하여 주시옵소서" 하고 더욱더 강력히 요청 하자, 한 10분간을 뛰어다니다가 쓰러졌습니다. 저는 곧 바로 명령 했습니다. "내가 예수의 이름으로 이 가정의 무당의 영의 줄을 끊노라. 무당의 영의 줄은 예수 이름으로 끊어질지어다. 그리고 무당에게 복을 빌고 기도 받을 때 들어와 고통을 주고 있는 귀신은 예수 이름으로 물러갈지어다. 떠나갈지어다." 하자, 막 오물을 토해내고 소리를 지르면서 귀신이 떠나갔습니다. 떠나갈 때 무당이 굿하는 현상을 하면서 떠나갔습니다.

그 후 몇 개월간 부인과 아들과 함께 다니면서 계속적으로 치유를 받았습니다. 그리고 완치되어 2년이 지난 지금까지 아무런 일없이 잘 지내는 가운데 작년에 장로가 되어 믿음생활 잘하고 있습니다. 이렇게 조상의 우상숭배는 3-4대에 걸쳐서 고통을 줍니다. 방심하지 마시고 조상의 우상숭배를 통해 들어온 악한 영의 역사를 치유하시기를 바랍니다. 그리하여 삶에서 평강을 누리면서 사시기를 바랍니다.

7) 남묘호랭객쿄를 믿으며 방안에 신전을 차려놓고 빌기도 합니다. 남묘호랭객쿄를 믿었던 사람들은 거의 모두 가정에 신전을 차려놓고 아침저녁으로 빕니다. 이 사람들이 개종하고 나면 그 때 들어온 귀신들 때문에 상당한 기간 동안 고통을 당합니다. 그러나 그렇게 악랄하게 역사하다가도 강한 성령의 역사를 체험하면 모두 떠나가는 것이 보통입니다. 좌우지간 예수를 믿고 성령을 체험하면 문제가 될 것이 없습니다. 성령하나님은 초자연적으로 역사하는 하나님이시기 때문에 아무리 강하게 우상을 숭배했어도 예수 이름으로 대적하면 모두 떠나갑니다.

둘째, 우상숭배의 결과로 오는 영육의 고통. 정신적인 문제로 고통을 당합니다. 내가 지금까지 치유사역을 하면서 정신적인 문제로 고생하는 사람들의 조상을 보면 90%이상이 우상을 숭배한 가문이었습니다. 가난으로 고통을 당합니다. 이상하게 재정적인 고통을 당합니다. 가난 마귀가 역사하기 때문입니다. 난치병과 불치병으로 고생을 합니다. 병명도 나타나지 않는 불치의 병으로 고생을 합니다. 필자가 병원에 능력전도 다닐 때 보면 우상을 숭배한 조상이 있는 사람이 난치병과 불치의 병으로 고생을 했습니다. 불구자 지체부자유자가 태어납니다. 아예 태속에서부터 악한 영이 역사하는 것입니다. 교통사고, 불, 물, 천재지변을 당합니다. 이유를 모르는 재난이 끊이지를 않게 됩니다. 불임 등으로 후손이 끊어지게 됩니다.

제가 체험한 바로는 불임의 환자들이 예수를 믿고 성령의 임재 하에 안수 기도하니 대다수가 임신을 했습니다. 이혼, 중혼 등으로 가정이 파괴됩니다. 마지막 죽음이 비참하게 됩니다. 단명, 객사, 급사, 사고사 등등으로 갑작스럽게 세상을 하직하게 됩니다. 사람은 저 세상에 가는 날이 좋아야 합니다. 결론적으로 지옥 형벌을 피하지 못합니다.

우상숭배의 죄악에서 해방 받는 그 길이 바로 예수 그리스도를 믿는 것입니다. 그러므로 사람이 어디에 속하느냐가 중요합니다. 예수를 믿고 하나님에게 속해야 합니다. 그러면 하나님의 자녀가 되는 권세를 가지게 됩니다. 우리가 예수 믿고 하나님에게 속하면 모든 문제가 해결되기 시작합니다. 우상숭배 뒤에는 악한 영이 있습니다. 우상을 숭배하므로 자신도 모르게 악한 영에게 속박되어 종이 되는 것입니다. 이 악한 영을 사람의 힘으로는 어찌 할 수 없는 영적인 존재입니다. 반드시 이 악한 영보다 강한 성령의 권세로만 물러가는 것입니다. 고로 예수를 믿으면 우리가 산영이 되어 성령이 우리 안에 오시므로 성령의 권세로 여러 가지 문제의 뒤에 있는 악 영들을 몰아낼 수 있으므로 악한 영의 속박에서 벗어날 수가 있는 것입니다.

우리가 예수 믿고 하나님에게 속하면 사주, 팔자, 운명에서 완전 해방입니다(롬8:1). 예수 그리스도께서 우리를 사주, 팔자, 운명에서 해방시키셨습니다. 그러므로 예수 그리스도를 믿고 영접하는 자는 하나님의 자녀가 됨으로 사주, 팔자, 운명과 관계없이 하나님의 복을 받으며 살아가게 됩니다. 그러나 우상을 숭배하여 마귀에게 속한다면 결국은 사주, 팔자, 운명에 묶여 망합니다. 마귀가 종으로 만들어서 마음대로 끌고 다니기 때문입니다.

꼭 기억하시기 바랍니다. 좋은 사주는 없습니다. 좋은 팔자도 없습니다. 원죄 가운데 태어난 사람에게 무슨 좋은 사주가 있겠습니까? 아담의 죄를 걸머지고 살아가는 사람들에게 무슨 좋은 팔자가 있겠습니까? 사단의 종노릇하며 사는 사람에게 무슨 좋은 사주가 있으며 팔자가 있겠습니까?

잠시는 좋을 수는 있으나 결국은 망하는 것입니다. 그래서 "팔자 더럽다", "팔자 사납다", "팔자가 그러니 어떻게 하느냐?"는 말을 사용하는 것입니다. 그러나 예수 안에 참 평안이 있다는 것을 명심해야 합니다. 그러므로 선택이 중요합니다. 내가 예수를 믿고 성령으로 인침을 당하여 하나님 안에 속하면 모든 사주, 팔자, 운명에서 해방됩니다. 이제 예수 인생을 사는 사람들이 되는 것입니다. 사람의 모든 죄를 사하시며, 사단의 모든 일을 멸하신 예수 그리스도를 믿기만 한다면 새로운 인생, 새로운 축복, 새로운 역사를 경험하게 될 것입니다. 하나님의 은혜로 새로운 축복을 받으면서 영생천국을 누리게 됩니다.

셋째, 성령의 권세로 영적 음란으로 나에게 틈탄 마귀의 간계를 끊어냅시다.

1) 나와 조상의 영적인 음란을 찾아 회개하라. ① 선조들의 종교는, 특히 이단종교에 참여한 죄. ② 무당이나 점쟁이, 사주팔자 보는 사람, 지관을 하며 지은 죄. 이런 사람들을 자주 찾아간 죄를 성령의 임재 하에 회개 하라. '하나님, 저는 이 시간 저의 선조 부모의 불의를 회개하고 용서를 빕니다. 조상들의 죄가 삼사 대까지 이르도록 저주를 초래하게 한 저 스스로와 조상들의 모든 죄들을 회개합니다. 모든 손금, 점성술, 부적, 오늘의 운수, 귀신 놀이, 점쟁이를 찾아다니고, 무당굿, 마술, 심령술, 사주팔자, 토정비결, 신수택일, 컴퓨터 점, 점성술, 점과 우상에게 복을 빈 죄, 무당에게 굿을 한 죄를 회개합니다. 저와 부모들의 불의를 용서하여 주시옵소서.

2) 회개한 후에 나에게 임한 사단의 영적인 음란의 저주를 끊어라. ① 갈라디아서 3장 13절에 의하여 나는 예수의 희생으로 저주에서 속량되었다. 나는 예수의 이름으로 믿음을 실천하여 나와 나의 자손들의 모든 저주의 줄은 끊어질지어다. ② 예수의

피로 말미암아 조상들의 죄와 나의 모든 죄는 사함을 받았고 하나님의 말씀에 대한 불순종과 반항의 결과로 내린 저주에서 나와 가족의 저주의 줄은 끊어질지어다. ③ 예수의 이름으로 나와 가족 위에 내린 모든 저주의 줄은 모두 끊어질지어다! 영적인 음란과 가난, 궁핍, 정신문제의 모든 저주는 끊어질 지어다. ④ 나의 경제상태, 대인관계에 영향을 주는 저주의 줄은 끊어질 지어다. 음란, 우울, 가난, 궁핍, 부채, 환난과 우울의 영의 줄은 끊어질 지어다. ⑤ 나의 경제상태, 대인관계에 영향을 주는 저주를 끊노라! 음란, 가난, 궁핍, 부채, 환난과 우울의 영은 예수의 이름으로 명하노니 내게서 떠나갈지어다! ⑥ 저주하던 악한 마귀 귀신이 떠나간 자리에 축복의 영이 임할지어다. 절대로 비워두지 말라, 비워두면 마귀가 다시 들어와 집을 짓는다.

3) 나와 우리 가정에 들어와 저주하는 귀신을 축귀하라. ① 악한 영의 저주를 끊으면 드디어 이 시점으로 마귀와의 영적 전쟁을 시작할 수 있게 됩니다. 우리는 단호하게 마귀를 향하여 꾸짖어야 하며, 그 권세가 우리에게 있습니다. 마귀는 우리의 힘으로 어찌할 수 없는 영적 존재입니다. 그러나 사망권세를 이기신 예수 그리스도의 이름 앞에는 무력한 존재이며, 그 이름을 힘입어 믿음으로 마귀를 꾸짖고 명할 때 마귀는 물러갑니다. 악한 영에게 명령하세요. 악한 더러운 영아 내가 나사렛 예수 이름으로 명하노니 우리 가정에서 영원히 떠나갈지어다.

4) 저주가 끊어지고 귀신이 떠나감을 믿고 그곳에 선포기도 하며 축복을 채우고 감사하라. 축복을 담대하게 선포하라. ① 나는 믿음을 실천하며 또 입으로 시인하여 구원에 이름을 알고 있다. 나는 아브라함의 축복이 나의 것임을 시인한다. 나는 저주 아래 있지 않고 축복을 받았다. 나는 꼬리가 아니고 머리다. 나는 밑에 있지 않고 위에 있다.

② 나는 들어와도 복을 받고 나가도 복을 받는다. 나는 축복을 받았고 또 하나님께서 앞으로 더욱 축복하실 것이다. 내가 나사렛 예수 이름으로 명하노니 나의 가정에 축복이 임할지어다. 주님! 저의 인생에 작용했던 모든 저주에서 저를 자유하게 하심을 감사드립니다.

5) 지속적인 영적 싸움을 하라. 영적인 축복이 임하도록 사후 관리를 잘하라. 우리가 하나님의 영적축복을 받기위해 성령으로 충만하여 축복 받을 그릇이 되라.

① 하나님과 가까이 지내라. 하나님 안에 축복이 있습니다.

② 성령으로 장악하라. 날마다 자신을 성령님께 맡기라. 성령의 인도에 순종하고 성령 충만 함으로 성령의 보호를 받아야 합니다.

③ 주의 말씀 안에 거하라. 말씀 안에 성령이 있고, 말씀 안에 분별력이 있습니다.

④ 하나님의 임재 안에 영적 음란의 영을 계속 몰아내고 성령

을 채우라.

⑤ 영적 전쟁하며 축사하고 성령 충만을 유지하라. 예수 이름의 권위를 가지고 사탄에 대항하기 바랍니다. 예수 이름으로 명하노니 무당 집에 점치러 갔을 때 들어온 귀신은 떠나가라. 무당이 굿하는 것 구경할 때 들어온 귀신은 떠나가라. 절에서 중에게 복 빌음을 받을 때 들어온 귀신은 떠나가라. 떠나간 곳에 진리의 말씀과 성령으로 충만할지어다. 예수님만 주인으로 모시는 가계가 될지어다.

영적인 음란의 죄악을 인정하고 주님만 섬기는 성도와 가정이 되세요. 우상 숭배로 들어온 귀신의 저주를 매일 끊어내고 귀신을 축사하고 축복으로 채우세요. 성령으로 충만하여 깨어 있으라. 악한 영은 우리가 틈을 주기를 항상 대기하며 기다리고 있습니다.

19장 가계에 귀신역사를 근절하는 선포기도

(막5:3-5)"그 사람은 무덤 사이에 거처하는데 이제는 아무도 그를 쇠사슬로도 맬 수 없게 되었으니, 이는 여러 번 고랑과 쇠사슬에 매였어도 쇠사슬을 끊고 고랑을 깨뜨렸음이러라. 그리하여 아무도 그를 제어할 힘이 없는지라. 밤낮 무덤 사이에서나 산에서나 늘 소리 지르며 돌로 자기의 몸을 해치고 있었더라"

귀신은 영적인 존재이면서 살아있는 존재이기 때문에 자신에게 귀신이 침입하면 특이한 현상이 나타납니다. 그러나 귀신 들림은 외적으로 독특한 증상을 나타내는 것이 일반적이지만 전혀 감지할 수 없는 무증상의 경우도 있습니다. 그리고 귀신 들림의 증상이 나타난다고 해서 모두 귀신이 들린 것도 아닙니다. 외적으로 나타나는 증상 하나만을 가지고 단정해서 축사하는 경우에 자칫 낭패를 볼 수도 있습니다. 귀신 들림의 증상은 귀신의 종류에 따라서 다르게 나타나는데, 가장 심각한 것은 미치게 하는 귀신일 것입니다.

성경에 나오는 '거라사의 광인'의 경우처럼 군대 귀신이 들어가 사람들이 도무지 다룰 수 없을 정도로 거친 행동을 하는 경우가 있습니다. 마치 정신 질환자와 같은 행동을 하기 때문에 정신 질환에 의한 것인지를 영-혼-육의 전 기능을 동원하여 입체적으로 살펴보아야 합니다. 경우에 따라서는 귀신 들림과 정신 질환 두 가지가 복합적으로 작용하는 경우가 있습니다. 단순한 귀신 들림일 때는 축사하면 되지만 정신 질환과 복합적으로 나타날 때는 정신과 치료를 같이 받는 것이 좋습니다.

심각한 귀신 들림에는 이처럼 거칠게 행동하는 경우가 있고, 아주 얌전히 행동하는 경우가 있습니다. 힘이 없어서 제대로 생활을 하지 못하기도 합니다. 이는 마치 우울증 환자와 흡사한데, 말도 하지 않고 행동도 위축되어 깊은 생각에 잠기어 정상적인 사회활동이 불가능해지는 것입니다. 우울증이나 자폐증 현상과 흡사하기 때문에 이 또한 점검이 필요합니다. 그밖에 과대망상증과 같은 증상도 나타납니다. 환상에 사로잡혀 혼자 웃고 울면서 자기만의 세계에 갇혀 있게 되는 것입니다. 특별하게 조울증 환자는 금방 울었다가 조금 지나면 기분이 좋아져서 웃기도하기 때문에 주변에 있는 사람들은 종잡을 수가 없는 경우가 많습니다.

이와 같은 다양한 정신 질환 증상을 나타내는 귀신 들림과는 대조적으로 일상생활에는 별로 지장이 없지만 신체적으로 고통을 당하거나 심인성 질환과 같은 증상으로 괴로움을 당하는 귀신 들림이 있습니다. 심인성질환이란 환경이나 심리적 요인에 의하여 발생하는 정신장애 및 신체장애를 널리 가리키는 것입니다. 이 역시 심한 스트레스를 해소하거나 처리하지 못함으로 발생합니다. 잠재의식에 상처와 스트레스가 쌓여서 영-혼-육이 제 기능을 발휘하지 못해서 생깁니다.

이런 증상은 겉으로는 단순한 노이로제나 심리적인 불안이

나 과도한 스트레스에 의해서 일어나는 신경성 질환처럼 오인하기 쉽습니다. 뚜렷한 이유도 없이 몸의 컨디션이 항상 나쁘고, 병명도 모르는 질병으로 인해서 고통을 당합니다. 그 대표적인 것이 '무병(巫病)'인데, 원인을 알 수 없는 질환으로 인해서 기력이 없고 의욕이 사라지며 까닭 없이 늘 불안에 휘말려 살아가게 됩니다. 흔히 신경쇠약이라고 부르는 병증과 흡사하기 때문에 치유하지 못하고 방치하는 경우가 많습니다. 약물 치료에만 의존하려고 하기 때문에 효과가 없는 것입니다. 심한 두통이나 오한이 자주 나타나고 현기증이나 구토 증상도 생깁니다. 가슴이 답답하고 근육통이 심한 경우도 있습니다.

속이 편하지 않고 메스꺼워서 헛구역질을 하지만 토하지는 않습니다. 원인도 모르고 병명도 모릅니다. 의사들은 스트레스나 신경과민 정도로 진단합니다. 아무도 이런 증상이 귀신 들림에 의한 것인지를 알지 못하기 때문에 오랫동안 고통을 당하게 됩니다. 만성적 두통이나 의욕 상실이나 신경쇠약과 같은 증상의 귀신 들림은 대체로 단 한 번의 축사로 완쾌되는 경우가 많습니다. 오랫동안 지긋지긋하게 괴롭히던 두통이 한 순간에 사라지는 것을 경험하게 되면 참으로 놀라워합니다. 이런 종류의 귀신들은 축사하는 그 순간에 무언가가 몸 밖으로 빠져나가는 것 같은 느낌을 받게 되고, 그 즉시 기분이 상쾌해지며 두통이나 무기력이 꿈처럼 사라집니다. 만성 두통으로 늘 진통제에 의지해서 살아야 했고 항상 머리가 맑지 못했던 그 지긋지긋한 고통에서 한 순간에 해방되는 기쁨은 경험하지 못한 사람은 도무지 알 수 없는 것입니다. 반드시 성령으로 잠재의식의 상처를 치유해야 재발하지 않습니다. 치유 후에 관리를 잘해야 재발하지 않습니다.

귀신 들림이 생기면 악취와 이물감에 시달립니다. 가위 눌림과 악취가 간헐적으로 나타나고 몸속으로 벌레가 기어 다니는 것 같은 이물감에 고통을 당하게 됩니다. 귀에서 환청이 들려 고통스럽습니다. 환상과 환청은 사람을 지치게 만들어 날로 몸이 쇠약해집니다. 가위눌림으로 인해서 식욕이 없어지고 소화도 잘 되지 않는 극심한 스트레스에 시달리게 됩니다. 눈을 감으면 시도 때도 없이 흉악한 모습의 괴물 형상이 나타나 무섭고 두렵습니다. 시간이 흐르면 눈을 감으나 뜨나 보이기 때문에 신경쇠약이 됩니다. 다른 사람에게 말하면 이해하지 못하고 그야말로 정신이 이상해진 것이 아니냐고 의심합니다. 자신은 보이는데 다른 사람들은 이를 전혀 이해해주지 않습니다. 귀로 시끄러운 소리를 듣고 눈으로는 흉측한 괴물을 본다면 얼마나 괴롭겠습니까? 이와 같은 귀신 들림은 정말로 귀신 들림이 있고, 그렇지 않은 것이 있습니다.

실제로 귀신의 영향이라면 성령으로 세례를 받게 하고 내면의 상처를 치유하면서 축사를 해야 합니다. 축사만 해서는 효과가 없습니다. 환자가 의지적으로 배에서 나오는 소리로 강력하게 기도하여 성령께서 환자를 장악하게 해야 합니다. 영의통로가 열린 다음에 마음의 기도로 잠재의식을 정화해야 합니다. 내면에서 성령의 역사가 일어나가 잠재의식을 정화하는 기도를 해야 합니다. 귀신아 떠나가라. 떠나가라고 하는 기도로는 치유가 불가능합니다. 그렇지 않으면 그 사람의 삶은 점점 황폐해지고 인생 전체가 심각하게 망하는 상황에 이르게 되어 인간으로서의 존엄을 상실하게 되고 폐인이 되어 비참한 삶을 살아가게 되는 것입니다. 그런데 이와는 달리 귀신 들림의 증상을 경험하게 하기 위해서 일시적으로 또는 장기간 동안 귀신 들림을 겪게 되는 경우가 있습니다.

귀신 들림은 우리들의 죄와 상처를 발판으로 해서 귀신이 불법적으로 우리에게 침투해 들어오는 것입니다. 그 초기에는 단한 번의 축사로 완치가 되지만, 시간이 많이 흐르면 귀신의 내성이 생기고 우리의 영이 심하게 위축되어 치유가 쉽지 않게 됩니다. 이를 방지하기 위하여 성령으로 기도해야 합니다. 지속적으로 멘토의 도움을 받으면 좋습니다. 초기에는 의지적으로 강력한 기도를 해야 합니다. 다음에는 내면에서 성령의 역사가 일어나는 기도를 해야 합니다. 귀신 들림의 초기 증상은 환자의 이성과 감성이 그대로 유지된다는 점입니다. 이와 흡사하게 영적 분별력을 얻게 하기 위해서 치르게 되는 한시적인 귀신 들림은 마치 질병을 이기기 위해서 백신 주사를 맞는 것과 같다고 할 것입니다.

귀신을 쫓으려면 귀신에 대해서 알아야 합니다. 실질적인 영적 경험을 거쳐야 귀신을 정확하게 분별할 수 있기 때문에 한시적으로 귀신 들림과 같은 영적 경험을 하게 되는 경우가 있습니다. 신유의 은사를 받는 사람 가운데 심각한 질병을 치르고 난

후에 은사를 받는 경우가 있는 것처럼, 축사의 능력을 받게 되는 경우에도 이와 같이 귀신 들림을 경험한 후에 능력을 받게 되는 것입니다. 저는 항상 이렇게 말합니다. 예수를 믿고 성령으로 세례를 받아 권능이 받았으면 자신을 먼저 치유하라는 것입니다. 자신을 치유하면서 영적 전쟁할 수 있는 군사가 되는 것입니다.

이와 같은 경험이 없이도 축사의 능력이 주어지는 경우와 이처럼 경험한 후에 주어지는 경우가 있습니다. 영적 분별력을 얻게 하기 위해서 주어지는 귀신 들림은 마치 백신 주사를 맞는 것처럼 미약하고 간헐적이라는 특징을 가지고 있습니다. 귀신 들림에 대한 외적 내적 증거들을 경험하는 일은 당사자에게 결코 유쾌한 일이 아닐 뿐만 아니라, 축사 사역을 하는 과정에서도 지속적으로 그런 경험들을 하게 되기 때문에 때로는 스트레스가 되기도 합니다.

의사는 늘 약물과 환자의 고통을 직면하면서 생활해야 하는 것처럼 귀신을 쫓는 일은 늘 귀신을 대면하고 다양한 증상들을 몸으로 느끼면서 하게 됩니다. 의대생이 되면 처음 생체실습을 하게 됩니다. 시체를 두고 해부하는 실습을 하고 난 후 여러 날 악몽에 시달리고 밥을 제대도 먹지 못한다고 합니다. 이런 경험을 통해서 피 냄새나 약물 냄새에 익숙해지고 푸줏간에서 고기를 썰듯이 담담하게 절개할 수 있게 되는 것입니다. 오랜 세월 동안 환자를 다루면서 담대해지듯이 축사 역시 귀신을 많이 경험함으로써 귀신에 대해서 담대해지는 것입니다.

이런 임상시험을 거치는 시기에 해당하는 귀신 들림을 경험하는 경우에는 자신이 혹시 귀신 들린 것이 아닌가 하는 의심을 가지지 않을 수 없습니다. 귀신 들린 것과 같은 증상을 경험하면서 의심이 들지 않을 수 없습니다. 독감 예방을 위해서 맞는 백신 주사는 같은 병원균을 약화시킨 것입니다. 이처럼 분별력을 얻게 하기 위해서 주어지는 귀신 들림은 역시 귀신이지만 그 영향이 미약하고 간헐적이라는 것입니다. 귀신의 공격력도 약하고 일시적으로 나타났다가는 증상이 사라지곤 합니다. 그런데 그 기간은 자신이 그것이 분별력을 얻게 하기 위한 것이라는 사실을 제대로 깨닫기까지 계속 이어지며, 그 후 실제로 사역을 행할 때에도 귀신을 분별하는 수단으로 경험하게 되는 것입니다. 초기 귀신 들림과 분별력을 얻게 하기 위해서 주어지는 귀신 들림은 구분하기 무척 어렵다는 것이 사실입니다. 이 두 가지 경우에 축사를 하면 다 같은 현상이 나타나는 것입니다.

그러나 초기 귀신 들림은 축사와 동시에 그 증상이 사라지지만 분별력을 위한 귀신 들림은 사라지지 않는다는 것입니다. 그래서 계속 축사하려고 하는 경우가 있습니다. 하나님과 관계를 열어서 마음 안에 성전이 견고하게 지어지는 영적활동을 해야 합니다. 이런 귀신 들림은 성령이 충만할 때 더 강하게 나타나는 경우가 있습니다. 영적 분별력을 얻기 위해서 다양한 영적 주체들에 대한 경험이 필요합니다. 그 모든 일은 성령 안에서 이루어지는 것입니다. 그러므로 성령 충만하고 다양한 영적 즐거움을 경험하게 될 뿐만 아니라 악한 영의 존재도 경험하게 되고 그 영향도 받게 되는 것입니다.

　그래서 이런 현상을 때로는 '양신 역사'라고 부르기도 합니다. 성령과 악령이 함께 역사하는 것처럼 보이기 때문에 그렇게 부르기도 합니다. 성령과 악령이 함께 역사하는 혼란에 빠지는 경우도 있습니다. 이것은 두 영이 함께 역사는 것이라기보다는 사단의 공격을 받는 것으로 볼 수 있고, 때로는 영적으로 미숙한 단계에 있기 때문에 혼란을 겪는 경우도 있습니다.

　축사를 하기 위해서는 반드시 성령으로 세례를 받아 성령으로 영을 분별할 수 있어야 합니다. 그 주된 수단이 감각에 의한 것입니다. 그 하는 행위나 열매를 보아 영을 분별하는 것은 이미 귀신 들림이 한참 진행되었을 때의 일이며 초기에는 행위도 열매도 없습니다. 다만 고통스런 공격만 받을 뿐입니다. 소음과 무기력과 환상과 환청과 스트레스와 노이로제와 병명 없는 질병의 공격에 시달릴 뿐입니다. 이런 사람을 구하기 위해서는 오로지 영적 분별력에 의해서 귀신을 찾아내어 쫓아야 합니다.

　귀신 들림을 정확하게 진단하기 위해서는 사역자가 우선 귀신 들림을 경험해야 합니다. 그 과정이 마치 귀신 들린 것과 아주 흡사합니다. 실제로 초기 귀신 들림과 제대로 구분하기가 쉽지 않다는 점을 알아야 합니다. 귀신 들림을 실제로 경험함으로써 얻게 되는 축사의 능력 즉 '능력 행함의 은사'는 그것을 은사로 깨닫지 못하면 이런 귀신 들림이 계속 이어진다는 것을 알아야 합니다. 그래서 축사 사역자는 박사 학위가 하는 것이 아닙니다. 자신이 귀신에게 고통을 당하다가 치유 받고 축사 사역자가 되는 것입니다. 축사 사역자는 자신이 먼저 치유 받는 치유 사역자란 말입니다. 체험해야 축사 사역자가 될 수가 있습니다. 축사 사역은 아무나 하는 사역이 아닙니다.

자신 안에 귀신이 숨어있는지 알아내는 절대적인 방법은 이 것입니다. 성령으로 강력하게 기도하여 귀신을 두렵게 해서 도 망치게 하는 것입니다. 귀신이 두려워하는 존재는 성령의 역사 밖에 없습니다. 그러므로 배에서 나오는 소리로 예수님을 전심 으로 부르고, 열정적으로 강력하게 마음 안에서 성령의 권능이 흘러나오는 기도를 하면 됩니다. 그러나 습관적인 열심으로 기 도해서는 되지 않습니다. 강력하게 호흡을 들이쉬고 내쉬면서 아랫배에서 나오는 소리로 주여! 를 불러야 합니다. 다른 방법 은 강력하게 사력을 다하여 아랫배가 불쑥 불숙하도록 호흡을 들이쉬고 내쉬면서 기도하는 것입니다. 즉, 아랫배에서 나오는 소리로 혼 심을 다해서 하나님을 불러야 성령이 역사하시 시작 합니다. 혼 심을 다해 기도하면 성령님이 역사하신다는 것을 귀 신들이 먼저 알고 있기에, 성령이 역사하는 기도를 하지 못하게 하려고 악랄하게 방해하는 것입니다.

귀신들의 기본적인 방해공작은 잡념을 넣어주는 것입니다. 강력한 기도를 하지 못하도록 귀신들이 방해하는 것은 환자 자 신의 약점을 가지고 방해합니다. 예를 든다면 후두에 문제가 있 는 사람은 "야~ 그렇게 소리를 지르면 후두가 망가진다."는 생 각을 집어넣어서 기도를 강력하게 하지 못하게 합니다. 환자는 이에 동조하지 말고 열정으로 강력하게 혼 심을 다해 기도하면 드디어 귀신들이 도망치는 현상이 나타납니다. 귀신들은 주로 가슴과 배에 집을 짓고 살고 있기에, 가장 빠른 통로인 기도(식도)와 장(위장, 소장, 대장)을 자극하게 됩니다. 그래서 침, 가래, 하품, 기침, 트림, 헛구역질, 구토, 방귀가 나오는 것이 일반적인 현상입니다. 속이 메스껍고 소화가 잘 안되며, 목이 무엇이 걸린 것과 같이 답답하고 칼칼하며, 가슴이 답답하기도 합니다. 이런 현상은 귀신들이 공격한다기보다 한꺼번에 도망치려고 하다 보니, 몸의 장기를 자극해서 일어나는 현상이라고 생각하면 맞습니다. 이런 현상을 보이는 귀신들은 대부분 약한 놈들로 강한 놈은 이렇게 도망치지 않습니다.

그러나 도망치기보다 거꾸로 공격하는 놈들도 적지 않습니다. 공격하는 현상은 아주 다양하지만, 두통(주로 편두통)을 일으키고, 어지럽게 하고, 손발이 짜릿짜릿하게 저리게 만들고, 섬뜩하면서 두렵게 하고, 얼굴이나 몸을 가렵게 하고, 온몸을 돌아다니며 다양한 통증을 일으킵니다. 영음으로 낙담과 절망을 주는 말을 하기도 하며, 온몸에 힘을 빠지게 하고 맥이 풀리게 하기도 합니다. 특별하게 온몸에 통증을 일으키기도 합니다. 통증이 생기면 무슨 큰일이 생긴 것과 같이 어찌할 줄을 모르고 입방아를 찧고 다니는 환자가 있는데 이는 귀신을 돕는 행동입니다. 통증이 일어나는 것은 성령으로 장악이 되니 귀신들이 붙잡고 있던 부분에서 귀신이 떠나면서 일어나는 현상입니다. 이에 동조하지 않고 지속적으로 성령으로 장악이 되려고 노력하면 어느날 통증이 시원하게 소멸됩니다. 장염증상, 소화불량을 일으키거나 잦은 기침으로 기도를 방해하기도 합니다. 또한 시커먼 사람이나 흉측한 동물모습을 환상으로 보여주어 겁을 집어먹게 만들고, 갑자기 소름이 돋을 정도로 두려움을 주어 기도를 못하게 하는 일도 흔합니다. 그러므로 이런 현상이 일어나면 자신에게 귀신이 잠복해 있다고 보아야 합니다. 또한 대부분의 불치병이나 고질병과 거의 모든 정신질환은 귀신들이 일으키는 질병이라고 보는 것이 맞습니다. 그러므로 자신과 가족에게 불면증, 강박증, 우울증, 조울증, 조현병, 공황장애, 자살충동, 정신분열, 각종 중독증이 있다면 귀신이 잠복해있다고 보면 되고, 각종 육체적인 고질병의 원인도 상당부분이 악한 영의 공격에 의해서입니다.

필자의 경험에 의하면 약한 놈들만 잠복해있는 경우는 거의 없고, 강한 놈과 같이 있으므로, 약한 놈들이 나가는 현상을 보이면 축귀를 해야 합니다. 전문적인 사역을 하는 곳에서 성령의 임재가운데 강력하게 기도하면서 사역자의 안수를 받으면서 축출기도를 받는 것이 가장 바르게 귀신을 쫓아낼 수가 있습니다. 혼자는 힘이 듭니다. 귀신들이 떠나가면 성령이 지배를 받는 기도도 할 수가 있습니다. 그러므로 자신 안에 귀신이 있는지 알고 싶다면, 지금부터라도 열심히 배에서 나오는 소리로 하나님을 부르는 기도를 시작해야 할 것입니다. 강력하게 성령으로 기도해야 할 것입니다.

강한 귀신이 축사되는데 시간이 많이 소요됩니다. 충만한 교회에서 매주 토요일 예약하여 진행하는 개별 집중치유 할 때 보면 어떤 귀신은 2시간 20분 만에 정체를 폭로하고 떠나가는 놈들도 있습니다. 이런 귀신들은 일반적인 집회 때에 하는 50분 기도로서는 정체가 폭로되지 않을뿐더러 축사할 수도 없습니다. 영육으로 고통을 당하는 분들은 인내하면서 자신이 성령으로 장악이 되는 것이 집중해야 합니다. 그러나 너무 낙심할 필요는 없습니다. 성령께서 자신을 장악하여 하나님의 전이 견고해지면 귀신은 기침한번으로 떠나갑니다. 귀신은 그림자이기 때문입니다. 자신이 하나님의 자녀로 완전하게 변하면 귀신을 더 이상 같이 살지 못하고 떠나가야 합니다.

첫째, 환자 스스로 귀신을 축사하도록 영적 조건을 준비하는 방법은 이렇습니다. ① 귀신은 대개 초기에는 잠복되어 있으므로 귀신에게 침입된 자신의 상태를 환자가 인정하도록 함으로써 귀신의 정체를 노출시킵니다. 그래서 생명의 말씀을 들어야 합니다. 환자가 마음을 열어야 합니다. 환자가 숨을 들이쉬고 내쉬면서 주여! 숨을 들이쉬고 내쉬면서 주여! 하면서 소리를 내면 쉽게 마음이 열립니다. 환자가 성령으로 세례를 받도록 해야 합니다. 보편적으로 환자가 성령으로 세례를 받은 후부터 귀신이 정체를 폭로하기 때문입니다. 성령으로 장악이 되는 만큼씩 귀신의 힘이 약해집니다. 그러니까, 성령으로 장악이 되는 만큼씩 귀신이 떠나간다는 뜻도 됩니다. 성령의 역사가 환자를 장악하지 않으면 절대로 귀신은 떠나가지 않습니다. 예수님의 이름으로 명하노니 귀신이 떠나가라. 해도 꼼작도 하지 않는 것이 보통입니다. 좌우지간 환자가 성령으로 장악이 되게 해야 합니다. ② 귀신의 충동이나 말과 변덕스러운 행동을 거부하세요. 충동적인 성격과 충동적인 말로 남의 심령을 괴롭히고 변덕적인 행동으로 일들을 망치게 합니다. ③ 귀신을 축사하려는 환자 자신의 의지를 발동시키는 것입니다. 자신의 의지가 발동되지 않으면 성령은 역사하지 않습니다. 영의 생각과 육신의 생각을 분리하고 성령의 소욕과 악령의 소욕을 분리하며 자신의 의지와 귀신의 의지를 분리하세요. ④ 잠재의식에서 표면의식으로 노출시키는 것입니다. 그러므로 귀신의 행동을 억제시키는 약(藥)은 절대 금물입니다. 약을 금지하고 축사할 수 있으면 제일 좋습니다. 이때에는 축사를 위하여 약물의 중독성이 제거되기까지 기다려야 합니다. 물론 약물의 효력이 떨어지면 귀신의 세력이 나타나고 발동되지만 이를 극복하고 이길 수 있어야 합니다. 이를 극복하지 못하고 귀신을 두려워하면 귀신은 이길 수 없으므로 담대한 믿음이 필요합니다.

만약 환자가 약을 먹지 않아 약물의 효력이 떨어지면 악한 영의 역사가 강하여, 발작이나 흥분이 지나쳐서 감당 할 수 없는 상태가 되는 경우가 되어 약을 정 끊기 두려우면, 약을 투약해 가면서 영적, 혼적, 육신 적인 상태를 호전 시켜서 해야 합니다. 믿음이 생기게 해야 합니다. 집중할 수 있도록 소리를 내게 하고, 주여, 주여! 를 크게 하여 기도에 몰입되게 해야 합니다. 의지와 시간을 가지고 계속 하면 말씀에 집중이 됩니다. ⑤ 귀신이 좋아하는 것을 하지 않아야 합니다. 반대 행동 만 합니다. 음행과 더러운 것과 호색 우상숭배. 술수, 원수 맺는 것과, 시기와 분 냄과 당 짓는 것과, 분리함과, 이단과 투기와 술취함과 방탕함과, 그와 같은 것들입니다.

또 능력을 얻기 위한 욕심으로 하는 기도, 말씀에서 벗어난 신비주의적 신앙관에서 탈피해야합니다. 무조건 기도 많이 하여 귀신을 축사하려는 마음은 버려야합니다. 영의 말씀을 들어서 영을 깨우고 성령의 역사를 받아가면서 축사해야 합니다. 영적인 자립 능력을 개발해야합니다. ⑥ 귀신이 싫어하고 성령이 원하는 것을 합니다. 찬양과 감사는 원망하는 마음, 불평하는 마음, 억압된 심령을 풀어버리고 성령이 역사하기 쉬운 상태와 조건이 됩니다. 사랑은 곧 하나님입니다. 헌금은 세상 욕심으로 인색해진 마음에 붙어있는 귀신들의 세력을 약화시킵니다. 믿음으로 속죄 제물을 드리게 하는 것도 좋습니다. 또 성령 충만한 교회에 상주하며 계속하는 봉사는 신앙의 여러 방면에서 많은 유익을 얻게 됩니다. 악한 영의 역사로 고통당하는 성도의 기도는 묵상 기도는 피하고 환자가 숨을 들이쉬고 내쉬면서 주여! 숨을 들이쉬고 내쉬면서 주여! 하는 부르짖는 기도를 하며, 말씀을 통하여 회개하는 기도를 많이 하세요. 마음의 기도는 속에서 나오는 방언을 많이 하는 것이 좋습니다. 예배는 자주 드리고 되도록이면 작정하여 정한 기간 정한 시각에 드려야 합니다. 세상 적인 욕심을 모두 버려야 합니다(명예욕, 출세욕, 물욕 등등). 전도는 성령이 기뻐하며 심령에 양식을 제공받습니다. ⑦ 귀신이 가져온 병(귀신의 집)을 먼저 치유하는 방법은 약물을 사용하지 않고 실시합니다. 그러나 상태가 중하면 일정기간 겸해도 됩니다. ⑧ 귀신은 성령 충만을 싫어합니다. 성령이 충만하면 순환기 계통이 활성화되어 피를 맑게 하는 역할을 하기 때문입니다. 사람은 피를 맑게 해야 건강합니다. 피를 깨끗하게 하려면 성령으로 충만한 믿음 생활을 해야 합니다. 우리는 항상 피를 깨끗하게 하려고 노력을 해야 합니다.

육체의 생명은 피에 있고 귀신은 피가 탁하고 더러우면 침입합니다. 왜냐하면 피를 더 탁하게 하여 성인병이 들어 죽게 하기 위해서입니다. 그렇기 때문에 마귀는 사람들에게 스트레스를 주어서 혈액을 탁하게 하는 것입니다. ⑨ 몸을 흔들고 손뼉을 치면, 몸의 기력이 순환되고 귀신의 세력은 약화됩니다. 귀신은 혈액이나 체액이나 호르몬이나 기(氣)의 흐름을 막고 있기 때문에 몸을 흔들고 손뼉을 치면 몸의 굳어진 어혈이 풀리고, 혈액 순환이 원활해지며, 굳어진 마음과 육신이 풀어지면서 몸이 뜨거워지고, 마음에 열정이 생기기 때문에 차가운 신앙이 뜨거워지고, 갈급함을 느끼게 되고, 성령을 적극적으로 구하고 찾고 두드리는 자세로 바꾸어져서 성령이 임하게 됩니다. ⑩ 기타, 영과 혼과 육신의 여러 가지 원인을 관찰하여, 그 원인을 하나하나 제거하여 그 세력을 약화시킨 후 축사합니다. 선포기도의 방법은 뒤 23-24장을 참고하시기를 바랍니다.

20장 가계에 육체의 질병이 치유되는 선포기도

(출15:26)"이르시되 너희가 너희 하나님 나 여호와의 말을 들어 순종하고 내가 보기에 의를 행하며 내 계명에 귀를 기울이며 내 모든 규례를 지키면 내가 애굽 사람에게 내린 모든 질병 중 하나도 너희에게 내리지 아니하리니 나는 너희를 치료하는 여호와임이라."

하나님은 우리의 질병을 치유하여 주시기를 원하십니다. 반면에 예방 신앙으로 자신의 마음과 육체를 잘 관리하여 질병을 예방하기를 소원하십니다. 말씀과 성령의 충만한 신앙생활로 마음의 평안을 날마다 유지하시기를 바랍니다. 하나님의 치료인 신유는 신유의 은사가 있는 사람을 통하여 이루어집니다. 그러나 이러한 신유의 치료에도 치료받는 사람의 믿음, 영적 상태, 마음의 상태에 영향을 받으며, 또 이것이 재발에도 영향을 미칩니다. 또 하나님의 치료에는 스스로 몸을 건강하게 유지할 수 있는 능력을 활성화시킴으로 자연스럽게 치료하심도 포함되며, 시간이 걸려서 치료하심도 포함되며, 약을 먹고 수술을 해서 치료됨도 역시 하나님의 치료라고 할 수 있습니다. 중요한 것은 모든 치료는 기본적으로 사람이 아니라, 하나님이 우리에게 해주신다는 것입니다.

그러므로 죄와 치료는 어떤 식으로든 관계가 됩니다. 용서와 치료도 관계가 있습니다. 그리고 무엇보다도 내적 상처는 치료에 매우 중요합니다. 아무리 좋은 약이 있어도 병이 잘 치료되지 않는 것은 많은 경우 깊이 숨어있는 내적 상처에 원인이 있습니다.

삶을 살아가는 우리의 태도도 치료에 매우 중요합니다. 이러한 태도가 질병을 불러일으키는 요인이 됩니다. 사람과 세상과 나 자신에 대한 시각은 질병의 원인에 깊이 관계됩니다. 무분별한 생활, 다른 사람과의 관계 등도 마찬가지입니다. 그런데 육체만을 다루는 현대의학은 진정한 치료가 아니라, 질병의 진행을 잠깐 멈추는 것입니다. 진정한 질병의 뿌리를 뽑는 것이 아닙니다. 병의 근원을 찾아서 뿌리를 뽑아내는 것이 진정한 치료입니다. 마음의 치료가 진정한 치료입니다.

무엇보다도 먼저 불안을 마음에서 뽑아내시기를 바랍니다. 그래야 성령님의 능력이 마음에서 역사 하실 수 있습니다. 내 영혼이 잠잠히 하나님을 바라고 평안할 수 있을 때, 하나님의 치유가 시작됩니다. 치료의 첫 단계는 하나님이 나를 치유하시기를 원하신다는 하나님에 대한 신뢰를 가짐으로, 내 마음을 평안으로 채우는 것입니다. 치료의 두 번째 단계는 병에 집착하지 않고 하나님에게 집착하는 것입니다. 마음을 가라앉히고 자꾸 하나님을 크게 보는 것입니다. 하나님을 기대하십시오. 하나님의 치료를 기대하십시오. 하나님의 치료를 상상하십시오. 현대의학에서도 상상료법을 매우 중요하게 여깁니다. 단 우리의 상상은 성령님의 도우심이 있는 상상입니다. 성령의 도우심으로 내가 건강하게 되는 상상입니다. 그래야 강력한 치료의 능력이 나타납니다. 믿음을 가져야합니다. 건강한 모습을 상상하십시오. 그 상상하는 모습에 성령님이 역사 하시게 하십시오.

세 번째 단계는 입으로 시인하고 선포하는 것입니다. 우리 안에 와있는 생명력과 질병치유의 권세를 사용하는 것입니다. 이것을 말에 담아 내 것으로 사용하는 것입니다. 하나님의 자녀에게 주신 이 치료의 능력, 창조의 능력을 사용하십시오. 믿음으로 사용하십시오. 영적 세계에 의하여 자연세계는 지배됩니다. 육은 영에 의하여 지배됩니다. 영의 능력, 권세를 가지고 명하면 육은 치료받을 수 있습니다. 중요한 것은 우리의 믿음입니다. 성령께서 역사 하시는 믿음의 언어로 치료됩니다. 그냥 하는 말은 중간에 떨어지지만, 성령의 인도하심, 성령이 함께 하심이 있는 언어는 떨어지지 않고 역사 합니다.

중요한 것은 성령 충만과 믿음의 언어사용입니다. 성령 충만이 우리의 사는 길입니다. 우리는 성령 충만한 믿음의 언어를 사용하여 우리의 환경을 지배하며, 새로운 창조를 할 수 있습니다. 이것이 바로 하나님의 참 형상이신 예수님이 오셔서 하신 일이며, 우리의 본이 되어주신 것입니다. 우리도 그렇게 하라는 것입니다. 할 수 있다는 것입니다.

인간이 타락하기 이전에는 죽음과 관계가 없는 완벽한 존재였으며, 영, 혼 육은 완전한 조화를 이루며 질서를 유지하였습니다, 영은 마음, 생각을 지배하였으며 육체는 이성의 지배를 받는 조화를 이룬 상태였으나 인간의 타락으로 죄가 유입되자 인간의 내적 질서는 균형, 조화를 잃게 되며 나머지 모든 부분들이 인간에게 유입되게 됩니다. 그리하여 인간에게 질병이 생기게 됩니다.

첫째, 질병은 자율신경의 계통의 흐름과 부조화로 생긴다. 모든 질병의 대부분이 자율 신경의 부조화에서 나오는 경우가 많기 때문에 내 영이 무거운 죄짐이나, 불평이나, 원망의 무서운 독소에서 자유 함이 있어야 합니다. 자율 신경의 조화는 주로 마음의 평안과 영의 기쁨을 항상 유지하게 됩니다. 자율 신경의 교감신경은 불안 좌절 분노, 등의 결과를 유발하고, 부교감 신경은 주로 기쁨, 화평, 감사, 용서, 사랑, 절제, 인내, 자비와 양선과 충성과 온유함을 주관합니다. 그래서 하나님은 빌립보서 4장 4절에서 "주 안에서 항상 기뻐하라 내가 다시 말하노니 기뻐하라." 하시는 것입니다. 포도나무의 가지가 원줄기에 붙어 있어야 하듯이, 우리의 영적 생명과 성령의 역사는 생명의 근원 되시는 예수님에게 붙어 있어서, 영적 신령한 생명이 계속 공급을 받아서 끊임없이 흘러나오거나 솟아나야 합니다. 이러한 생명의 흐름이나 성령의 흐름이 성경에서는 기름부음이라는 표현으로 설명되고 있습니다.

이러한 예수의 생명이 흘러넘치는 역사가 충만하기 위해서는 속사람(영)이 강건해야 하는데, 이 속 사람은 자율신경의 부교감 신경에 주로 영향을 받게 됩니다. 자율 신경의 조화를 이루지 못하고, 분노나 불안이나 좌절 등을 일으키면 위장, 간, 심장, 폐, 등 오장육부의 혈관 정맥, 근육 등에 뻗어 있는 자율 신경에 자극을 주게 되어, 신체에 이상을 일으키고 질병을 유발시킵니다.

모든 쓰라림과 원한은 첫째 분노로부터 시작, 이것이 신체에 공급되는 아드레날린을 지나치게 분비시킵니다. 신체는 분비된 아드레날린의 초과량을 흡수할 수 없습니다. 결과적으로 그것은 신장으로 가지만 그러나 신장은 이 초과량을 수용할 수 없습니다. 그 결과로 그것은 신체의 관절에 모여 관절염을 일으킵니다. 관절염을 앓는 사람은 자신의 삶을 성찰하고, 혹 다른 사람에 대한 쓴 뿌리와 용서하지 않는 마음을 품고 있는지 여부를 알아보라고 성심성의로 충고하시기 바랍니다.

둘째, 질병의 진행 과정. 하나님은 로마서 6장 23절에서 "죄의 삯은 사망이요 하나님의 은사는 그리스도 예수 우리 주 안에 있는 영생이니라." 말씀하십니다. 어떠한 형태의 죄이든지 작은 것이 씨앗이 되어 누룩과 같이 우리들의 정신과 마음과 육체를 파괴해 나갑니다. 표면적인 생각이 잠재의식까지 진행되어 신경 세포가 파괴되고 자율 신경이 파괴되어 자신의 생각이나 의지대로 조절이 되지 아니하게 됩니다. 말초신경의 자극은 내

장기관의 파괴를 가져오고 뿐만 아니라, 인체의 호르몬 기능이 조화를 잃게 되고 체액과 혈액이 산성화되거나 혼탁해져서 인체의 여러 가지 질병에 대한 면역력이 상실되고, 특별한 부위의 세포가 비정상적인 세포로 파괴되면서 육체의 병으로까지 진행되어 갑니다.

영의 병과 원인이나 결과가 유사합니다. 그러나 외적인 악한 영의 영향이나 침투로 인하여 질병이 발생하는 것이 아니라, 내적인 자신의 성품이나 인격(혼)이 조화를 이루지 못한 마음인 '병든 영혼'의 죄로 말미암아 일어나는 질병입니다. 이는 상처가 주요 원인이 됩니다. 주로 특별한 신체적 장애가 없음에도 불구하고 신체적 통증을 동반하는 질병으로 대개 자율신경의 부조화를 통하여 병으로 진행이 됩니다. 자율 신경은 교감신경과 부교감신경으로 나누는데 좌절, 낙심, 분노, 미워하는 마음, 질투하는 마음, 원망하거나 불평하는 마음, 불안이나 염려나 낙심이나 두려움 등은 교감신경과에 속합니다. 반대로 기쁜 마음, 평안한 마음, 사랑의 마음이나 용서의 마음, 온유한 마음 등은 주로 부교감 신경에 속합니다.

자율신경의 균형이 조화가 깨어질 때 각종 장기의 혈관 근육 등에 퍼져 있는 세포에 영향을 주므로 신체에 이상을 일으키게 됩니다. 자율 신경을 자극하는 것이 바로 인간의 감정이나 화나 정신적 혹은 심적 스트레스를 받게 되어 평안함이 깨트려지고 하나님과의 불화가 시작되는데 이 스트레스는 하나님의 뜻대로 살지 못하거나 믿음으로 살지 못한 죄의 결과라고 할 수가 있습니다. "주 안에서 항상 기뻐하라 내가 다시 말하노니 기뻐하라. 너희 관용을 모든 사람에게 알게 하라 주께서 가까우시니라. 아무 것도 염려하지 말고 다만 모든 일에 기도와 간구로, 너희 구할 것을 감사함으로 하나님께 아뢰라. 그리하면 모든 지각에 뛰어난 하나님의 평강이 그리스도 예수 안에서 너희 마음과 생각을 지키시리라(빌 4:4-7)", "항상 기뻐하라. 쉬지 말고 기도하라. 범사에 감사하라 이것이 그리스도 예수 안에서 너희를 향하신 하나님의 뜻이니라(살전 5:16-18)"

충격적인 상처로 감정적인 충격을 받으면 사고기능은 저하되고 합리적인 판단이 흐려져서 앞뒤를 생각할 겨를이 없이 공격적이 됩니다. 심령이 상하게 되어 본성인 육성이 드러나게 됩니다. 이러한 화가 분노로 격한 심령으로 확산됩니다. 이러한 화병이 통제되지 못하면 빈발하게 되어 병적이 되고 질병으로 진행됩니다. 충격이나 신경성 원인에 의한 모든 질병은 모두 이혼에 속한 병인데 정신적인 질병과 육체적인 질병의 2가지 형태로 진행이 됩니다.

화나 분노가 내적으로 스며들거나 발산되지 않은 상태로 속으로 심령이 상하게 되고, 정신적인 손상이 계속되어 뇌신경 세포의 파괴가 진행되면 노이로제나 우울증 및 정신병으로 발전하게 됩니다. 그렇지 않고 내장기관의 신경세포가 손상이나 자극이 계속되면 육체적인 질병으로 발전하게 되어 신심 상관병

(마음의 병)으로 발전하게 됩니다. 질병은 대략 이런 순서로 발병하게 됩니다.

◎ 제 1 단계 환경의 위기: 사업이나 직장 가정 및 인간관계의 파탄이나 다른 사람으로부터 영향이나 자극이나 충격을 받게 됩니다.

◎ 제 2 단계 자아의 위기: 이를 자신의 인격이나 믿음으로 소화하지 못하면 내적인 갈등이나 불안, 염려, 의심, 초조, 미움, 원망, 불평 등이 발동하며 육성이 발동 됩니다.

◎ 제 3 단계 영적 위기: 갈등이나 불안이나 미움이나 원망이 심화되어 말로 불평을 나타내거나 행동으로 표현하게 됩니다. 심령이 메말라오며 보복하려는 심령이 되거나 기도가 막히거나 여러 가지 육체의 일로 외적으로 나타나게 됩니다.

◎ 제 4 단계 신체적 위기: 정신적 혹은 육체적 이상 현상들이 외적으로 나타나기 시작하여 분명한 질병의 형태로 나타납니다. 성령으로 영적치유가 되어야 질병이 치유가 됩니다.

◎ 제 5 단계 파멸의 위기: 질병이 악화되어 영혼의 파멸을 가져오거나 나아가서는 육신의 사망으로 연결되며 혹은 신경적으로 파멸이 오면 돌이키기 어려운 정신적인 이상을 가져오거나 영적으로 악화되면 악한 영의 침입으로 파멸의 위기를 맞게 됩니다.

보편적으로 마음의 병이란 여기서는 혼의 병으로 분류했습니다. 이는 신경성 원인에 의한 질병으로 육체의 질병으로 외부적인 형태로 심하게 발전되어지지 않은 상태의 질병을 말합니다. 특별히 내분비 계통과 신경 계통과 자율신경 계통에 발병되어진 질병의 경우를 말합니다.

셋째, 내적 상처와 질병과의 관계

1) 현대 의학은 육신의 질병을 단순히 병리학적인 차원에서 다루지 않고 유전적, 심리적이며, 영적인 분야를 함께 다루고 있습니다. 질병과 내적 상처와의 관계는 사회가 복잡해지면서 더욱 관계가 깊어지며, 육체의 질병은 유전, 환경, 식생활 습관, 심리적, 영적으로부터 복합적으로 영향을 받아서 질병이 생기게 됩니다.

2) 과거 어떤 상황을 접하여 심한 감정의 상처를 입었다면 그 상황이 다시 생각날 때, 감정에 자극이 생기게 되며, 이러한 반복이 심하게 되면 신체적 질병, 심한 노이로제로 이르게 됩니다. 이렇게 됨으로 교감신경이 강화되어 분노하거나 앙심을 품는 다거나 하여, 자신의 인체 속에서 분비되는 "아드레랄린"으로 인하여 신체 여러 장기와 뼈와 신경의 손상을 가져오게 됩니다. 그리하여 시간이 경과됨에 따라 질병으로 나타나게 됩니다. 그러므로 질병이 몸 밖으로 나타났다면 상당히 시간이 많이 경과된 상태라고 이해하고 치유해야 할 것입니다. 그러므로 미리미리 말씀과 성령 충만한 신앙생활로 예방하는 것이 중요합니다.

3) 우리 민족은 역사를 통해 문화와 환경에서 아픔을 부둥켜 안고 살아야만 했습니다. 반상제도, 남존여비, 장유유서의 문화로 누르고 눌리는 악순환을 거듭했습니다. 이러한 아픔과 눌림은 단지 한 시대의 문화뿐만 아니라, 그 시대를 사는 사람들에게 커다란 감정적, 정서적 상처를 안겨 주게 됩니다. 이러한 내적 상처는 정신, 육체적 질병과 연결이 됩니다.

4) 여성인 경우 고부간의 갈등, 시댁 가족과의 관계, 남편의 문제, 경제적인 어려움 등 많은 갈등을 겪어왔습니다. 그런데 대부분의 경우 참으며 살아가는 것을 운명으로 체념하고 살아왔습니다. 이러한 이유로 인해 한국의 여성들에게 보이지 않는 내적인 질병인 화병이 생겨난 것입니다. 정신 심리학에서 화병은 어떤 충격으로 인해 신체적, 심리적으로 6개월 이상 만성적인 고통을 겪게 되는 상태를 말합니다. 화병은 심리적인 갈등, 긴장으로 인하여 정신적 부분에 병이 발생하지만 이 부분에만 국한되지 않고 어느 정도 기간이 지나면 심폐기능, 근육, 위장 장애를 유발하게 됩니다.

5) 우리가 웃을 때, 행복할 때, 하나님을 찬양할 때, 운동을 할 때, 엔돌핀이라고 불리는 물질이 신체 안에 배출되는데 그것은 고통을 덜고 신체의 조직에 치료(마치 약의 작용처럼)를 일으킵니다. 모든 쓰라림과 원한은 첫째 분노로부터 시작, 이것이 신체에 공급되는 "아드레날린"을 지나치게 분비시킵니다. 신체는 분비된 아드레날린의 초과량을 흡수할 수 없습니다. 결과적

으로 그것은 신장으로 가지만 그러나 신장은 이 초과량을 수용할 수 없습니다. 그 결과로 그것은 신체의 관절에 모여 관절염을 일으킵니다. 관절염을 앓는 사람은 자신의 삶을 성찰하고, 혹 다른 사람에 대한 쓴 뿌리와 용서하지 않는 마음을 품고 있는지 여부를 알아보라고 성심성의로 충고하시기 바랍니다.

넷째, 왜 예수를 믿었는데도 난 불치병의 대물림이 계속되는가? 예수를 믿은 후, 예수 믿기 전에 와 있던 질병의 대물림에 문제를 해결하지 못하므로 발생합니다.

① 믿기 전에 했던 세상 풍속을 쫓고 우상 숭배를 했던 모든 것을 말씀과 성령의 역사와 예수 이름으로 자르고 축사하지 못한 연고입니다. "그 때에 너희가 그 가운데서 행하여 이 세상 풍속을 좇고 공중의 권세 잡은 자를 따랐으니 곧 지금 불순종의 아들들 가운데서 역사하는 영이라"(엡2:2).

② 성령으로 세례 받지 못하여 성령으로 장악 당하지 못하니, 성령 충만하지 못하므로 불치병이 대물림됩니다. "오직 성령이 너희에게 임하시면 너희가 권능을 받고 예루살렘과 온 유대와 사마리아와 땅 끝까지 이르러 내 증인이 되리라 하시니라"(행1:8).

③ 대물림되는 질병들을 찾아서 끊어내고 역사하는 악한 영을 축사하는 등의 적극적인 방법으로 해결하지 못하고 방심한 결과입니다. "믿는 자들에게는 이런 표적이 따르리니 곧 저희

가 내 이름으로 귀신을 쫓아내며 새 방언을 말하며"(막16:17)

④ 예수만 믿으면 영적인 문제가 완전히 해결된 줄 알고 방심하고 대비를 못하므로 당합니다. 예수를 믿으면 모든 영적인 문제가 해결되었다는 잘못된 이론을 철석같이 믿고 치유를 적극적으로 하지 않아 당하는 고통입니다.

다섯째, 건강을 적극적인 활동

1) 조상의 죄악을 파악하여 회개하라. 선조의 죄를 위한 회개 기도는 선조를 대신 하여 회개하는 것이 아니라 그들이 지은 죄 때문에 회개하는 것입니다. 회개의 기도는 사단이 선조의 죄를 통하여 우리들에게 저주할 수 있는 법적 근거를 끊기 위한 목적입니다.

"하나님! 저는 이 시간 저의 선조 부모의 불의를 회개하고 용서를 빕니다. 조상들의 죄가 삼사대까지 이르도록 저주를 초래하게 한 저 스스로의 죄와 조상들의 모든 죄들을 회개합니다. 모든 불순종, 반항, 우상숭배, 점과 우상에게 복을 빈 죄, 무당에게 굿을 한 죄를 회개합니다. 주 예수 그리스도를 통한 하나님의 용서와 죄 씻음을 구합니다. 아버지께서 그리스도의 이름으로 조상의 죄를 사해주심을 믿고 감사드리며, 예수 그리스도의 이름으로 기도드립니다. 아멘"

2) 마귀에 의한 악의 유전을 찾아 끊어 내야 한다. 나에게 임한 사단의 건강의 저주를 끊어라. 불치병의 저주를 끊어라.

① 저주를 끊으면 악령들이 작용할 수 있는 법적 권리를 박탈해 버리게 된다.

② 법적인 근거들을 멸한 뒤에 주 예수의 이름으로 귀신들을 쫓아내라.

③ 마귀의 저주를 끊으면 상황에 따라서 끊음과 함께 바로 회복, 치유, 변화를 경험하는 경우가 있으며, 또 시간이 점차 지나면서 질병의 저주를 끊은 효력이 나타난다.

④ 갈라디아서 3장 13절에 의하여 나는 예수의 희생으로 저주에서 속량되었다. 나는 예수의 이름으로 믿음을 실천하여 나와 나의 자손들의 모든 질병의 저주는 끊어질지어다.

⑤ 예수의 피로 말미암아 조상들의 죄와 나의 모든 죄는 사함을 받았고 하나님의 말씀에 대한 불순종과 반항의 결과로 내린 나와 가정의 질병의 저주는 끊어질지어다.

⑥ 나는 예수의 이름으로 나와 가족 위에 내린 모든 저주를 모두 끊노라! 암, 중풍, 당뇨병, 부인병, 관절염, 심장병, 고혈압, 일찍 죽게 하는 모든 마귀의 저주는 예수 이름으로 끊어질지어다.

⑦ 나의 건강상태, 육체관계에 영향을 주는 저주를 예수 이름으로 끊노라! 암, 중풍, 당뇨병, 부인병, 관절염, 심장병, 일찍 죽게 하는 영의 줄은 예수 이름으로 끊어질지어다.

3) 악을 유전시키는 악한 마귀, 귀신을 쫓아내야 한다.

① 내가 예수 이름으로 명하노니 나의 건강상태, 가족관계에

영향을 주는 악한 영은 물러갈지어다! 암, 중풍, 당뇨병, 부인병, 관절염, 심장병, 일찍 죽게 하는 영은 예수의 이름으로 명하노니 내게서 떠나갈지어다!

② 우리는 단호하게 마귀를 향하여 꾸짖어야 하며 그 권세가 우리에게 있습니다. 마귀는 우리의 힘으로 어찌할 수 없는 영적 존재입니다. 그러나 사망 권세를 이기신 예수 그리스도의 이름 앞에서는 무력한 존재이며, 그 이름을 힘입어 믿음으로 사탄을 꾸짖고 명할 때 마귀는 물러갑니다.

③ 마귀에게 단호하게 명령하라. 더러운 질병의 영은 예수 이름으로 영하노니 우리 가문에서 떠나갈지어다!

4) 가문에 역사하는 질병을 가지고 다니는 악한 영을 몰아내고 축복으로 채우라.

① 내가 예수 이름으로 명하노니 나에게 영육의 건강의 축복이 임할 지어다. 우리 가문에 건강 축복의 영이 임할 지어다. 모든 근육과 신경과 피 속에 건강이 임할지어다. 뼈, 관절, 장기가 건강하여 질지어다.

5)질병을 일으키는 악의 세력에게 선포기도를 하라. 하나님은 가정들이 영육으로 강건한 가정이 되기를 원하십니다. 예수를 믿는 가정에 질병이 많이 생김으로 인하여 고통당하는 가정이 의외로 많이 있습니다. 제가 병원에 능력전도를 하러 다니면서 체험한 바로는 가족이 돌아가면서 병원에 입원하는 가정

도 있었습니다. 이런 가정은 우연하게 질병들이 생기는 것이 아니라, 원인이 있다는 것입니다. 말씀과 성령으로 원인을 찾아야 합니다. 원인을 찾아 조치를 취하면서 대적기도를 해야 효과가 있습니다. 특별히 질병 중에는 혈통에 대물림되는 질병들이 있다는 것입니다. 이 모두를 인정해야 질병이 떠나가고 예수를 누리는 가정이 될 수가 있습니다.

제일 좋은 방법은 가족치유입니다. 가족 전체가 한마음이 되어 치유를 받는 것입니다. 그러면 좀 더 빨리 건강한 가정이 될 수가 있습니다. 무엇보다도 가장이 심각성을 깨닫고 앞장설 때 치유는 빨리 됩니다. 하나님은 가장을 통하여 축복하시기 때문입니다.

선포기도와 치유를 받기 전에 성령으로 세례를 받아야 합니다. 가족모두가 성령으로 세례를 받으면 금상첨화입니다. 성령으로 세례를 받은 다음에 내적치유를 합니다. 내적치유를 하여 성령이 장악을 해야 선포기도가 효과가 있습니다.

선포기도는 이렇게 하시기 바랍니다. 성령이여 임하소서. 성령의 임재가 깊어지면 명령하세요. "우리 가정에 역사하며 질병을 일으키는 더러운 영은 예수 이름으로 명하노니 떠나갈지어다." "우리 가정에 돌아가며 질병을 일으키는 귀신은 예수 이름으로 명하노니 떠나갈지어다." "우리 가계에 대물림하며 심장병을 일으키는 질병의 영의 줄이 끊어질지어다."

"우리 가계에 대물림하며 심장병을 일으키는 질병의 영은 예수 이름으로 명하노니 떠나갈지어다." 선포기도를 할 때 막연하게 우리 가정에 역사하며 질병을 일으키는 영은 떠나가라. 하는 것보다 구체적인 질병을 거명하며 대적기도를 하는 것이 훨씬 효과가 있습니다. "우리 가정에 위장병을 일으키는 더러운 영은 떠나가라." "우리 가정에 역사하며 간경화를 일으키는 더러운 영은 예수 이름으로 명하노니 떠나가라." 이렇게 말을 하며 선포하라는 말입니다. "우리 가정에 질병의 영들이 떠난 자리에 건강의 축복이 임할지어다. 장수의 영이 임할 지어다" 지속적으로 보증의 역사가 나타날 때까지 의지를 가지고 대적기도를 해야 합니다.

혈통에 역사하며 질병을 일으키는 악한 영은 밖에 있는 것이 아니고 모두 사람 안에서 역사한다는 것을 명심해야 합니다. 호흡 기도를 지속적으로 하면서 대적하고 명령하세요. 그러면 하품이나 기침이나 재채기를 통해서 질병의 영들이 떠나갑니다. 성령의 역사가 항상 자신과 가정에 충만하도록 기도하십시오. 깊은 영의 기도와 찬양을 하십시오.

5) 조상으로부터 온 질병의 유전이 끊어짐을 믿고 감사하고 축복하라. 질병에 대한 선포기도는 "신유은사와 고질병 순간치유" 책을 활용하시기를 바랍니다.

21장 정신적인 고통을 치유하는 선포기도

(시42:5)"내 영혼아 네가 어찌하여 낙심하며 어찌하여 내 속에서 불안해하는가 너는 하나님께 소망을 두라 그가 나타나 도우심으로 말미암아 내가 여전히 찬송하리로다"

많은 크리스천들이 예수님만 믿었으면 귀신하고는 상관이 없는 줄로 착각하고 살아갑니다. 그런데 필자가 지난 20여 년간 성령치유 사역을 하면서 체험한 바로는 예수를 믿고 교회에 다니는 크리스천에게도 귀신이 역사하고 있었다는 것입니다. 많은 수의 성도들과 직분 자들이 귀신의 영향으로 정상적인 생활을 못할 뿐만 아니라. 영적정신적인 문제로 고통을 당하면서 살아가는 성도들이 많습니다. 가계에 역사하는 귀신들의 영향으로 우울증이나 공황장애나 정신분열증(조현병)으로 고통을 당하는 사람들이 많습니다. 하나님께서 주신 축복도 관리하지 못하고 살아가더라는 것입니다. 그렇기 때문에 예수를 믿고 교회에 다니는 성도들도 자신에게도 더러운 귀신들이 역사할 수가 있다고 믿고 해결하려고 해야 합니다. 방심을 금물입니다.

하나님은 우리가 정신적인 질병에서 치유 받고 해방을 받기를 원하십니다. 세상이 날로 복잡 다양하여짐에 따라, 여러 가지 정신적인 질환도 많이 발생합니다. 앞으로는 더욱 정신적인 질환이 많이 발생할 것입니다. 이 정신질환의 질병은 예수 믿고 교회에 다닌다고 예외가 될 수가 없습니다.

정신질환은 대물림이 됩니다. 부모가 모두 정신분열증이거나 양극성장애인 어린이는 한쪽 부모만 그런 어린이보다 부모와 같은 질환이거나 다른 종류의 정신질환에 걸릴 위험이 높다고 미국 미네소타대학 어빙 고츠먼(Irving I. Gottesman) 교수가 Archives of General Psychiatry에 발표했습니다. 부모가 모두 정신질환을 가진 어린이는 초 고위험집단이라고 할 수 있습니다. 이러한 어린이를 연구하면 정신질환의 유전적 소인을 2개 동시에 가진 경우의 위험을 평가할 수 있습니다.

고츠먼 교수는 "이러한 위험은 결혼, 가족형성, 입양, 건강보험계획 등 개인적 결정에 관해 어드바이스를 하는 유전 카운슬러에 도움이 된다"고 말합니다. 교수는 덴마크에서 태어난 270만 명의 주민 코호트를 연구했습니다. 일반주민과 정신과 입원 데이터베이스를 일치시키고 부모 모두 정신분열증 또는 양극성장애로 정신과에 입원한 적이 있는 어린이를 발견하고 이들에 대해 한 부모 중 어느 쪽이 정신장애였는지를 부모의 정신질환이 없는 어린이의 정신과 입원율과 비교했습니다.

정신분열증 비율은 부모 모두 정신분열증이었던 어린이에서 가장 높았습니다. 모두 정신분열증인 부부 196쌍의 자녀 270명 가운데 27.3%가 정신과 입원경험이 있었으며 정신분열증 관련 장애도 포함하면 이 비율은 39.2%로 높아졌습니다.

반면 부모 중 한쪽이 정신분열증인 부부 8,006쌍의 자녀 1만 3,878명 가운데 정신분열증으로 입원한 경우는 7%, 모두 정신분열증이 없는 부부 100만쌍의 자녀 220만 명에서는 0.86%였습니다.

마찬가지로 양극성장애 위험은 양쪽 모두 양극성장애 입원 경험이 있는 부부 83쌍의 자녀 146명에서는 24.9%(단극성 우울증장애까지 포함하면 36%), 부모 중 한쪽이 양극성장애로 입원한 부부 1만 1,995쌍의 자녀 2만 3,152명에서는 4.4%, 모두 양극성장애로 입원한 경험이 없는 부부 100만 쌍의 자녀 220만 명에서는 0.48%였습니다.

부모 중 한쪽이 양극성장애, 또 한쪽이 정신분열증인 부부의 자녀에서는 정신분열증 위험이 15.61%, 양극성장애 위험이 11.7%였습니다.

교수는 "이 집단에서 나타나는 위험은 크고 덴마크와 거의 같은 의료시스템을 갖춘 나라에서도 임상적 및 국가적 보건위생상의 전략이 필요하다"고 말합니다. "유전역학의 성과와 여기에 기초한 전략은 개인이 아닌 집단에 적용된다. 그러나 역학적 유전자검진에 적용되는 분자 유전학과 이번 연구에서 얻어진 데이터를 조합하면 향후 주요 정신장애의 병인을 해명하는데 도움이 될 것"이라고 말했습니다.

첫째, 정신적인 질병의 발생원인. 정신병은 상처와 선대의 죄악의 영향에서 많이 발생합니다. 현대에 들어 핵가족화 되면서 가정이 쉽게 해체되고 가족이 모래알처럼 홀로 고독해지는 삶의 구조로 변했습니다. 과거 공동체 구성에서 받던 정서적 유대라든가 안정감은 점차 사라지고, 이젠 서로 앉아 얼굴 맞대고 이야기 나눌 시간도 없이 바쁜 일과를 보내다 보니, 가정에서 배우고 익혀야 할 도덕이나 교육 등이 사라진지 오래입니다. 그래서 학교나 사회에선 교실 붕괴니 막가는 학생이니 폐륜아….하며, 삐뚤어져가는 세대들의 인생이 많이 망가져가는 일이 많습니다.

이런 현상은 첫째, 정신병으로 나타납니다. 고독이 사무쳐 인간적 정서가 메말라가는 환경에서 불안정서가 병질로 드러나는 원인입니다. 누구나 불안하고 고독한 존재지만, 그것을 가정이나 부모 형제가 있어 안정시켜주어야 하는데, 우리 사회가 모두 제 할 일이 바쁘다 보니, 안정된 정서적 충족을 해주지 못한 탓이 큽니다. 그래서 현대엔 정신병자들이 참 많아집니다. 앞으로는 더욱 많이 발생할 것입니다.

두 번째로, 가정에서 부모의 역할과 행동이 지대한 영향을 끼칩니다. 부친은 아들에게, 엄마는 딸에게 그대로 전승되거나 대물림됩니다. 자녀는 부모의 거울이요, 부모는 자녀의 교과서입니다. 교과서가 어긋나면 이를 배운 자녀가 어긋납니다.

세 번째로, 선조의 죄악으로 아이가 타고나는 것입니다. 성격이라든가 부모 형제간의 관계나 부모 선조로부터 물려받은 恨

의 얽힘과 선조의 우상숭배 등입니다. 그래서 정신병이 가져오는 원인은 여러 가지며, 그 치료법도 여러 가지고 어려운 점이 많습니다.

둘째, 우상숭배로 인한 정신문제. 2016년도에 만난 어느 청년의 정신문제 치유 사례입니다. 이 청년은 당시 34세였습니다. 그런데 스트레스를 심히 받으며 직장생활을 하다가 간질 증세를 보이게 되어 직장도 그만둔 채 이곳저곳 치유 받으러 다녀야 했던 그는 결국 치유 받지 못한 상태에서 필자에게 찾아왔습니다. 몇 주일 동안 혼자 다니며 치유 받던 그가 한 주 동안 보이지 않아서 어찌된 일인가 싶었는데 어느 금요일 날 어머니와, 형님 부부와, 청년이 함께 왔습니다. 그래서 집회시간 외에는 환자를 만나지 않음에도 불구하고 찾아와 사정하는 바람에 상담과 치유를 하게 되었습니다.

그 청년의 아버지, 어머니는 모두 모 교회의 집사로서 성실하게 신앙생활을 잘하고 있었습니다. 형님은 모 교회의 성가대 지휘자로 봉사하고, 형수는 피아노 반주자로 봉사를 한다고 했습니다. 그런데 이 형님 부부에게도 문제가 하나가 있었습니다. 결혼한 지 15년이 지났는데도 임신이 되지를 않는다는 것입니다. 저는 청년을 치유하기 위해 머리에 손을 얹고 기도했습니다. "성령님! 이 청년이 이렇게 된 원인이 무엇입니까?" 그랬더니 성령께서 이 가족 중에 지독하게 이방신을 숭배하는 사람이 있다고 응답해 주셨습니다. 그래서 어머니에게 물었습니다. 혹시 가족 중에 무당이나 절의 중이나 다른 우상을 숭배하는 사람이 있느냐고 물었더니, 어머니가 "우리는 모두 예수를 믿습니다!"라고 대답하는 것입니다. 그래서 제가 "그럴 리가 없습니다. 잘 생각해 보세요." 그랬더니 정신병으로 고통당하는 형제의 형님이 대답했습니다. "목사님 우리 외삼촌이 절의 중입니다." 그러니까 어머니의 얼굴색이 그만 변하는 것이었습니다.

그래서 축사를 시작했습니다. 외삼촌이 절에 있는 중이기 때문에, 고통을 주는 악한 귀신의 줄을 끊으려면 먼저 회개가 있어야 합니다. 먼저 어머니와 형에게 회개하라고 했습니다. 회개를 시키고 "내가 예수 이름으로 명하노니 우상숭배로 인한 저주의 줄은 끊어질지어다. 이제 내가 예수 이름으로 명령한다, 조상의 우상숭배를 타고 들어와 고통을 주고 있는 원수 귀신은 정체를 밝히고 떠나갈지어다." 하니 청년이 벌벌 떨었습니다. 한참을 그러다가 기침을 막하면서 귀신들이 쫓겨나갔습니다. 한참을 축사한 뒤, 지금 기분이 어떠냐고 청년에게 물었더니 가슴이 시원해지고 머리가 맑아졌다고 대답했습니다. 저는 완전히 치유가 되려면 몇 개월 동안 더 다니면서 은혜를 받아야 된다고 했습니다. 그 후 계속 치유를 받은 그는 완전하게 회복 되었습니다.

이유 없는 마귀의 저주는 없습니다. 만약에 가족 중에 중 무당 일본에서 건너온 남묘호렌게교, 통일교, 여호와 증인 등이 있다면 분명이 악한 영의 저주가 있을 수 있습니다. 우리 기독교 신앙은 예방 신앙이 되어야 합니다. 이 청년도 아무런 문제 없이 33세까지 잘 살다가 갑자기 문제가 노출된 것입니다. 만약에 이런 사실을 미리 알고 치유를 했더라면 직장생활과 결혼생활을 잘하며 지냈을 것입니다.

셋째, 마음과 정신의 질병 치유. 정신질병의 근본적인 원인은 "마음의 상처"와 "죄" 이기 때문에 죄와 용서의 처리가 먼저 되어야 합니다. 죄의 개념이 율법을 범하는 차원에서만 생각하지 않기를 바랍니다. 죄란 바로 나 자신의 일부로서 육을 통하여 나타나는 생각이나 감정이나 의지가 다 죄입니다.

육신이 바로 죄이며 육신적으로 사는 것이 죄입니다. 영으로 살지 않는 사람은 육신적으로 사는 죄의 대가인 혼의 질병이 오게 됩니다. 그리고 자신의 죄가 아니더라도 조상의 죄악으로 오는 경우가 많습니다. 그리고 용서를 해야 합니다. 많은 경우 정신적인 질병이 있는 환자는 말 못할 큰 충격을 받은 일이 있습니다. 나에게 이 충격을 일으킨 사람을 용서해야합니다.

1) 죄를 용서받고 치유를 받으려면 예수를 영접하여야 합니다. 예수를 영접하므로 성령의 역사로 치유가 이루어지기 시작합니다. 모든 치유는 성령의 능력으로 됩니다. 자신에 내재하는 인간의 영의 선한 힘(영력)이라 하고, 예수를 믿어 내면으로 들어오신 하나님의 영은 인간의 능력을 초월하여 나타나는 영적

능력으로 역사합니다. 성령의 능력이 이때부터 나타납니다.

그래서 사람은 할 수 없으나 할 수 있는 하나님의 영력(형상)이 나타나서 성령이 충만하게 됩니다. 영력은 나타나는 상태와 조건을 만들어야 나타납니다.

2) 성령의 역사가 나타나는 말씀을 듣고 성령의 세례를 받아야합니다. 그 조건과 상태는 여러 가지이지만 첫째 의지를 발동시켜야 합니다. 의지를 발동하게 하여 성령세례를 받는 것이 제1의 원리요, 그 다음은 말씀과 성령으로 내적 치유하는 것이 제2의 원리요, 귀신 추방의 제3 원리입니다. 그리하여 생각이 바뀌고, 마음이 감동되어, 믿음이 생겨서, 본인의 의지가 발동되어, 몸이 움직여지고, 행동으로 옮겨지는 과정을 거쳐야 합니다. 이 영적 원리는 모든 것에 적용됩니다.

3) 성령의 인도로 말씀을 잘 알아들을 수 있어야합니다. 성경에서는 내 뜻과 정성과 힘을 다하여 하나님을 섬기라 했고(신28장), 크게 사모하는 자에게 제일 좋은 길을 보여 준다고 했습니다(고전12:31).

네가 낫기를 원하느냐고 예수님은 말씀했습니다(요5:6), 진정과 신령으로 예배하는 자에게 찾아오신다 했습니다(요4:23). 모든 영적인 일에 진심으로 구하고 구하면 얻을 것이요, 찾고 찾으면 찾을 것이고 두드리면 열립니다. 강한 순종과 믿음과 승리의 의지를 발동시키고 행동으로 옮기십시오. 행동으로 옮기지 못하게 하는 장애요인(죄)이 자신에게 있습니다. 이

것을 깨닫고 제거하십시오. 귀신의 병과 정신병의 구분을 잘
해야 합니다.

4) 앞의 과정을 거친 다음에 질병의 원인을 성령께 질문해야
합니다. 영적인 그림을 그리라는 말입니다. 전체의 그림을 보면
서 자신의 문제의 원인이 어디에 있는 지를 찾아야합니다. 시간
이 많이 걸릴 수가 있습니다. 왜냐하면 성령께서 완전하게 장악
을 한 다음 원인을 알 수 있고 치유도 되기 때문에 하나님의 시
간표를 따라 기다려야 합니다. 급하다고 되는 일이 아닙니다.

5) 성령께서 알려주는 질병의 원인에 따라 조치를 해야 합니
다. 죄악은 회개하고, 상처를 준 사람은 용서하고, 가문의 유전
은 절단하고 원인을 제거해야 합니다. 악한 영의 역사라면 귀신
을 축사해야 합니다. 그리고 지속적인 치유를 받아야 합니다.

6) 이때부터 악한 영을 축사하고 내적치유를 합니다. 지속적
으로 해야합니다.

7) 하나님과 영적인 관계를 지속하며 감사합니다.

넷째, 정신문제 치유시 참고할 사항. 필자가 지금까지 성령치
유 사역을 하다가 임상적으로 경험한 결과는 이렇습니다. 조상
의 정신병 대물림이 있거나 어렸을 때에 상처가 있던 사람들이
스트레스를 많이 받으니까, 갑자기 간질증상이 나타나는 사람
이 있습니다. 간질이 갑자기 발생하니까, 경험이 없는 사람들이
귀신의 영향으로 간질이 발생했다고 단정을 짓게 됩니다. 그래

서 이 목사님 저 목사님에게 귀신축사를 받으러 다닙니다. 이러다가 치유의 시기를 놓쳐서 심각한 상태로 진전이 되기도 합니다. 필자는 이런 분들을 다수 치유한 경험이 있습니다. 우리가 스트레스를 받으면 체력의 소모가 많이 됩니다. 체력이 떨어지니 자신 속에 잠재하여 있던 영육의 문제가 드러나는 것입니다.

그래서 간질을 하기도 합니다. 어떤 분들은 가위눌림을 당하기도 합니다. 그래서 영적인 문제라고 단정하고 축사만 받으려고 합니다. 그러다가 영적인 분야를 잘 알지 못하는 사역자를 만나 금식도 합니다. 그러나 금식은 금물입니다. 체력이 소진되어 문제가 발생했는데 금식을 하면은 기름 가마에 불을 붙이는 것과 마찬가지입니다. 더 악화된다는 것입니다. 이때에는 당황하지 말고 환자를 안정을 시키고 우선 체력을 보강해야 합니다. 빠른 시간에 체력을 보강할 수 있는 보약이나 다른 보양 식품을 먹여야 합니다.

그래서 체력을 회복시켜야 합니다. 안정을 취하게 해야 합니다. 그러면서 정신적인 문제를 바르게 전문으로 치유하는 사역자에게 가서 치유를 받으면 바로 정상이 됩니다. 그런데 이와 같은 전문적인 치유를 일반 성도들이나 목회자는 잘 이해하지 못합니다. 그래서 영적치유를 받겠다고 일 년 이상 돌아다니면서 이 사람 저 사람에게 안수만 받으면서 돌아다니게 됩니다. 이러다가 치유의 시기를 놓쳐서 환자가 사람 노릇을 못할 정도로 심각해 질수가 있으니 주의 하지 않으면 안 됩니다.

이와 같은 초기 간질 증상은 나이에 상관없이 발생할 수가 있습니다. 어떤 사람은 17세에 발생합니다. 어떤 사람은 20세에 발생합니다. 어떤 분은 26세에 발생하기도 합니다. 어떤 분은 34세에 발생할 수도 있습니다. 대략 이런 증상이 발생하는 사람의 유형을 보니 집안에 우상의 숭배가 심한 집안의 내력이 있는 가문에서 발생을 합니다. 그리고 태중에서나 유아시절에 상처를 많이 발생한 분들이 많이 발생이 됩니다. 대개 심장이 약하여 잘 발생합니다. 그러므로 필자가 강조하는 것과 같이 불같은 성령을 체험하고 내적치유를 미리 받아야 합니다. 그러면 성령의 임재로 사전에 상처가 드러나서 치유가 됩니다.

미리 치유하여 예방하라는 것입니다. 조상이 정신문제로 고생했다면 반드시 발생할 수가 있다고 생각하고 미리 예방해야 합니다. 다시 한 번 강조하면 이렇게 초기에 간증 증상 일어난다고 큰일이 나는 것이 아닙니다. 당황하지 말고 환자를 안정을 시키고 체력을 보강하면서 전문 사역자의 영적치유와 내적치유를 받으면 완치가 됩니다. 그리고 정신적인 문제를 치유할 때 주의해야 할 것은 다음과 같습니다.

1) 정신문제가 있으면 기도가 거의 불가능합니다. 왜, 마귀가 생각을 지배하여 잡념을 주니까? 그래서 기도하지 말고 소리를 지르게 하라. 주여, 주여, 찬송을 크게 부르게, 주기도문을 크게 외우게, 또, 성경을 큰 소리로 읽게 하라.

2) 자신이 정신에 문제가 있다는 것을 인정하게 해야 합니다.

많은 환자가 자신이 정신문제가 있다는 것을 모릅니다. 또 자신이 정신병자인 줄을 모르고 다른 사람을 돕는 다고 돌아다닙니다. 자신이 정신문제가 있다는 것을 인정만 하면 치유는 70%가 된 것입니다.

3) 가족, 보호자가 인정하고 협조를 해야 합니다. 가족 전원이 번제가 들려지고 환자를 치유하려는 의지로 하나가 되어야 가능합니다. 무엇보다 가족의 도움이 절실히 필요합니다.

다섯째, 치유 간 유의해야 할 사항. 병원치유를 도와야 합니다. 어느 시점까지는 병원 약을 복용해야합니다. 퇴원한 환자 환경 배려가 시급합니다. 적극적으로 보살피면서 영적치유를 해야 합니다. 부모, 가족, 친지를 교육해야 합니다. 가족 최고의 의사입니다. 영적치유 시 최고의 축복이 될 수 있습니다.

대안으로 학교에서 학생들과 문제에 관심, 가족, 경제문제를 넘어서야 합니다. 적응훈련이 필요합니다. 가족 불러 세미나를 하며 환자들이 가정, 사회적응 하도록 해야 합니다. 가족이 치유가 되어야 합니다.

여섯째, 치유 간 특별히 주의해야할 사항. 정신문제가 있어 육체의 힘으로 발버둥을 치면 치유(축사)가 불가능합니다. 이때는 정신신경과에 입원을 시켜서 약물치료를 한 후 어느 정도 안정을 찾은 다음에 데려다가 치유해야 합니다. 절대로 정신문제가 발작이 되었는데 영적치유 한다고 객기를 부리면 안 됩니다. 환자의 상태가 더 심해져서 영영 치유할 수 없는 상태를 만들 수가 있습니다. 저는 사역자의 무지함으로 환자를 영영 치유할 수 없는 상황으로 만든 경우를 많이 체험했습니다.

그리고 자녀가 정신병원에 입원한 기간에 부모가 치유를 받아야 합니다. 문제의 근본은 부모에게 있을 수 있기 때문입니다. 부모가 치유되면 자녀는 60%가 치유되는 것입니다. 절대 폭력을 가하거나 묶어 놓거나 하면 더욱 강하게 묶일 수가 있습니다. 스스로 영성이 개발되어 자신이 일어서도록 인내하며 기다려야 합니다. 절대로 빨리 치유되지 않습니다. 그러므로 발병이 되기 전에 예방하는 것이 최고입니다. 어려서부터 안수를 받고 치유를 받으라는 것입니다. 성령님의 능력으로 치유 받은 후에는 마음에 평안함을 느끼게 됩니다. 계속하여 이 평안을 유지하는 것은 자신의 책임입니다. 오래된 상처나 깊은 상처는 일회적인 치유보다 장기적이고 지속적인 치유를 해야 합니다.

성령님과 교제를 통하여 악한 생각이 나지 않도록 기도생활을 해야 합니다. 진정한 치유란 지속적인 성령 하나님과의 동행입니다. 늘 마음에 하나님을 느끼고, 하나님과 동행하고 하나님을 의지하여야 합니다. 그리함으로 늘, 점점 마음이 맑아지고, 자유해지고, 평안해지는 삶을 살아야 합니다.

여섯째, 정신문제 치유 기도하는 법

성령의 지배가 깊어지면 성령님의 도우심으로 특정한(분노, 불안, 두려움, 공포, 눌림, 혈기, 스트레스, 마음의 상처, 자존심의 상처, 우울증, 불면증, 공황장애 등) 사건의 현장으로 돌아가서, 그때 받았던 묻힌 상처의 기억을 떠올리며, 상처와 함께 그때에 겪었던 당황함, 부끄러움을 회상하시기 바랍니다. 하나씩 앞으로 회상해 나가면서 떠오르는 상처를 주님에게 드려야 합니다. 주님은 항상 나와 함께하셨습니다. 주님은 내가 고통당할 때 함께 하시면서 나와 고통을 함께 하셨습니다.

지금도 그 주님은 나와 함께 하십니다. 억울함, 분노, 두려움, 상처, 눌림 등으로 내가 울 때 함께 하시면서 우신 분입니다. 특히 어린 시절의 작은 상처, 부모가 자신을 거부했다고 하는 상처가 오늘의 자신에게 많은 영향을 주게 됩니다.

자 이제 상처를 예수께 드립니다. 드러난 상처를 주님께 가져가야 합니다. 주님은 많은 상처를 입은 분이십니다. 그러기에 상처 입은 사람들의 고통의 삶을 누구보다 안타깝게 여기고 계십니다. 예수 그리스도에게 성령님의 치유의 능력을 간곡하게 부탁해야 합니다. 우리가 지울 수 없는 상처를 주님께 드려야 합니다. 주님에게 상처가 드려 질 때 보혈의 능력으로 상처가 치유 받게 됩니다. 상처의 자리에 주님의 위로와 은혜와 평안으로 채워야 합니다. 정신문제 우울증을 치유 받으려면 전문적인 내면세계를 치유하는 사역자를 찾아야 합니다. 그래야 순간치유를 하고 관리하면서 살아갈 수가 있습니다.

22장 환경의 고통이 해결되는 선포기도

(왕하2:19-22)"그 성 사람들이 엘리사에게 고하되 우리 주께서 보시는 바와 같이 이 성읍의 터는 아름다우나 물이 좋지 못하므로 토산이 익지 못하고 떨어지나이다. 엘리사가 가로되 새 그릇에 소금을 담아 내게로 가져오라 하매 곧 가져온지라. 엘리사가 물 근원으로 나아가서 소금을 그 가운데 던지며 가로되 여호와의 말씀이 내가 이 물을 고쳤으니 이로 좇아 다시는 죽음이나 토산이 익지 못하고 떨어짐이 없을지니라 하셨느니라 하니 그 물이 엘리사의 말과 같이 고쳐져서 오늘날에 이르렀더라"

하나님의 종 엘리사가 여리고에 갔을 때 여리고 사람들이 엘리사에게 나와서 이렇게 말했습니다. 선생님이여 이 여리고 성은 참으로 좋은 땅인데 물 근원이 나빠서 이 물이 흐르는 곳마다 열매를 맺지 못하고 다 떨어집니다. 짐승들도 이 물을 마시면 낙태를 해 버리고 심지어는 부녀들까지도 이 물을 마시면 어린아이를 낙태합니다.

그러므로 이 물 근원에 독이 있은 즉 이 땅이 저주로 가득하니 우리를 도와주소서. 엘리사가 이 말을 듣고 하나님의 지시를 받아서 소금을 가져오라고 했습니다. 소금을 담아 오매 그것을 가지고 물 근원에 가서 하는 말이 여호와께서 말씀하시기를 이 물 근원이 치료되었으니 이제는 열매를 맺을 것이라고 말했습니다.

그러자 과연 그 때로부터 여리고에 있는 물 근원이 치료를 받아 그 물이 흐르는 곳마다 열매를 맺고 짐승들도 새끼를 낳고 사람들도 낙태하지 않았습니다. 하나님의 치료가 물 근원에서 넘쳐 나와 생명의 역사가 일어 난 것입니다. 하나님께서 그 물의 근원을 치료하기 전에는 물 근원에서 사망과 저주가 넘쳐 났는데 물이 치료받고 난 다음에는 생명과 부요가 그 물 근원에서 넘쳐 나게 된 것입니다.

우리 인간들은 아담이 선악과 하나 먹고 하나님과 같이 되려는 욕심 때문에 마귀의 유혹에 속아 타락함으로 인간의 마음이 죄의 누룩으로 말미암아 만물보다 부패하고 사망과 저주가 가득하게 되었습니다. 그 때문에 인간의 노력으로 만든 인간 세계의 문화는 부패와 사망과 고통이 가득한 문화인 것입니다. 인간의 마음이 고침을 받기 전에는 이 사망과 저주를 벗어 날 도리가 없습니다. 바로 우리 개인들의 마음이 생사화복의 생명의 근원이 된다는 사실을 우리가 분명히 알아야 합니다.

여리고성 전체가 샘 근원으로 말미암아 죽고 사는 일이 일어나는 것처럼 성경에는 생명의 근원이 우리 마음에 있다고 말했습니다. 그러므로 지킬만한 것보다 내 마음을 지키라고 강하게 말씀하고 계신 것입니다. 그런데 2천 년 전에 예수님께서 오셔서 갈보리 십자가에서 우리를 대신하여 죄의 부패와 사망을 멸하시고 청산하신 것입니다. 바로 예수 그리스도의 십자가의 보혈이 엘리사가 가지고 샘 근원을 정결케 한 소금과 같은 것입니다. 이 때문에 이제 십자가의 보혈을 통하여 마음의 샘 근원을 치료하면 우리의 마음속에 사망과 고통이 넘쳐 나온 곳에 생명과 부요가 넘쳐 나올 수 있게 되는 것입니다.

그러므로 오늘 이 시간 생명의 근원이 마음에 있다는 것을 잊지 마십시오. 우리가 주를 모를 때는 이 마음에서 사망과 고통이 넘쳐 납니다. 우리 집도 여리고요, 우리 직장도 여리고요, 세상도 여리고인데 우리 속에서 독의 샘물이 넘쳐 나니 사망과 불행이 꽉 들어차서 집안에도 사망과 고통이 있고 직장에도 사망과 고난이 있고 생활에도 사망과 고통이 있습니다.

오늘날 온 세상에 사망과 저주가 꽉 들어차 있지 않습니까? 그래서 이 여리고 같은 이 세상에서 우리 마음속이 샘의 근원인데 이 샘 근원에 소금을 던져야 됩니다. 이 소금이 바로 예수 그리스도의 보혈과 성령의 능력인 것입니다. 내가 회개하고 예수를 구주로 모시고 입으로 시인하고 감동에 순종하며 성령님을 의지할 때에 예수님의 보혈이 나의 샘 근원을 고쳐 주시고 성령이 와서 나를 새롭게 하는 것입니다.

물과 성령으로 거듭나지 아니하면 하늘나라를 볼 수 없는데 성령이 와서 우리를 새롭게 함으로 우리의 샘 근원이 고쳐집니다. 우리마음이 고쳐지면 이 마음속에 용서와 의의 샘이 넘쳐나고 이마음속에 천국과 성령의 샘이 넘쳐 나고 이 마음에서 기쁨과 치료의 샘물이 넘쳐나고, 이 마음속에 아브라함의 축복과 번영의 샘이 넘쳐나고, 이 마음속에서 영생의 축복이 넘쳐 나게 되는 것입니다.

마음의 샘물이 달라집니다. 마음의 샘물이 달라지니 그 샘물을 받아 이루어지는 가정이 달라지고 직장이 달라지고 사회가 달라지고 영혼이 잘됨 같이 범사에 잘 되며 강건하고 생명을 얻되 넘치게 얻는 역사가 일어나게 되는 것입니다.

우리들의 삶에 사망과 고통이 있어 삶이 축복과 행복의 열매를 맺지 못하는 이유는 생명의 근원인 마음이 오염되고 썩어 있기 때문인 것입니다. 마음이 새롭게 되지 않고는 축복과 결실의 삶은 절대로 불가능합니다. 그러나 마음은 예수 그리스도를 구주로 모시고 보혈과 성령의 능력을 의지할 때에 변화되는 것입니다. 치료받는 것입니다. 엘리사가 여리고성 샘의 근원을 고치고 난 다음에 열매를 맺고 짐승들은 새끼를 낳고 사람들은 자녀를 건강히 낳아서 길렀다고 말했습니다. 이와 같은 축복을 우리가 받기 위하여 어떻게 하여야 합니까?

첫째, 우리가 하나님에 대한 사고를 바꾸어야 한다. 하나님은 저주하시는 하나님이 아니십니다. 하나님은 예수를 믿고 나오는 자들의 문제를 해결하여 주시기를 원하십니다. 여러분 하나님에 대한 개념을 바꾸시기를 바랍니다. 오늘 여리고 성의 사람들을 보시기를 바랍니다. 이 여리고의 문제를 하나님이 고치실 수 있다고 믿었습니다. 그래서 열왕기하 2장 19절에"그 성읍 사람들이 엘리사에게 말하되 우리 주인께서 보시는 바와 같이 이 성읍의 위치는 좋으나 물이 나쁘므로 토산이 익지 못하고 떨어지나이다." 하고 하나님의 사람에게 문제를 가지고 나와서 고쳐주기를 사모합니다. 하나님은 축복의 하나님이십니다. 하나님은 우리에게 소원을 두고 일을 행하시는 분이십니다. "너희 안에서 행하시는 이는 하나님이시니 자기의 기쁘신 뜻을 위하여 너희에게 소원을 두고 행하게 하시나니(빌2:13)"

이와 같이 하나님은 인간을 저주하시는 하나님이 아니시고 축복하시는 하나님이십니다. 우리가 축복을 받으려면 축복의 대상이 누구인지를 바로 알아야 합니다. 그래야 그 대상으로부터 축복을 받을 수가 있습니다. 사람은 사모하는 대상을 닮게 되어있습니다. 하나님이 나를 축복하시는 분이라는 확실한 믿음이 있어야 합니다. 여러분 예수님은 부요하신 자인데 우리를 위하여 가난하게 되셨다는 것을 믿으시기를 바랍니다. "우리 주 예수 그리스도의 은혜를 너희가 알거니와 부요하신 이로서 너희를 위하여 가난하게 되심은 그의 가난함으로 말미암아 너희를 부요하게 하려 하심이라(고후8:9)" 예수님의 소원은 우리들이 모두 부자가 되어 하나님나라 확장에 큰일을 감당하기를 원하시는 것입니다.

둘째, 가족이 성령으로 하나가 되어야 한다. 오늘 여리고 성의 사람들은 하나가 된 것이 분명합니다. 하나님만이 이 문제를 해결하실 수가 있다고 생각하고 하나님의 사람에게 문제를 들고 나온 것입니다. "그 성읍 사람들이 엘리사에게 말하되 우리 주인께서 보시는 바와 같이 이 성읍의 위치는 좋으나 물이 나쁘므로 토산이 익지 못하고 떨어지나이다(왕하2:19)" 그 성 사람들이 엘리사에게 고했다고 하는 것으로 보아 하나된 것이 분명합니다. 우리 가정도 마찬가지입니다. 가족이 모두 하나가 되어야합니다. 내가 해결해야지 하나님이 어떻게 문제를 해결하느냐 말도 안 되는 소리 하지마라. 이러면 안 됩니다. 먼저는 부부가 하나가 되어야 합니다. 부부가 서로 마음이 하나 되어 하나님만이 이 어려움을 해결하실 수가 있다고 믿고 하나님에게 전폭적으로 매달리며 기도해야 합니다. 무작정 달라고 기도한다고 되는 것도 아닙니다. 우선 부부가 마음이 하나 되어야 합니다. 부부 화목에 관해서는 "결혼 어떡하면 행복할까요"를 참고하시기를 바랍니다.

왜냐하면 우리들의 삶에 사망과 고통이 있어, 삶에 축복과 행복의 열매를 맺지 못하는 이유는 생명의 근원인 마음이 오염되고 썩어 있기 때문인 것입니다. 마음이 새롭게 되지 않고는 축복과 결실의 삶은 절대로 불가능하기 때문입니다. 그러나 부부가 마음이 하나 되어 예수 그리스도를 구주로 모시고 보혈과 성령의 능력을 의지할 때에 변화되는 것입니다. 성령의 지지와 인도와 역사가 있어야 문제가 풀어지기 시작합니다. 문제를 일으키는 근원이 허상이 아니고 영적인 실체이기 때문에 성령의 실체가 역사해야 풀리는 것입니다.

그리고 자녀들도 하나가 되어야 합니다. 자녀들이 부모가 하는 일이나 믿음생활에 협조적이지 못하고 반항적이거나 비협조적이면 그곳에 악한 역사가 일어나고 있기 때문에 성령의 역사에 의한 치유가 불가능한 것입니다. 그래서 재정과 환경의 문제를 풀려면 무엇보다도 중요한 것이 가정이 하나 되는 것입니다. 아무리 노력을 해도 하나 되지 못한다면 그것은 연단의 기간입니다. 시간이 필요합니다. 하나님은 개인과 가정이 하나가 될 때까지 기다리십니다. 그러므로 가족 모두가 하나님의 역사가 있어야 이 문제가 풀어질 수 있다는 필요성을 절박하게 느낄 때까지 기도하며 기다리는 것입니다. 때가 이르면 하나가 될 것입니다. 하나 되기 위하여 기도하시기를 바랍니다.

셋째, 문제의 원인을 바르게 진단해야 한다. 오늘 여리고 성의 문제는 물 근원지에 있었습니다. "엘리사가 가로되 새 그릇에 소금을 담아 내게로 가져오라 하매 곧 가져온지라. 엘리사가 물 근원으로 나아가서 소금을 그 가운데 던지며 가로되 여호와의 말씀이 내가 이 물을 고쳤으니 이로 좇아 다시는 죽음이나 토산이 익지 못하고 떨어짐이 없을지니라 하셨느니라 하니 그 물이 엘리사의 말과 같이 고쳐져서 오늘날에 이르렀더라(왕하

2:20-22)" 문제의 원인이 어디에 있는지를 정확히 알아야 불필요한 시간을 낭비하지 않습니다. 우리에게 문제가 오는 이유는 제가 지금까지 사역하면서 임상적으로 터득한 바에 의하면 대략 이렇습니다.

1) 하나님을 멀리하고 우상을 숭배하므로 당하는 고통입니다. 성령의 지배하에 찾아서 해결해야 합니다.

① 오므리의 아들 아합의 아내 이세벨이 우상을 숭배하여 이스라엘에 기근이 찾아옵니다(왕상16:29-31). 이로 인하여 온 나라 백성이 3년 기근으로 고생을 당합니다.

② 여로보암 왕의 우상숭배 죄는 자신의 자녀들 및 전 국가에 저주를 몰고 왔습니다(왕상14:8-18). 이처럼 조상의 삶이 자손들에게 반드시 어떤 종류의 영향 즉 죄의 결과를 끼친다는 것입니다. 인류의 조상 아담과 하와의 범죄를 통해 전 인류는 죄인이 되었습니다. "그러므로 한 사람으로 말미암아 죄가 세상에 들어오고 죄로 말미암아 사망이 들어왔나니 이와 같이 모든 사람이 죄를 지었으므로 사망이 모든 사람에게 이르렀느니라(롬5:12)", "한 사람의 범죄로 말미암아 사망이 그 한 사람을 통하여 왕 노릇 하였은즉 더욱 은혜와 의의 선물을 넘치게 받는 자들은 한 분 예수 그리스도를 통하여 생명 안에서 왕 노릇 하리로다(롬5:17)"

③ 다른 사람들에게 고통을 주어도 기근을 당합니다. 기브온 족속과의 계약을 어긴 사울 때문에 다윗 때에 전 민족이 삼년

동안 기근을 당하였습니다(삼하21:1-13).

2) 예수를 믿은 후 믿기 전에 와 있던 영적인 문제를 해결하지 못하므로 당합니다. ① 믿기 전에 했던 세상 풍속을 쫓고 우상 숭배를 했던 모든 것을 말씀과 성령의 역사로 자르지 못한 연고로 당하는 것입니다(엡2:2). ② 전인격이 성령으로 장악 당하지 못하여 성령 충만을 받지 못한 연고로 당합니다(행1:8). ③ 영적인 눈이 열리지 않아 깨닫지 못하므로 인하여 문제의 원인을 찾지 못하여 문제의 근본을 해결하지 못하고 등한시한 결과입니다. ④ 예수만 믿으면 영적인 문제가 자동으로 해결된다는 이론을 믿고 영적인 면을 등한시하여 당합니다. 오늘날 예수를 믿는 많은 분들이 예수님만 믿으면 모든 영적인 문제가 자동으로 해결되었다는 정확하지 않은 이론을 믿고 치유를 등한시하여 당하는 분들이 많이 있습니다. 그러나 성경은 밝히 말씀하고 계십니다.

"믿는 자들에게는 이런 표적이 따르리니 곧 그들이 내 이름으로 귀신을 쫓아내며 새 방언을 말하며 뱀을 집어올리며 무슨 독을 마실지라도 해를 받지 아니하며 병든 사람에게 손을 얹은 즉 나으리라 하시더라(마가복음 16장 17-18)" 이는 예수 이름으로 자신이 귀신을 쫓아내라는 것입니다. 고로 자신이 영안을 열어 문제와 원인을 진단하고 예수님의 권세를 주장하여 치유받아야 영육의 문제가 해결이 됩니다. 고로 자신에게 나타나는 문제를 찾아서 예수 이름으로 해결해야 하는 것입니다.

3) 조상들의 잘못으로 악한 영의 저주일 수도 있습니다. 재정적인 고통, 압박과 가난 등 짧은 기간의 궁핍은 하나의 연단이라고 할 수 있지만 항상 가난 한 것은 마귀의 역사일 수 있습니다(학1:6).

4) 조상들이 이웃이나 하나님에게 심어 놓은 것이 없을 경우도 있습니다(고후9:6).

5) 자신이 하나님과의 관계를 열지 못한 이유일 수도 있습니다(렘 2:12-13).

6) 우환질고(사고, 질병, 재해)가 끊이지 않아 물질이 새나가므로 고통을 당할 수도 있습니다(학1:6).

7) 게으르게 하는 영이 역사하므로 게을러서 오는 결과일 수도 있습니다(살후3:10). 이로보아 모든 문제의 뒤에는 원인이 있습니다. 성령으로 원인을 찾아서 자신이 직접 치유해야 하나님이 예비하신 복을 누리면서 살아갈 수가 있습니다.

넷째, 문제를 적극적으로 해결해야 한다. 본문에 여리고 성의 사람들은 문제를 해결하려고 나름대로 많은 노력을 했을 것입니다. 그러나 인간의 힘으로 인간의 문제를 해결할 수가 없습니다. 인간은 육입니다. 육은 미완성입니다. 육은 마귀의 종이었습니다. 모든 문제에는 아담의 죄악으로 마귀의 저주와 결부가 되어있기 때문에 하나님이 오셔야 해결이 됩니다. 이 인간의 문제를 해결하려고 예수 그리스도가 육신의 몸을 입고 이 땅에 오신 것입니다.

1) 하나님에게 문제를 가지고 빨리 나오라. 하나님이 함께하는 사람을 만나야 합니다. 이 여리고 성의 사람들은 하나님이 고치 실 수 있다는 믿음을 가지고 하나님의 사람 엘리사에게 나온 것입니다. 그래서 엘리사에게 사정을 소상하게 아룁니다. 여리고 성은 참으로 좋은 땅인데 물 근원이 나빠서 이 물이 흐르는 곳마다 열매를 맺지 못하고 다 떨어집니다. 짐승들도 이 물을 마시면 낙태를 해 버리고 심지어는 부녀들까지도 이 물을 마시면 어린아이를 낙태합니다. 하고 엘리사 에게 사정을 정확히 고하며 말합니다.

이 여리고 사람들은 물에 문제가 있다는 것을 알았습니다. 그래서 하나님의 사람 엘리사에게 문제를 내놓아 치유를 받은 것입니다. 이와 같이 문제를 알았으면 하나님의 사람의 전문적인 지도를 받아 치유하는 것이 좋습니다. 자신이 해결한다고 밤낮 기도하고, 철야기도하고, 교회에서 살다시피 하고, 또 산에 가서 산기도하고, 100일 천일 작정 철야기도하고, 서원기도도 해보고, 능력 있다는 목사에게 안수 기도도 받고, 예언기도도 받아보고, 금식기도도 하고, 각종예물도 드리고, 별별 인간적인 처방을 해도 절대로 문제는 풀리지 않습니다.

정확한 영적인 원리를 가지고 문제와 원인에 성령으로 권위를 주장하는 영적인 치유를 해야 문제가 풀립니다. 문제를 풀려면 먼저 공인된 하나님의 사람에게 오셔서 정확한 진단을 받아야 하고, 진단에 따라 전문적인 치유를 받아야 합니다. 절대 안수 한번 받았다고 해결되지 않습니다. 예언 기도 받는 다고 해결되지 않습니다. 속아서 시간만 오래되어 더 묶이지 마시고 정확한 치유를 해야 합니다. 그 다음 어떻게 해야 합니까?

2) 우리의 문제의 근원은 나의 마음 안에 있습니다. 우리의 마음을 말씀과 성령으로 내적치유 합니다. 엘리사도 물 근원에 소금을 던져서 고쳤습니다(왕하2:21). 왜 우리의 마음을 치유해야 합니까? 우리의 근본은 아담의 육체를 가지고 있기 때문에 예수 믿고 교회에 들어오면 먼저 말씀과 성령의 역사로 마음을 치유 받아야 합니다. 그래서 육체가 성령의 지배를 받아야 합니다. 제가 지금까지 성령치유 사역을 하다가 한 가지 깨달은 것은 모든 문제의 원인은 자신의 마음 안에 있다는 것입니다. 그래서 문제의 원인이 자신의 마음에 있다는 것을 인정하고 말씀과 성령으로 치유하여 육체가 성령의 지배를 받으면 영의 사람으로 영이신 하나님과 교통하므로 하늘의 권세로 문제가 해결되기 시작합니다. 우리의 문제의 근원지인 마음의 상태가 어떠합니까?

① 우리 인간의 마음은 죄악으로 오염되고 썩은 저주의 근원입니다. 왜 그렇습니까? 아담이 하나님의 말씀을 의심하고 마귀의 말을 믿고 선악과를 먹음으로 인간의 마음에 마귀가 주인 되었기 때문에 인간의 마음이 죄악과 저주로 썩은 것입니다. 사람의 마음이 죄악으로 오염되고 썩어 있기 때문에 어떤 교육이

나 수양이나 도덕적인 훈련을 통해서도 사람이 변화되지 않습니다. 왜냐하면 아담이 하나님의 말씀에 순종하고 살았더라면 좋았을 것인데, 아담이 하나님의 말씀을 믿지 않고 마귀의 말에 속아 선악과를 먹음으로 마귀가 사람을 다스리는 권세자가 되었기 때문입니다. 이것은 오직 우리를 대신해서 십자가에 못 박혀 우리의 죄와 부패를 대신 걸머지고 청산한 예수 그리스도의 십자가의 보배로운 피와 하나님의 성령의 능력 이외에는 도저히 변화시킬 수가 없습니다.

② 우리 사람의 마음은 세속과 마귀로 오염되고 썩은 마음입니다. 마음속에 세속이 꽉 들어 차있습니다. 음란하고 방탕하고 술취하고 도적질하고 거짓말하고 시기하고 분노하고 질투하고 온갖 세속의 부패가 꽉 들어차 있는 것입니다. 그게 다 마귀가 와서 함께 손을 잡고 도적질하고 죽이고 멸망시키는 일을 합니다. 이부패된 마음을 어떻게 청소를 할 수가 있습니까? 주님의 은혜로 말미암아 예수 그리스도를 모셔 드릴 때에 그 십자가에 흘리신 보혈의 능력과 성령의 권세가 우리의 생명의 근원 되는 마음을 완전히 치료해 버리고 마는 것입니다. 그래서 마음속에서 세속과 마귀가 쫓겨 나가고 그 자리에 천국과 성령이 들어와서 충만하게 해서 생명의 원천이 되어 버리고 마는 것입니다.

③ 우리의 마음은 질병으로 오염되고 썩은 마음입니다. 육신의 병의 근원은 역시 마음에 있습니다. 염려, 근심, 시기, 질투, 원망, 미움, 불안, 두려움, 분노 등 이와 같은 마음의 스트레스

가 오늘 우리 병을 이루고 있는 것입니다. 죄의 직·간접적인 원인이 바로 마음입니다. 이 마음에 마귀가 자리를 잡아 영육의 문제를 일으킵니다. 이 마음의 치료를 어떻게 합니까? 그것은 말할 필요도 없이 예수 그리스도의 보혈과 성령의 능력이 임하여서 마음속에 기쁨이 넘쳐나고 평화가 넘쳐나며 믿음이 넘쳐날 때에 육신의 질병은 사라지고 마는 것입니다.

④ 가난의 마귀의 저주로 오염된 생명의 근원은 마음입니다. 우리가 사는데 가난의 고통이 다가오고, 하는 일이 다 안 되고, 이를 어떻게 해야 되느냐, 그래서 예수를 믿는 사람들이라도 정 안되면 능력이 있다는 사람을 찾아가서 상담도 해보고, 안수도 받아보고, 예물도 드려보고, 예언도 들어보고 그럽니다. 세상에 믿지 않는 사람들은 사주팔자를 보기도 하고, 무당을 불러서 굿도 하고, 온 산천초목에 가서도 빌기도 하는데 몰라서 그렇습니다. 여리고성에 열매가 떨어졌는데 무당에 가서 굿하고 우상에게 절한다고 해서 여리고성 열매가 안 떨어지겠습니까?

여리고성에 열매가 떨어진 것은 여리고에 물 근원이 사망과 독이 가득하게 차있기 때문인 것입니다. 우리에게 일이 안 되는 것은 우리 마음에 사망과 독이 있기 때문에 그렇지 환경에 가서 빈다고 일이 되는 것이 아닙니다. 지킬만한 것보다 더 네 마음을 지켜라 생명의 근원이 이에서 난다고 함으로 복과 화가 우리 마음에서 나는 것입니다. 마음을 통해서 복을 주시고 또 우리 마음을 통해서 하나님께서 심판도 하시는 것입니다. 그렇기 때문에 우리 마음이 하나님이 복을 주시는 파이프라는 것을 우리가 알아야 합니다. 예수님이 십자가에 못 박혀 저주를 대신 짊어지셨으므로 예수를 구주로 믿고 모시고 행위로 순종하고 나아가면 그리스도가 우리 마음속에서 저주를 제해 버리기 때문에 우리가 생각하는 것이나 말하는 것이나 행하는 모든 일에 하나님의 축복이 넘쳐 나서 환경이 변화되어 버리고 만다는 것입니다. 우리의 마음을 먼저 말씀과 성령으로 내적 치유하여 풀어야 합니다. 용서할 것은 용서하고 회개 할 것은 회개하여 먼저 마음을 평안하고 안정되게 하여 성령의 전이 되게 해야 합니다. 그리고 난 다음에 영적싸움을 하는 것입니다.

3) 재정과 환경의 문제를 풀어내고 축복의 근원이 되기 위한 영적전쟁을 해야 합니다. "엘리사가 가로되 새 그릇에 소금을 담아 내게로 가져오라 하매 곧 가져온지라. 엘리사가 물 근원으로 나아가서 소금을 그 가운데 던지며 가로되 여호와의 말씀이 내가 이 물을 고쳤으니 이로 좇아 다시는 죽음이나 토산이 익지 못하고 떨어짐이 없을지니라 하셨느니라 하니, 그 물이 엘리사의 말과 같이 고쳐져서 오늘날에 이르렀더라(왕하2:20-22)"

① 진단한 문제의 근원을 가지고 회개하거나 용서하세요. 조상의 문제, 자신의 문제 등을 말합니다. ② 마귀에 의한 악의 근원을 찾아 끊어 내야 합니다. ③ 재정에 저주하며 악을 전이시키는 악한 마귀, 악귀를 쫓아내야 합니다. ④ 재정과 환경에 역사하는 악한 영을 몰아내고 축복으로 채워라 입니다. ⑤ 조상이

나 자신의 문제로 온 가난의 문제가 끊어짐을 믿고 감사하고 축복하라. ⑥ 지속적인 영적 싸움을 하라. 물질의 축복이 임하도록 사후관리를 잘해야 합니다. 우리가 하나님의 축복을 받기 위해 성령으로 충만하여 축복 받을 그릇이 되어야 합니다. ⑦ 계속 입술로 선포하며 명령하라. 악한 영은 떠나가고 물질의 축복은 올지어다.

4) 축복을 받기위한 적극적인 영적 활동을 해야 합니다. ① 가족과 사업장의 직원들이 한 마음으로 하나님에게 향하라. 예배나 합심기도를 통하여 모두가 하나 되게 하시기를 바랍니다. ② 가정이나 사업장에서 예배와 대적기도하며 지역과 장소를 장악하는 적극적인 활동을 하라는 것입니다. ③ 사업장에서 아침저녁으로 문을 잡고 기도하라. 안에서도 기도하라. 성령의 역사가 일어나 장소를 성령이 장악해야 마귀가 떠나니 형편이 풀립니다. ④ 가정이나 사업장에서 강한 성령의 역사를 일으키고, 장악하는 활동을 적극적으로 하세요.

23장 가계를 저주하는 귀신을 쫓아내는 선포기도

(민 14:18)"여호와는 노하기를 더디하시고 인자가 많아 죄악과 허물을 사하시나 형벌 받을 자는 결단코 사하지 아니하시고 아버지의 죄악을 자식에게 갚아 삼사대까지 이르게 하리라 하셨나이다"

1. **예수를 영접하기 위한 기도.** 예수님 이 시간 저의 마음의 문을 엽니다. 예수님 내 안에 영접하오니 들어오셔서 나의 주인 되어 주옵소서. 예수님! 제가 죄인임을 고백합니다. 나는 예수 그리스도가 하나님의 아들이심과 나의 모든 죄를 용서해 주시기 위해 십자가에서 피 흘려 죽으신 것을 믿습니다.

또한 예수님께서 죽은 자 가운데서 부활하신 것을 믿습니다. 예수님을 나의 구세주임을 믿습니다. 나는 나의 몸과 마음과 영혼을 전적으로 예수님께 헌신합니다.

주님! 지금 내 삶 속에 들어 오셔서, 주님과 함께 영원히 살게 하옵소서. 나의 모든 영육간의 문제를 치유하여 주옵소서. 영혼이 자유를 누리게 하옵소서. 나를 위해 십자가에서 죽으시고 부활하신 예수님의 이름으로 기도합니다. 아멘

2. **성령님의 임재를 간구하는 기도.** 거룩하신 하나님 이 시간 나의 마음속으로 성령을 부으시고 충만히 지배하여 주옵소서. 오소서 성령이여. 오소서 성령이여. 내 마음에 오소서. 내게

보혜사로 오신 성령님을 내가 기뻐합니다. 성령님을 주인으로 모십니다. 아버지 하나님의 사랑을 느끼도록. 예수 그리스도의 십자가 은혜를 깨닫도록 성령을 부어 주소서. 메마른 내 마음에 성령의 단비를 충만히 내려 주소서. 사랑을 부어 주소서.

오소서 성령이여. 성령이여 오소서. 내 마음에 충만히 오소서. 내 마음에 새벽이 찾아 온 것같이 밝은 빛으로 오소서. 겨울이 가고 봄이 오듯이 내 마음에 따스함으로 오소서. 더 풍요롭게 오소서. 더 포근하게 오소서. 새 싹이 올라오듯 내 안에서 생기로 올라오게 하소서. 희망으로 떠오르소서. 어머니가 갓 난 아이를 감싸듯이 내 마음을 안아 주소서. 따듯하고, 포근하고, 부드럽고, 평안하고, 자유롭게 감싸소서.

밝은 햇살이 대지를 비추듯이 은혜로 임하소서. 따뜻한 태양이 엄동설한의 얼음과 눈을 녹이듯이 얼음장과 같은 차가운 마음을 녹이소서. 성령이여 은혜로 임하소서.

성령이여 오소서. 성령이여 오소서.

아픈 마음의 상처에 임하소서.

가문에 대물림된 고통의 응어리에 임하소서.

마귀의 역사를 소멸 하여 주옵소서.

내 마음에 십자가 보혈의 은혜와 성령을 충만케 하옵소서. 예수님의 이름으로 기도합니다. 아멘.

3. 성령님의 인도를 위한 기도. 예수님을 사랑합니다. 저의 죄를 사하시기 위하여 십자가에서 죽으시고 부활하셨음을 믿습

니다.

그리고 승천하시여 성령을 보내 주심을 믿습니다. 주님이 보내주신 성령께서 지금 내 안에서 역사하고 계심을 믿습니다.

그러나 나는 지금까지 성령의 인도와 지시를 따르는 삶을 살지 않고 내 자신을 스스로 주장하며 살아왔습니다. 주님 용서하여 주시옵소서.

이제 예수님을 나의 주인으로 모십니다.

이제 나의 모든 삶을 성령님께 맡깁니다.

성령님의 뜻을 따르며 주님께 영광이 되는 선한 도구가 되게 하여 주시옵소서. 성령님께서 저의 가문에 역사하던 악한 마귀의 역사를 밝히 깨닫게 하시고 치유하도록 역사하여 주시옵소서.

주님 이제 저는 마귀의 속삭임과 나의 의지와 고집을 따르지 않고, 내 안에 계신 보혜사 성령님의 지시와 인도에 따라 성령의 열매를 맺으며 살겠습니다.

예수님의 이름으로 기도합니다. 아멘.

4. 샤머니즘적인 것들을 끊어내는 선포기도. 예수님을 영접하기 전에라도 점을 치러 간 적이 있거나, 자신이 동의하지 않았더라도 부모나 친지가 자신의 이름을 절에 올렸거나 점을 치고 복을 빌었던 경우에 마귀의 저주(환란과 풍파)가 임하게 됩니다.

이러한 저주(환란과 풍파)에서 풀려나오기 위해서는 먼저 무당에게 점을 치러 간 적이 있거나 자신이 동의하지 않았더라도 부모나 친지가 자신의 이름을 절에 올렸거나 점을 치고 복을 빌었던 것들이 죄인 것을 인정해야 합니다. 죄로 인정하고 성령의 임재 가운데 마음 중심으로 회개해야 합니다.

선포기도는 이렇게 합니다. 반드시 성령의 강한 지배 가운데 영으로 해야 합니다. 주 하나님, 저는 하나님의 독생자이신 예수님이 저의 모든 죄를 위해 죽으시고 부활하신 것을 믿고 고백합니다. 저는 지금 예수님의 이름으로 그동안 술수, 무당에게 점을 치고, 토정비결, 미신 등에 관계하고 절에 이름을 올리고, 무당에게 이름을 올린 죄악을 마음 중심으로 회개합니다. 절에 이름을 올리고 무당에게 이름을 올린 모든 계약은 예수 이름으로 명하오니 파기될지어다.

그때 들어온 귀신은 예수의 이름으로 명하노니 떠나갈지어다. 떠나간 자리에 말씀과 성령으로 충만하게 채워질지어다. 사랑의 하나님 용서하여 주시옵소서. 그리하여 새로운 삶을 살 수 있도록 도와주시옵소서. 예수님의 이름으로 저의 우상숭배로 인한 저주를 끊게 하여 주시고 귀신들을 몰아내 주시니 감사합니다. 예수님의 이름으로 기도드립니다. 아멘!

5. 악령의 속박들을 푸는 선포기도. 자신이 직접 하지 않았더라도 무당에게 이름을 올렸던지, 복을 빌었다든지 하면 예수를 믿었어도 여전히 악령의 속박에 묶여 있을 수 있습니다. 반드시 회개를 하고 끊어내고 그때 들어온 귀신을 축귀해야 합니다. 많

은 분들이 예수만 믿으면 모든 속박이 풀리는 줄 알고 방심했다가 영육으로 고통을 당하는 경우가 많습니다. 반드시 성령의 지배 하에 찾아서 회개하여 속박을 풀어야 합니다. 그리고 대물림되는 저주의 줄을 끊어야 합니다. 귀신을 축귀하고 축복으로 채워야 합니다. 지속적으로 해야 합니다. 환경으로 변화가 나타날 때까지 해야 합니다. 성령의 임재 가운데 마음 중심으로 회개해야 합니다.

선포기도는 이렇게 합니다. 반드시 성령의 깊은 임재 가운데 영으로 해야 합니다. 아버지 하나님, 전능하신 예수 그리스도의 이름으로 그동안 저의 삶과 육체를 괴롭게 했던 악령의 속박들을 끊어 버리고 제 속에서 역사하는 ○○○(개별적인 이름)을 쫓아버리기 위해 주님 앞에 왔습니다.

저는 그동안 술수, 우상숭배, 사탄숭배 등에 관계하고, 절에 이름을 올리고 무당에게 이름을 올린 죄악을 지금 예수님의 이름으로 회개합니다. 사랑의 하나님, 용서하여 주시옵소서. 나도 모르게 부모들이 무당과 맺은 속박은 풀어질지어다. 그동안 내 속에서 나를 괴롭게 했던 모든 귀신들과 그 세력들에게 예수 이름으로 명하노니, 너희들은 이제 나에게 머무를 곳이 없다. 이 시간 예수 그리스도의 이름으로 명하노니 너는 지금 당장 나에게서 뿐 만 아니라, 나의 가문과 가족들에게서 떠나가라.

예수 이름으로 명하노니 절에 이름을 올리고 무당에게 이름을 올린 모든 계약은 파기될 지어다. 모든 계약은 파기되고 그 계약을 통해 들어온 귀신의 속박은 풀어질지어다. 그 때 들어온 귀신을 떠나갈 지어다. 떠나간 자리에 예수 이름과 성령으로 충만해질지어다. 주 예수님의 보혈과 그 거룩하신 이름으로 저는 완전한 자유를 가질 수 있게 되었습니다. 감사합니다. 주님, 예수님의 이름으로 기도드립니다. 아멘.

6. 고통으로부터 해방을 선언하는 선포기도. 자신에게 마귀의 저주가 있다고 느낀다면 성령의 지배 하에 마귀의 저주를 풀어야 합니다. 그리고 대물림되는 저주의 줄을 예수 이름으로 끊어야 합니다. 저주의 줄을 끊고 역사하던 귀신을 축귀해야 합니다. 지속적으로 축복해야 합니다. 그러면 마귀의 저주로부터 해방이 되어 마음에 참 평안이 나타납니다. 반드시 성령의 지배 가운데 회개하고 저주의 줄을 끊고 귀신을 쫓아내야 합니다.

선포기도는 이렇게 합니다. 성령의 지배 하에 예수님은 하나님의 아들이요, 나의 모든 죄를 위해 십자가에서 죽으시고 다시 살아나신 구세주이심을 믿습니다. 또한 십자가 위에서 모든 저주(환란과 풍파)를 짊어지신 것을 믿습니다. 저는 저 자신의 죄와 조상들의 죄를 고백하며 용서를 구합니다.

주님께서 저를 용서하신 것 같이 다른 사람들을 용서 합니다. 그동안 제 삶 속에서 저를 더럽게 하고 상처를 주었던 모든 환란과 풍파를 끊어 버리고 자유하게 하옵소서.

예수 이름으로 명하노니 나에게 역사하며 저주하던 귀신의 속박은 풀어질 지어다. 예수 이름으로 명하노니 내 삶속에서 나를 더럽게 하고 상처를 주었던 귀신은 떠나갈지어다. 나에게 역사하며 환란과 풍파를 일으키던 귀신은 예수 이름으로 명하노니 떠나갈지어다. 떠나간 자리에 성령으로 충만하게 채워질지어다.

이 시간 예수의 이름으로 환란과 풍파와 속박으로부터 나 자신이 자유하게 되었음을 선포하노라.

나는 예수님의 십자가의 공로로 자유하게 되었음을 선포한다. 하나님, 마귀의 저주로부터 풀어주심을 감사드립니다. 저를 십자가 위에서 그리스도의 희생을 통해 율법의 모든 환란과 풍파로부터 구속하시고 아브라함을 복 주신 것과 같이 저에게도 복 주심을 감사드립니다. 마귀가 떠나간 곳에 말씀과 성령으로 채워주시옵소서. 예수님의 이름으로 기도드립니다. 아멘.

7. 가문에 대물림된 상처치유 선포기도. 성령이여 임하소서. 성령님 역사하여 주옵소서. 성령이여 충만케 임재하여 주옵소서. 우리 가문을 성령으로 사로잡아 주옵소서.

예수 그리스도 안에서 말씀과 성령으로 상처를 치유하셔서 에덴동산의 영성으로 회복되는 복을 받게 하여 주옵소서. 대물림되는 마음의 상처가 치유되어 예수 안에 장수와 부귀와 즐거움과 평강과 생명과 복을 누리게 하여주옵소서.

에덴동산에서 비손, 기혼, 힛데겔, 유브라데 강이 에덴동산을 적시고 흘렀듯이 저의 가문에 하나님의 즐거움, 기쁨, 은혜, 복이 제 가정과 이웃, 이 나라와 민족, 전 세계로 흘러가는 가문이 되게 하여 주옵소서.

큰 영향력을 주셔서 만나는 사람마다, 가는 곳마다 잘되는 역사가 있게 하시옵소서.

악인의 꾀를 쫓지 아니하며 죄인의 길에 서지 아니하며 오만한자 의 자리에 앉지 아니하고 오직 여호와의 율법을 즐거워하여 그 율법을 주야로 묵상하며 살게 하시옵소서. 그래서 시냇가에 심은 나무가 시절을 쫓아 과실을 맺으며 그 잎사귀가 마르지 않음 같이 하시고 하는 행사가 다 형통하도록 복되게 하시옵소서."

"주님께서 내 이름으로 무엇이든지 내게 구하면 내가 행하리라"(요 14:14),라고 하셨습니다. 나사렛 예수 그리스도의 이름으로 구하노니 악으로부터 지켜 주시옵소서.

나사렛 예수 그리스도의 이름으로 명하노니 혈통을 타고 대물림되는 상처의 저주는 끊어질지어다. 상처를 통하여 무리지어 역사하는 군대 귀신은 떠나갈지어다. 대물림된 부정적인 생각과 마음은 떠나갈지어다.

예수 그리스도 안에서 항상 긍정적인 사람이 될지어다. 태아기, 성장과정, 대인관계에서 생긴 쓴 뿌리는 나사렛 예수 그리스도의 이름으로 뽑힐지어다.

술, 담배, 마약, 도박, 부동산 투기, 가정폭력, 아동학대, 성폭력, 과소비, 게으름, 가출 등 나쁜 습관들로 인한 부정적인 영향력의 대물림은 나사렛 예수 그리스도의 이름으로 명하노니 그 흐름이 차단될지어다. 들어와 역사하는 귀신은 떠나갈지어다.

불안, 열등의식, 실패 감, 좌절감, 죄책감, 수치심, 분노, 혈기, 원망, 불평, 비난, 미움, 시기, 욕심, 근심, 걱정, 염려, 두려움, 의심, 증오, 질투 등 부정적인 감정들로 인한 영향력의 대물림은 나사렛 예수 그리스도의 이름으로 명하노니 끊어질지어다. 예수 그리스도의 이름으로 명하노니 혈통을 타고 대물림되는 상처의 줄은 끊어질지어다. 예수 이름으로 명하노니 상처에 붙어있던 귀신은 떠나갈지어다. 예수 그리스도 안에서 긍정적인 사람이 될지어다. 우리 가문에는 예수님의 성품만 대물림될지어다. 모든 사람들과 화평함을 이루는 가문이 될지어다. 거룩하신 예수님의 이름으로 기도합니다. 아멘.

8. 가난 궁핍의 고통을 끊는 선포기도. 성령이여 임하소서. 성령이여 우리 가문을 사로잡아 주옵소서. 아버지 하나님 이 시간 우리 가문의 가난과 채무의 결박을 끊고 풀기 위하여 기도합니다. 이 시간 우리 조상들의 죄악을 회개합니다.

나와 나의 조상들이 유해한 직업과 하나님께서 주신재물을 선하게 사용하지 못한 죄, 우상 앞에 바친 제물과 제물을 만드는 데 재물을 사용한 죄, 자신의 욕심과 정욕과 쾌락을 위해 재물을 탕진한 죄, 남의 것을 떼어먹은 죄, 말의 저주 속에 가난을 초청한 죄악으로 인하어 가문에 가난의 영과 채무의 영이 흐르게 되었음을 인정하며 자백합니다.

진실로 이 모든 죄를 회개합니다. 용서하여 주옵소서! 이제 내가 예수 그리스도의 이름으로 잘못된 직업과 잘못된 재물 사용의 모든 죄악의 결박들을 끊고 풀기를 선언하고 선포한다. 그리고 예수의 보혈을 뿌리고 바르고 덮는다. 이 더러운 가난의 악한 영들아, 거지의 영들아, 채무의 영들아, 내가 예수 이름으로 명하노니 이제부터 나와 내 가정과 내 자녀와 생업 위에 접근할 수 없고, 공격할 수 없고, 상관할 수 없음을 예수의 이름으로 선포하노라.

나와 우리 가정과 가문에서 영원히 떠나갈지어다. 지금까지 손해나게 하고 가지고 간 모든 물질을 돌려놓고 영원히 떠나갈지어다. 우리 가문에 재정에 복을 주는 영이 임할지어다. 우리 주 예수 그리스도의 이름으로 기도합니다. 아멘.

9. 불치병의 고통을 끊는 선포기도. 성령이여 임하소서. 성령이여 우리 가문을 사로잡아 주옵소서. 아버지 하나님, 이 시간 우리 가문의 불치병의 대물림의 결박을 끊고 풀기 위하여 기도합니다. 예수님, 이 시간 우리 조상들의 죄악을 회개합니다. 아버지 하나님! 조상으로부터 흐르는 모든 부정적 영향력을 이 시간 예수 그리스도의 이름으로 차단해 주시고 우리의 행위와 조상들의 모든 죄를 회개합니다.

저와 조상이 하나님 외에 다른 신들을 숭배하고 의식적, 무의식적으로 지은 죄악을 예수 그리스도 이름으로 회개하고 파기합니다.

이 죄악을 통해 내 삶을 묶고 있는 사탄의 모든 결박을 예수님의 보혈의 공로로 끊어 버리고 이 보혈을 통해 사탄이 나의 가계를 공격할 수 있는 모든 법적 권리와 그 효력을 박탈하고 무효임을 선포하노라.

사랑의 아버지 하나님! 저와 저의 조상이 의식적, 무의식적으로 자신이나 후손을 저주한 것을 회개합니다.

그리고 임신부터 현재까지의 삶에 미친 모든 저주의 효력을 예수님의 이름으로 박탈하고 모든 종류의 저주를 하나님의 복으로 바꾸어 주옵소서.

또한 나는 나와 연결된 모든 인간관계 속에서 하나님께서 원하지 않으시고 허락하지 않으시는 모든 부정적 혼의 결속을 예수님의 이름으로 차단하노라. 동물과 물건과 이념과 사건과 연결된 모든 부정적 혼의 결속을 차단하고, 예수님의 보혈과 성령을 모든 인간관계 속에 채우노라.

유전병, 정신이상, 암, 당뇨병, 심장병, 고혈압, 온몸의 통증, 나쁜 시력, 눌림 등 질병을 가져온 모든 영들을 예수 그리스도의 이름으로 명하노니 떠나갈지어다. 떠나갈 때 가지고 들어 왔던 모든 질병을 가지고 떠나갈지어다. 모든 장기, 혈액, 뼈, 신경관절은 정상으로 회복될지어다. 모든 질병은 깨끗하게 치유될지어다. 이제 우리 가문은 장수하며 하나님께 영광 돌리는 가문이 될지어다. 거룩하신 예수님의 이름으로 기도합니다. 아멘.

10. 우상숭배의 고통을 끊는 선포기도. 성령이여 임하소서. 성령이여 우리 가문을 사로잡아 주옵소서. 하나님 아버지 이 시간 우리 가문의 우상숭배와 마귀의 결박을 끊고 풀기 위하여 기도합니다. 하나님 아버지, 우리 주 예수 그리스도의 이름으로 나아와 기도합니다. 지난날 우리 조상들이 무지로 인해서 호기심 때문에 혹은 복을 받으려고 우상을 섬겼나이다.

이제 우리가 이것이 죄라는 사실을 깨닫고 회개하오니, 우리 조상들이 행악했던 제사와 주술과 점술들을 우리의 가계 혈통을 따라 내려오게 했던 죄를 회개하오니 용서하소서.

우리는 조상들이 사탄과 맺은 모든 제사와 약속들을 파기합니다. 우리는 더는 사탄과 아무 상관이 없으며, 이제는 우리를 위해서 십자가에서 죽으시고, 장사지낸바 되시고, 부활하셔서 하나님 아버지 우편에 앉으신 주 예수 그리스도와 더불어 보배로운 피의 언약을 맺었나이다.

우리는 어린양의 보배 피로 깨끗함을 받고, 구속함을 얻고, 의롭다 하심과 거룩함을 받았나이다.

우리는 지금 흑암의 권세에서 벗어나 우리 주 예수 그리스도께 속한 참 빛의 나라로 옮기었나이다.

우리를 영광의 빛으로 강력히 비추어 주셔서, 우리가 이제 명령하고 선포하는 모든 말씀과 기도가 하나라도 헛되이 땅에 떨어져 버리지 아니하도록 붙들어 주시옵소서.

더러운 사탄아, 우리는 이제 너희와 아무 상관이 없다. 예수님의 이름 권세로 명하노니 지금 떠나갈 지어다! 주 예수 그리스도의 이름으로, 우리 조상들이 사탄과 맺었던 모든 약속과 관계들을 끊고 파기하노라! 우리의 가계 혈통을 타고 더러운 악의 세력들이 우리를 영원히 지배하고자 저주하는 모든 주문과 찬가의 계략들을 끊어 버리노라! 파괴하노라!

점치는 주술적인 영들, 종교적인 영들, 능력 행하는 영들, 거짓과 교만의 영들, 폭력의 영들, 지적인 영들, 중독의 영들, 잘못된 성경 해석을 하게 하는 영들 그리고 대대로 이어져 온 미혹의 영들아 예수님의 이름으로 명하노니 지금 떠나갈 지어다!

혹시라도 우리 조상들이 다른 가문을 지배하거나 망하게 하려고 걸어놓았던 모든 저주와 주문, 마술들을 주 예수 그리스도의 이름으로 끊어 버리며, 모두 다 무효임을 선포하노라!

예수님의 이름으로 명하노니, 악한 세력들아 너희는 이제 우리 가계에 분깃이 없나니 우리 가정에서 떠나갈 지어다! 우리는 지금 주 예수 그리스도의 광명의 나라에 속해 있나니, 너희는 우리 가정에 들어올 자리가 없노라.

더러운 귀신들아, 지금 우리와 우리 자녀들에게서 손을 떼고 떠나가라! 예수님의 이름으로 명하노니, 더러운 귀신들아 너희는 더는 우리를 우상숭배에 빠지게 할 수 없노라. 우리는 예수님의 이름으로 우리의 속사람에 인을 쳐서 모든 가족 식구들이 사탄의 세력들로부터 벗어났노라!

나는 현재나 과거 어느 때든지, 우리 집안 식구들이 미신과 잡신과 우상숭배 했던 모든 것들을 예수님의 이름으로 파기하노라! 사탄아, 내가 예수의 이름으로 너를 저주하고 꾸짖노라! 우리 옛 조상들이 너를 섬김으로 인해서 우리가 하늘의 통치자와 권세와 주관자들의 악한 세력에 눌렸었지만, 이제는 그 열렸던 모든 통로와 문들을 닫아 버리노라!

너희 군대로 지배하고 왕 노릇하던 세상에서 나는 이제 단절되었노라! 우리 가문은 이제 주 예수 그리스도의 보혈과 부활의 능력으로 하나님 나라 확장에 큰일을 감당하며 하나님에게 영광을 돌릴 것을 예수님의 이름으로 선포하노라.

영광의 하나님, 조상들의 죄와 행악함으로 인해 우리에게 내려왔던 모든 저주들에 대해 도끼를 대고 끊습니다. 우리 조상들의 우상숭배와 사탄과 맺은 우리 조상들을 용서하오니, 주 예수 그리스도의 이름으로 우리를 용서하여 주시옵소서. 이제 모든 죄에서 우리를 깨끗하게 하옵소서.

우리는 그리스도의 것이고, 예수님은 우리의 주님이시며, 우리 삶의 주인이십니다. 이 모든 말씀을 권세 높으신 주 예수 그리스도의 이름으로 기도합니다. 아멘.

11. 부부 가정문제의 고통을 끊는 선포기도. 성령이여 임하소서. 성령이여 우리 가문을 사로잡아 주옵소서. 아버지 하나님 이 시간 우리 부부와 가정에 역사하는 마귀의 결박을 끊고 풀기 위하여 기도합니다.

하나님 아버지! 조상으로부터 흐르는 모든 부정적 영향력에 대하여 이 시간 예수 그리스도의 이름으로 끊어주시고 이 영향을 받게 된 조상들의 행위와 저의 모든 죄를 회개합니다.

지금까지 저와 조상이 하나님 외에 다른 신들을 숭배하고 마음속에 하나님보다 더 중하게 여긴 또 다른 우상숭배가 있었음을 용서하여 주옵소서.

그리고 저와 조상들이 의식적, 무의식적으로 저지른 모든 죄악을 예수 그리스도 이름으로 회개하고 파기합니다. 그리고 이 죄악을 통해 내 삶을 묶고 있는 사탄의 모든 결박은 예수님의 보혈의 공로로 끊어질지어다.

이 죄악을 통해 사탄이 나의 가문을 공격할 수 있는 모든 법적 권리와 그 효력을 박탈하고 무효임을 예수 이름으로 선포한다.

하나님 아버지! 저와 저의 조상이 지금까지 의식적, 무의식적으로 자신이나 후손을 저주한 것을 회개합니다.

그리고 태아 때부터 현재까지의 제 삶에 미친 모든 저주의 효력을 예수님의 이름으로 박탈하고 모든 종류의 저주를 하나님의 복으로 바꾸어 주시옵소서.

또한 저는 저와 연결된 모든 인간관계 속에서 하나님께서 원하지 않으시고 허락하지 않으시는 모든 부정적 혼의 결속을 회개하고 또한 예수님의 이름으로 끊어 버립니다.

동물과 물건과 이념과 사건과 연결된 모든 부정적 혼의 결속을 차단하고 예수님의 십자가를 모든 인간관계 속에 세우고 그 위에 예수의 피를 뿌리고 부어 버립니다.

이제 아버지의 가문을 통해 역사하는 귀신들과 어머니의 가문을 통해 역사하는 귀신들은 예수 그리스도의 이름으로 떠나갈지어다. 죽음, 폭력, 배척, 교만, 반항, 거역, 분노, 분리, 두려움, 호색 및 성도착, 이혼, 중혼, 이별, 이간질, 불화, 우울증, 비관, 고독, 방랑벽, 한 및 슬픔, 학대와 중독의 영은 나사렛 예수 그리스도의 이름으로 떠나갈지어다. 내가 예수의 이름으로 저주하노라. 떠나갈 때 지금까지 저주하던 모든 것을 가지고 떠나갈지어다. 모두 정상으로 회복시키고 떠나갈지어다.

모든 부부문제와 가정의 문제와 자녀들의 문제는 깨끗하게 치유될지어다. 행복한 가정이 될지어다.

이제 우리 가문은 행복하고 타인에게 본이 되는 복된 가문이 될지어다. 우리를 죄에서 구원하신 예수님의 이름으로 기도합니다. 아멘."

12. 무속적인 관계를 파기하는 선포기도. 사랑이 풍성하신 예수님! 저는 예수님이 하나님의 독생자이심을 믿습니다. 예수님이 저의 죄를 위하여 십자가에서 죽으셨고 다시 사셨음을 믿습니다. 그리고 성령으로 제 안에 주인으로 들어와 계신 것을 믿습니다. 저는 예수님의 이름으로 그동안의 모든 무속적인 관계를 청산함을 선언합니다.

예수 이름으로 명하노니 나도 모르게 절이나 무당과 맺어진 계약은 파기될지어다. 예수 이름으로 명하노니 무속적인 관계로 인하여 연결된 저주의 줄은 끊어질지어다. 예수 이름으로 명하노니 무속적인 관계를 통하여 나도 모르게 들어온 귀신은 떠나갈지어다. 나는 예수님의 십자가 보혈의 공로로 자유인이 되었음을 선포한다. 저는 예수님의 십자가 대속을 믿고 받아들입니다. 저를 예수 그리스도의 이름으로 구원하시는 하나님께 감사드리며 예수님의 이름으로 기도드립니다. 아멘.

13. 영적인 매임을 풀고 끊는 선포기도. 하늘에 계신 하나님 아버지시여! 예수 그리스도의 이름의 권세에 의지하여 하나님 앞에 나와서 저의 육신과 영혼에 관계한 사탄의 모든 영적인 매

임을 끊어 버립니다. 나의 육신과 영혼에 알게 모르게 영향을 미친 모든 악한 영들아! 예수 그리스도의 이름으로 명하노니 너희는 나를 저주할 권리가 없다. 나와 내 가족에게서 지금 즉시 떠나갈지어다. 모든 것을 정상으로 복귀시키고 떠나갈지어다. 예수님! 예수 그리스도의 보혈과 권세 있는 예수 이름을 주심을 감사드립니다.

사탄아! 나는 이제 진리 안에서 자유인임을 선언한다. 나에게 지금까지 행했던 모든 영육의 저주를 풀고 떠나갈지어다. 즉시 예수님 발 앞으로 떠나갈지어다. 저를 마귀의 저주에서 자유하게 해주신 예수님 감사합니다. 예수님의 이름으로 기도드립니다. 아멘.

14. 헛된 맹세를 폐기하는 선포기도. 하나님! 독생자 예수님을 보내주셔서 감사합니다. 예수 그리스도의 이름으로 특별히 모든 헛된 맹세를 폐기합니다. 제가 이러이러한 사람이라고 다짐하였던 모든 신념을 예수 이름으로 폐기합니다.

나는 그것에서 총체적으로 깨끗하여지기를 원합니다. 그리고 모든 헛된 다짐과 맹세 그리고 나에 대한 비 신앙적인 신념의 결과로부터 자유를 선포합니다. 예수 이름으로 명하노니 헛된 맹세와 비 신앙적인 다짐은 폐기될지어다. 헛된 맹세와 비 신앙적인 다짐을 통해 들어온 귀신아, 내가 예수님의 이름으로 명하노니 나에게서 즉시 떠나갈지어다. 그동안 손해나게 한 것은 모두 백배로 변상하고 떠나갈지어다. 귀신이 떠나간 자리에 말씀과 성령으로 채워질지어다. 이를 보증하며 이기게 하여 주시는 주님께 감사드리며 예수님의 이름으로 기도드립니다. 아멘.

15. 고통 속박을 푸는 선포기도. 전능하신 하나님! 독생자 예수님은 저의 죄들 때문에 십자가에서 죽으셨고 삼일 만에 다시 살아나셨음을 믿습니다. 십자가에서 마귀의 모든 저주를 파기해 버리셨음을 믿습니다. 저 자신의 죄들과 조상의 죄들을 자백하옵나이다. 주님의 용서를 구하옵나이다. 그리고 주님이 저를 용서하여 주신 것처럼 다른 사람들을 용서합니다.

다른 사람이 저를 비난하였던 것처럼, 예수님을 비난하였던 저를 용서하여 주옵소서. 특별히 저를 헛되게 그리고 해롭게 하였던 부정적인언어들에 묶여 있었던 저의 삶에 놓인 저주, 그것들을 예수 이름으로 폐기 처분합니다.

그 모든 저주에서 자유하기를 간구합니다. 저는 예수 이름으로 모든 저주의 속박으로부터의 자유를 선언합니다. 확신합니다. 십자가상의 희생을 통하여 저는 율법의 저주로부터 구속받았습니다. 그리고 하나님께서 모든 것에 복을 주심과 아브라함의 복이 저의 복이 되는 줄을 믿습니다. 하나님 아버지 감사합니다. 예수님의 이름으로 명령한다. 모든 고통의 속박들을 풀어질지어다. 예수 그리스도의 이름으로 기도드립니다. 아멘.

16. 지속적으로 축복해야 합니다. 반대 영을 공급하여 채우라는 것입니다. 절대로 비워두면 안 됩니다.

① 나는 믿음을 실천하며 또 입으로 시인하여 구원에 이름을 알고 있다. 나는 아브라함의 축복이 나의 것임을 시인한다. 나는 저주 아래 있지 않고 축복을 받았다. 나는 꼬리가 아니고 머리다. 나는 밑에 있지 않고 위에 있다.

② 나는 들어와도 복을 받고 나가도 복을 받는다. 나는 축복을 받았고 또 하나님께서 앞으로 더욱 축복하실 것이다.

17. 예배와 기도와 말씀생활을 잘하여 항상 성령으로 충만을 받아야 합니다.

① 하나님과 가까이 지내야 합니다. 하나님 안에 축복이 있습니다.

② 성령으로 장악해야 합니다. 하나님도 성령으로 천지를 장악하고 천지 창조를 했습니다.

③ 주의 말씀 안에 거해야 합니다. 말씀은 우리를 보호하는 울타리입니다.

④ 하나님에게 아낌없이 드려야 합니다. 영적인 법칙을 알고 적용해야 합니다.

⑤ 꿈과 믿음을 가지고 착하고 선하게 살아야 합니다. 꿈이 있는 사람과 가정, 나라는 망하지 않습니다. 우리 주변 사람들과 좋은 관계를 유지합시다. 땅에서 풀면 하늘에서 풀립니다.

⑥ 계속 입술로 선포하며 명령하세요. 축복의 영이 임할지어다. 가계가 하나님의 축복 속으로 들어갈지어다. 대대로 예수안에서 하나님의 축복을 받는 가계가 될지어다.

24장 가계에 흐르는 마귀 저주를 끊는 선포기도

(출 34:7)"인자를 천대까지 베풀며 악과 과실과 죄를 용서하리라 그러나 벌을 면제하지는 아니하고 아버지의 악행을 자손 삼사 대까지 보응하리라"

1. 성령의 지배를 원하는 준비기도. 성령님 임하소서. 저를 사로잡아 주옵소서. 산 자와 죽은 자의 하나님, 창세전에 나의 부모를 통해 나를 세상에 보내도록 계획하시고, 하나님의 형상으로 놀랍게 창조하신 하나님께 감사드립니다. 나의 조상을 통해 모든 재능과 복을 주신 하나님께 영광을 드립니다. 주여! 하나님께로 온 모든 은혜와 복이 나의 삶과 나의 후손의 삶에 계속 전가될 뿐 아니라, 더욱 풍성하게 될 것을 기도합니다. 조상을 통한 모든 은혜와 복이 하나님의 나라와 수많은 사람들에게 유익이 되도록 주님께 헌신합니다.

반면에, 나의 조상이 내게 대물림해준 것들 중에 하나님께서 심지 않은 것들이 있다면, 주여, 이 시간에 조상이 하나님께 합당하게 행치 못한 것들이 진리의 말씀과 성령의 빛 가운데 드러나게 하옵소서. 성령께서 나의 조상이 범죄한 것들을 밝혀 주시옵소서. 주여, 내가 알지 못하는 조상의 죄들 중에서, 특히 후손에게 저주들 불러 왔거나 부정적인 영향을 준 죄들과 사건들을 성령으로 조명해 주옵소서. 성령으로 충만하게 하옵소서. "예수님의 이름으로 기도합니다. 아멘"

2.감사의 기도. "하나님! 감사합니다! 감사합니다! 주 예수님, 당신이 나와 내 가계를 치료하기 위해 이 모든 것을 하셨지요! 나는 완전히 이해하지 못 합니다. 하지만 나는 믿고, 감사합니다." "하나님! 영원히 죽을 수밖에 없던 우리를 구원하여 주시니 감사합니다. 성령을 주셔서 영원토록 주인으로 함께 하여주시니 감사합니다. 나도 모르게 가계에 흐르던 마귀의 저주를 밝히 드러내 주시고 해결하여 주시니 감사합니다. 이제 영안을 열고 하나님의 진리의 말씀을 성령으로 깨닫고 성령으로 기도하며 살아가겠습니다. 걸어 다니는 성전으로 살면서 살아가신 하나님의 증명하는 가계가 되겠습니다." "예수님의 이름으로 기도합니다. 아멘"

3.삶과 가계 위에 하나님의 권세를 주장하는 선포기도. 산 자와 죽은 자의 하나님, 하나님께서 나의 가정을 대표하여 기도할 수 있는 권세와 능력을 주신 것을 감사합니다. 이 시간 하나님이 내게 주신 권세와 능력과 믿음으로 하나님 앞과 어두운 세력 앞에서 내 가족을 대표합니다. 나의 가계의 모든 식구가 하나님의 형상으로 지음 받은 그의 걸작 품으로서 하나님이 나의 가계에 주인 되심을 예수 그리스도의 이름으로 선포하노라.

만약, 나의 조상 및 후손이 하나님 외에 다른 신들을 숭배하고, 사탄에게 헌신한 것과 사탄과의 어떤 종류의 계약을 한 것을 예수님의 이름으로 회개하고 모든 계약과 헌신을 취소하고 파기하노라.

이를 통해 사탄이 나의 가계를 공격할 수 있는 모든 법적 권리 및 그 효력을 박탈하고 무효임을 선포하노라. 이제, 나는 나의 가계를 대표하여 나의 가계의 모든 가족의 영과 혼과 마음을 온전히 하나님께 헌신하노라.

나와 나의 후손은 하나님만 섬길 것을 맹세하노라. 지금까지 우리 가계에 침투하여 고통주던 모든 것을 원상복귀하고 떠나갈지어다. 떠나간 자리에 진리의 말씀과 성령으로 충만하게 채워질지어다. 아브라함의 복을 받는 가문이 될지어다. "예수님의 이름으로 기도합니다. 아멘"

4.예수 그리스도의 피의 능력을 가계에 적용하는 선포기도.
예수 그리스도의 피로 구속받은 하나님의 자녀인 나는 저주를 초래하게 한 나와 나의 조상이 지은 모든 죄를 미워하고 회개합니다. 모든 종류의 우상숭배, 미신, 잡신을 섬긴 것, 굿, 타종교를 믿은 것, 마술, 주술/사술, 점과 점성술에 참여한 것, 악령에 의한 마법, 사주팔자, 관상, 점, 제사, 간음, 호색, 타인을 학대한 것, 살인, 기만, 거짓말들의 죄를 회개하며, 주 예수 그리스도를 통한 하나님의 용서와 죄 씻음을 구합니다. 하나님이 정하여 준 배우자와의 혼인관계 외에 일어난 모든 성적 관계를 회개합니다.

하나님 외에 다른 신으로부터 힘과 유익과 권리를 구하였고 얻은 것을 회개합니다. 나와 나의 자녀들을 조상의 모든 죄와 저주로부터 분리시켜 주옵소서. 은혜로운 주여, 예수 그리스도의 피를 아버지와 어머니 가계에서 각각 일어난 모든 죄 위에 뿌려 주옵소서. 주 예수 그리스도의 피의 권세로, 내 가계에 임한 모든 종류의 죄의 결과 및 저주를 차단하고 제거하노라. 아버지와 어머니의 조상의 죄가 나에게 영향을 준 모든 종류의 가계적 속박을 예수님의 이름으로 차단하노라. 나는 부모님으로 온 것 중에서 하나님께서 온 것을 예수님의 이름으로 축복하고, 하나님께 오지 않은 모든 것을 예수님의 이름으로 차단하고 복으로 돌려보내노라.

하나님 아버지시여, 하나님께서 나를 용서하기를 원하시는 것과 같이 나는 의지적으로 나에게 해를 입혔거나 잘못했거나 악한 영향을 준 부모, 친척 및 조상들을 용서합니다. 특별히, 나는 부모, 친척 및 조상들이 잘못한 행동 및 죄, 피해 및 저주로 나에게 상처나 피해나 저주를 준 것에 대해 용서합니다.

이제, 저들을 향한 나의 모든 분노, 쓴 뿌리, 증오, 앙갚음, 복수, 불평 및 용서하지 않는 마음을 하나님께 내려놓습니다. 주님, 나의 용서를 통해 저들을 묶임에서 풀어주시고, 저들을 통해 우리 가계를 공격하는 사탄의 세력을 차단해 주옵소서. 주님, 나의 몸의 머리부터 발끝까지 생각과 의지와 마음과 감정과 영혼을 예수의 피로 씻어 주시고, 덮어 주옵소서!

하나님 아버지, 당신 앞에서 나의 조상의 모든 죄를 고백합니다. 그런 조상의 죄에 참여한 나의 모든 죄를 회개하며 당신의 용서를 구합니다. 특별히 나에게 저주를 임하게 한 죄들을 고백합니다. 주님, 나와 나의 가족의 모든 식구들에게 긍휼을 베풀어주시고, 지난날의 모든 불의를 용서하여 주옵소서. 예수의 피의 능력으로 모든 죄와 허물과 질병과 저주로부터 해방시켜 주시고 깨끗게 하여 주옵소서.

나의 조상의 죄의 결과로부터 나와 나의 후손을 풀어놓아 주옵소서. 사술, 사술과 사탄적인 어떤 것과 접촉된 것을 예수의 이름으로 끊어버리노라. 만약 내가 어떤 "매개 물체"를 갖고 있다면, 나 자신이 그것을 파기할 것을 결심하노라. 당장 파기하노라. 성령님 깨달아 알게 하옵소서. 사탄이 나와 나의 가정을 공격할 수 있는 사탄의 모든 권한을 박탈하노라.

세대를 통해 나에게까지 대물림된 죄를 회개합니다. 용서하여 주시고, 그 죄 위에 예수의 피를 뿌려주옵소서. 용서하여 주시고, 그 죄 위에 예수의 피를 뿌려주옵소서. 나는 예수 그리그도의 피의 권세와 사랑과 능력으로 죄의 대물림을 끊어버리고, 죄로 인한 저주로부터 해방된 것을 선포합니다.

이제 나에게 있는 죄는 우리 가계를 침입할 수 있는 법적 권리가 상실되었음을 선포하노라. 예수 그리스도의 보혈의 피를 통해 나와 나의 후손을 모든 속박으로부터 자유롭게 하심을 감사드립니다. "예수님의 이름으로 기도합니다. 아멘"

5.가계의 무단 침입자를 축출하는 선포기도. 나는 나사렛 예수 그리스도의 이름으로 나의 가계를 통해 침입한 사탄과 그의 부하인 악한 영들과 그들의 모든 활동을 대적하노라. 나는 현재와 과거 우리 집안 식구들이, 특히 미신, 잡신, 우상 숭배를 통

해 맹세하고 서약한 모든 것을 예수의 이름으로 파기하노라. 우리 가문이 다른 가문들을 지배하거나 망하게 하려고 걸어 놓았던 모든 마법, 저주, 주술, 마술을 주 예수 그리스도의 이름으로 차단하고 무효임을 선포하노라.

다른 가문이 우리 가문을 지배하거나 망하게 하려고 걸어 놓은 모든 마법, 저주, 주문, 마술을 주 예수 그리스도의 이름으로 차단하고 무효임을 선포하고 이것을 복으로 돌려보내노라. 이제, 아버지의 가문을 통해 들어온 아버지 성씨 귀신 혹은 가문귀신과 어머니의 가문을 통해 들어 온 어머니 성씨 귀신 혹은 가문귀신을 각각 예수 그리스도가 예비한 장소로 추방하노라. 아버지와 어머니의 가계를 통해 침입한 모든 영들을 성령의 줄로 묶어 예수 그리스도가 예비한 장소로 추방하노라.

나는 죽음, 폭력, 배척, 교만, 반항, 거역, 분노, 분리, 두려움, 호색 및 성도착, 마술, 가난, 궁핍. 이혼, 이별, 이간질, 불화, 우울증, 비관 ,고독, 방랑벽, 한 및 슬픔, 학대와 중독의 영을 예수 그리스도의 이름으로 추방하노라, 유전병, 정신이상, 광기, 암, 당뇨병, 고혈압 등 질병을 가져 온 모든 영들을 예수 그리스도의 이름으로 축출하고, 나갈 때 가져 온 질병을 가지고 떠날 것을 명령하노라.

이미 나간 영들, 비슷한 영들 및 우리 가문을 공격하기 위해 지정된 모든 영들이 우리 가정에 들어오지 못하도록 금지하노라. 죄악을 통해 사탄에게 열어 놓은 모든 문들을 닫아 버리고 가계 및 가족 전체가 하나님께 헌신하노라. 예수 이름으로 명하노니 예수님의 발 앞으로 떠나가라. 조상으로부터 온 모든 저주를 떠나 보내고, 하나님의 복만이 자손들에게 내려 갈 것을 나사렛 예수 그리스도의 이름으로 기도합니다. 아멘

6.자신이나 조상이 받은 상처를 고통의 기억을 치유하는 선포기도. 은혜와 자비가 풍성하신 하나님, 나는 조상에게 해를 입혔거나 상처를 주어서 나와 나의 가계에까지 부정적 영향을 미친 모든 사람들 예수님의 이름으로 용서합니다. 조상이나 내가 저들을 향한 모든 분노, 쓴 뿌리, 증오, 앙갚음, 복수, 불평 및 용서하지 않는 마음을 하나님께 내려놓습니다. 또한 나와 조상이 타인으로부터 혹은 천재지변 및 전쟁과 같은 인재로 인해 몸과 영혼과 가정이 깊은 상처와 고통을 받은 것을 고백합니다.

주님, 그 때 받은 상처와 고통을 치유하여 주옵소서. 이 시간 나와 혹은 조상이 경험한 각종 공포, 두려움, 수치, 놀램, 충격 등 모든 부정적 감정을 주님께 내려놓습니다. 주님이 제거하여 주시고 주님의 위로를 베풀어 주옵소서. 반면에, 상처와 참상을 통해 사탄에게 열려졌던 모든 문을 닫습니다. 상처와 참상의 기회를 틈타 나와 가계를 공격한 모든 어둠의 세력을 나사렛 예수의 이름으로 추출하노라. 나와 나의 가계에서 예수님이 준비한 장소로 묶임을 받고 떠날 것을 예수님의 이름으로 명하노라. 떠나간 곳에 진리의 말씀과 성령으로 충만하게 채워질지어다. 아브라함의 복을 받는 가계가 될지어다. "예수님의 이름으로 기도합니다. 아멘"

7.자신이나 조상이 한 맹세를 끊는 선포기도. 예수 그리스도의 이름으로 나와 조상이 사단에게 맹세한 모든 죄를 회개합니다. 나와 조상이 의식적으로 무의식으로 한 모든 맹세를 파기하노라. 또한 나와 조상이 한 모든 거짓 맹세를 파기하노라. 나는 이 모든 맹세가 이제 아무효력이 없음을 선포하노라. 조상이 한 모든 맹세를 통해 내 삶을 묶고 있는 사탄의 모든 결박을 예수 그리그도의 보혈의 공로로 끊어버리노라. 사탄이 맹세로 인해 사로잡혀 있는 사람들을 나사렛 예수의 이름으로 풀어놓을 것을 명령하노라. "예수님의 이름으로 기도합니다. 아멘

8.자신 및 타인에 의한 저주를 끊는 선포기도. 사랑의 하나님, 나와 나의 조상이 어떤 이유든지 간에 의식적으로 무의식적으로 자신이나 후손을 저주한 것을 회개합니다. 예수 그리스도의 권세를 사용해서 이 모든 저주를 차단합니다. 이로 인해 사탄이 획득한 모든 권리를 취소하노라. 임신부터 현재까지의 삶에 미친 모든 저주의 효력을 박탈하노라. 주님, 저주가 나와 후손에게 이미 효력을 발생한 것이 있으면, 주님의 능력으로 모든 피해로부터 회복되게 하옵소서. 저주가 축복으로 바뀔지어다.

반면에, 나와 조상이 타인에게 저주를 받을만한 행동을 한 것이 있으면, 주님께서 그 모든 죄를 성령으로 깨달아 용서하게 하시고 죄악으로 인해 피해 받은 사람들을 치유하시고 회복시켜 주옵소서. 주님께서 저들의 마음을 감동시키셔서 우리를 용서케 하시고, 저들이 우리에게 한 저주를 취소케 하옵소서. 한

편, 우리에게 날아온 모든 저주를 복으로 돌려보냅니다. 우리가 받은 모든 종류의 저주를 하나님의 복으로 바꾸어 주옵소서.

내가 예수님의 이름으로 명령한다. 가계에 역사하는 모든 저주는 끊어지고 축복으로 바꾸어질지어다. 성령의 전으로 살아가는 가계가 될지어다. 예수님만이 주인으로 모시는 가계가 될지어다. 걸어 다니는 성전으로 살아가는 가계가 될지어다. "예수님의 이름으로 기도합니다. 아멘"

9.부정적 혼의 결속을 깨는 선포기도. 능력의 주님, 나는 나와 연결된 모든 인간관계 속에서 하나님이 원하지 않고 허락하지 않는 모든 부정적 혼의 결속을 예수님의 이름으로 차단하노라. 특히, 배우자 외에 성적 관계를 통해 혼이 결속된 모든 관계를 차단하노라. 하나님의 허락한 관계 거리를 벗어난 어떤 혼의 결속도 차단하노라, 부모나 어떤 권위자와 부정적으로 연결된 모든 혼의 결속을 통해 사탄이 획득한 모든 힘과 유익과 권리를 파기하고 제거하노라.

반면에, 하나님이 허락한 건강한 혼의 결속을 통해 진리와 은혜와 선과 능력만이 교통되도록 예수 그리스도의 십자가를 모든 인간관계 속에 세우노라. 하나님이 허락하신 인간관계를 사랑과 자유와 평안함으로 축복하노라. "예수님의 이름으로 기도합니다. 아멘"

10.자신의 가계를 축복하는 선포기도. 주 예수님, 나의 삶과

나의 후손 위에 있는 모든 저주로부터 자유롭게 하신 것을 믿음으로 받고, 당신의 사랑과 능력으로 인해 당신께 감사와 찬양을 드립니다. 하나님! 감사합니다. 성령으로 저의 가계에 마귀가 일으키는 저주가 있다는 것을 깨닫게 하시니 감사합니다.

또한 예수님의 보혈과 성령의 능력으로 가계에 흐르는 마귀가 저주하는 죄악들을 깨닫게 하셔서 회개하게 하시니 감사합니다. 마귀의 저주가 끊어지고 아브라함의 축복 속에 들어가게 하시니 감사합니다.

"예수님의 이름으로 명령한다. 우리 가계는 대대로 아브라함의 복을 받는 가정이 될 것이다. 우리 자손 대대로 예수님만 섬기는 가계가 될 것이다. 우리 자손들은 하나님께서 공급하시는 하늘의 축복 속에서 살아가게 될 것이다. "예수님의 이름으로 기도합니다. 아멘"

11.가계의 빈 공간을 성령으로 채워주시도록 하는 선포기도.
하나님 아버지, 나와 나의 가정을 조상의 죄악 및 저주로부터 해방시켜 주심을 인해 감사드립니다. 이 시간 죄와 저주와 사탄이 점령했던 부분을 성령으로 채워주시기를 기도합니다. 나의 삶과 나의 가정의 식구들 각자를 머리부터 발끝까지 생각과 마음과 감정과 의지를 성령으로 충만하게 채워 주옵소서. 나사렛 예수 그리스도의 이름으로 나의 삶과 나의 가정을 축복합니다. 나와 나의 가정을 속박했던 것과 반대된 것으로 축복합니다.

나와 나의 가정 안에 새로운 성품이 심기어지고 자라게 하옵소서. 나와 나의 가정을 의의 병기로 주님 앞에 재 헌신합니다. 성결케 하시고 사용하여 주옵소서. 예수 그리스도의 이름으로 현재까지 일어난 가계에 역사하던 귀신들의 역사의 치유와 자유롭게 하신 하나님께 감사드립니다.

"예수님의 이름으로 명령한다. 우리가계에 역사하던 악의 세력을 떠나갈지어다. 떠나간 자리에 성령하나님으로 채워질지어다. 성령의 권능으로 채워질지어다. 우리 가계의 모든 사람들은 걸어 다니는 성전으로 살아간다. "예수님의 이름으로 기도합니다. 아멘"

12.삶의 열매 맺지 않은 가지를 잘라내는 선포기도. 주 예수님, 나는 성령의 열매 맺는 가지가 되기 원합니다. 이를 위해 열매 맺지 않는 모든 가지를 믿음으로 자릅니다.

성령님, 나를 "모든 무거운 것과 얽매이기 쉬운 죄"로부터 해방시켜 주옵소서. 나는 이미 말라비틀어진 약점, 죄 성과 나쁜 습관을 하나님의 은혜의 제단에 올려놓았으니, 태워서 소멸시켜 주옵소서.

나는 믿음으로 나 자신을 죄에 대하여는 죽은 자로 여깁니다. 그리스도 예수 안에서 하나님을 대하여는 산 자로 여기며 나의 몸과 혼과 영혼을 하나님께 의의 병기로 온전히 헌신합니다.

예수님의 이름으로 날마다 성령의 열매를 맺는 축복의 가문이 될지어다. 삶에서 성령의 열매가 주렁주렁 열릴지어다. "예수님의 이름으로 기도합니다. 아멘"

이 책을 통해 예수님이 땅끝까지 전파 되기를 소원합니다.
(출판으로 인한 이익금은 문서선교와 개척교회 선교에 사용합니다.)

가계가 축복받는 선포기도

발 행 일 ㅣ 2019. 8. 08초판 1쇄 발행

지 은 이 ㅣ 강요셉

펴 낸 이 ㅣ 강무신

편집담당 ㅣ 강무신

디 자 인 ㅣ 강요셉

교정담당 ㅣ 강무신

펴 낸 곳 ㅣ 도서출판 성령

신고번호 ㅣ 제22-3134호(2007.5.25)

등록번호 ㅣ 114-90-70539

주   소 ㅣ 서울 서초구 방배천로 2길 53(방배동)

전   화 ㅣ 02)3474-0675/ 3472-0191

E-mail ㅣ kangms113@hanmail.net

유   통 ㅣ 하늘유통. 031)947-7777

ISBN ㅣ 978-89-97999-73-6 부가기호 ㅣ 03230

CIP   ㅣ CIP2019029651

가   격 ㅣ 16,000원